中国传媒大学青年学者译丛

媒介与传播系列 段鹏 主编

罗青 副主编

媒介帝国主义

[美]奥利弗·博伊德-巴雷特

(Oliver Boyd-Barrett) 著

任孟山 译

Media Imperialism

中国传媒大学出版社

·北京·

图书在版编目(CIP)数据

媒介帝国主义 / (美) 奥利弗·博伊德-巴雷特(Oliver Boyd-Barrett)著; 任孟山译. -- 北京: 中国传媒大学出版社, 2021.2 (2024.6 重印)
(中国传媒大学青年学者译丛 / 段鹏主编. 媒介与传播系列)
书名原文: Media Imperialism
ISBN 978-7-5657-2723-8

Ⅰ. ①媒… Ⅱ. ①奥… ②任… Ⅲ. ①传播媒介—关系—帝国主义—研究
Ⅳ. ①G206.2 ②D091.5

中国版本图书馆 CIP 数据核字(2020)第 111890 号

媒介帝国主义
MEIJIE DIGUO ZHUYI

主　　编	段　鹏		
著　　者	[美]奥利弗·博伊德-巴雷特(Oliver Boyd-Barrett)		
译　　者	任孟山		
责任编辑	欧丽娜		
责任印制	李志鹏		
封面设计	运平设计		
出版发行	中国传媒大学出版社		
社　　址	北京市朝阳区定福庄东街 1 号	邮　　编	100024
电　　话	86-10-65450528　65450532	传　　真	65779405
网　　址	http://cucp.cuc.edu.cn		
经　　销	全国新华书店		
印　　刷	唐山玺诚印务有限公司		
开　　本	787mm×1092mm　1/16		
印　　张	15.25		
字　　数	285 千字		
版　　次	2021 年 2 月第 1 版		
印　　次	2024 年 6 月第 2 次印刷		
书　　号	ISBN 978-7-5657-2723-8/G·2723	定　　价	79.80 元

本社法律顾问: 北京嘉润律师事务所　郭建平

中国传媒大学青年学者译丛

总 序

从广播电视到互联网、移动互联网，传媒让这个世界变得绚丽多姿、神奇诡秘。传媒正在急速地改变这个世界，通过新闻传播，人类分享现实中的信息资讯，通过艺术，人类分享脑海中的想象力。基于传播科技百年激荡的新闻传播和艺术学，推动着历史发展，也影响着历史发展。

中国传媒大学是中国传媒人才的摇篮，建校六十多年来，为信息传播领域输送了大批高层次人才。从培养高层次、复合型创新人才的社会责任出发，中国的传媒事业亟须高校培养出一批谙熟新闻传播规律和艺术传播规律并具有创新意识和创作才能的新闻人才和艺术人才。

在全国众多高校中，中国传媒大学以在信息传播领域"小综合"的学科特色而闻名，2017年入选首批"世界一流学科建设高校"，新闻传播学、戏剧与影视学入选教育部"双一流"建设学科名单。同年12月，在教育部学位与研究生教育发展中心公布的全国第四轮学科评估结果中，新闻传播学、戏剧与影视学这两个一级学科均拿到了A+名次。从"双一流"学科建设的教育使命出发，中国的传媒事业亟须高校在媒体融合发展的顶层设计下，推进理论体系、教学理念、教学内容、方法手段、体制机制等全方位的创新研究，成为国家传媒事业发展强有力的理论支持和智力支持力量。

因此，在整个世界传统媒体与新兴媒体融合发展的时代大背景下，我校文科科研处于2015年着手组织翻译出版一套“中国传媒大学青年学者译丛”，借此整理西学前沿著作，以期对当代中国新闻传播和艺术学在理论建设和成果创新方面提供借鉴，帮助广大传媒学者和媒体一线从业者寻找解决问题的途径。

此套丛书的译介工作由中国传媒大学与新闻传播领域的国际权威出版机构SAGE国际出版集团合作，遴选了两批共计18册由SAGE出版并经过教学与实践严格检验的优秀书目，力求全面、系统地反映出当下新闻传播和艺术学在理论研究、方法研究以及实务研究等方面所进行的最新探索。译丛是我校与SAGE国际出版集团继合作出版《全球媒体与中国》(*Global Media and China*)英文期刊之后，又一个重要的合作项目，前后筹备四载有余，最终完稿、付梓，倾注了新闻传播学和艺术学领域的知名教授和青年学者的大量心血，力争为每一本书做出“信、达、雅”的翻译。

自“五四”以来，译丛便是中国知识分子和青年学生获取西方最先进理论知识的重要桥梁之一。中国传媒大学在20世纪80年代就已开始译介、学习和研究国外新闻传播学、艺术学的方法和成果，建立与世界新闻传播学、艺术学界对话的共同经验范围。毋庸置疑，我们的工作是卓有成效的。

正如习近平总书记在哲学社会科学工作座谈会上所强调的，“不忘本来，吸收外来，面向未来”。借船出海、借梯登高，主动接轨，优势互补，共同发展，为尽快赶上国际先进水平，尽早实现“双一流”学科建设争创世界一流的伟大目标，我们应该虚心学习和推介国外前沿的新闻传播理论与优秀的实务指导教材，以培养出更多国际化的新闻传播人才和艺术人才。译丛带来的新鲜理论和鲜活实务，也有助于我校在“双一流”学科建设中，进一步优化学科结构，凝练学科发展方向，突出学科建设重点，增强学校在国际上的竞争力。

但值得注意的是，我们应当以批判的态度保持与西方新闻传播和艺术学对话的姿态，在借鉴西方优秀教材和经典专著时不妨思考，有哪些是缘木求鱼，有哪些是举一反三，想想本土社会中产生的经验与问题在哪里。我们应该明确，我们的目标是制定具有中国特色的新闻传播和艺术学学科标准，积极建设和探索新闻传播学、艺术学本土化发展的道路。

所以，在译丛工作完成之后，我们还要推进“西方理论—中国问题”向“中国实践—中国理论”的转型，立足本土，跨越东西，高效地将科研成果结合当代中国传媒行业发展诉求，转化为服务社会发展的实在生产力，最终实现“中国特色，世界一流”。

最后，希望本译丛还可以成为一个促进思想交流、激发智慧灵感的载体，增进东西方在新闻传播和艺术学领域的深度学术交流，接收来自全世界新闻传播和艺术学领域多元化的声音，促进新闻传播和艺术学研究在媒体融合时代更大的繁荣，让新闻传播和艺术学成为改变世界的最大正能量。

丛书主编

前 言

20世纪70年代，我第一次从多个视角出发写作有关媒介帝国主义的话题。在我的有关国际新闻通讯社的研究中（博伊德-巴雷特，1980），媒体有时候被用来解释媒介帝国主义的概念，媒体起源于19世纪帝国主义的主要中心国家并伴随其在全球扩张。我的研究焦点主要在媒体的历史、所有权、经济状况与运营。考察更大范围的出版物可以发现（博伊德-巴雷特，1977a），不同国家之间的媒介权力与影响是不平等的，媒介在历史上也曾作为抵抗帝国主义的工具（博伊德-巴雷特，1977b）。20世纪80年代与90年代，在继续出版媒介研究成果的同时，我把大部分时间全神贯注于其他事项，其中包括我的新志趣——在英国和西班牙以及大学机构从事传播学教育，尤其重要的是，我和妻子莉亚（Leah）要抚养我们的四个孩子。至20世纪90年代初期我重返媒介研究之时，这个世界与这个领域都发生了很多变化，向包括全球化及其变种在内的新理论与新概念的转变，使得媒介帝国主义这类早期概念黯然失色。1998年，我搬到美国，大事件接踵而至：1999年的西雅图对世界贸易组织的抗议行动，2000年美国总统选举中乔治·W.布什（George W. Bush）当选，2001年的“9·11”事件以及接下来的反恐战争，包括对阿富汗和伊拉克的侵略与占领，尽管令人不安，但媒介帝国主义确实在以新的以及恶意伪装的形式在部分重现。西方与许多非西方的主流媒体都是共谋者。我的结论是，自己在20世纪70年代以温和方式帮助建构起来的媒介帝国主义叙事并不能完全令人满意，现在有必要再次做出努力。本书努力实现目标的程度，留由读者自行判定。

致　谢

这本书是我的专业生涯与学科研究的结晶。对整整一代学人，我有数不清的亏欠。限于篇幅，我没有足够的机会在致谢中将那些本也应该被感谢的学者都写在这里。在学术方面，对我具有最重要的基础性影响的著作，不仅有我早年导师杰里米·滕斯托尔(Jeremy Tunstall)之作，还有其他很多学者的著作，这些学者是：诺姆·乔姆斯基(Noam Chomsky)、彼得·戈尔丁(Peter Golding)、斯图亚特·霍尔(Stuart Hall)、爱德华·赫尔曼(Edward Herman)、文森特·莫斯可(Vincent Mosco)、格雷汉姆·默多克(Graham Murdock)、爱德华·萨义德(Edward Said)、赫伯特·席勒(Herbert Schiller)、雷蒙德·威廉姆斯(Raymond Williams)与霍华德·兹恩(Howard Zinn)。我要特别感谢约翰·唐宁(John Downing)，他对本书的初稿给出了明智的建议；我还要特别感谢达雅·屠苏(Daya Thussu)，他在我最早计划写作本书时与我有过合作。

感谢科林·斯巴克斯(Colin Sparks)以及香港浸会大学传播学院的同仁，感谢香港中文大学新闻与传播学院的冯应谦(Anthony Fung)、陈韬文(Joseph Chan)、苏玥机(Clement So)与邱林川(Jack Qiu)，2013—2014年，我在香港中文大学度过了愉快且成果丰硕的一个学期，给予我提高本书写作进度的良好机会。此外，我还要感谢博林格林州立大学(Bowling Green State University，BGSU)媒体与传播学院的师生们，他们给我提供了令人兴奋的学术环境，让我在2005—2013年之间完成了好几本著作。我还要感谢加州州立理工大学波莫纳分校(California State Polytechnic University at Pomona，CPP)传播系主任理查德·卡兰(Richard Kallan)的支持。作为俄亥俄州立博林格林大学和加州州立理工大学波莫纳分校的荣休教授，我非常骄傲。

塞奇出版社的编辑们——米拉·斯蒂尔(Mila Steele)、詹姆斯·派珀(James Piper)、伊摩根·鲁米(Imogen Roome)与奥德利·斯克里文(Audrey Scriven),他们具有冷静的专业主义,是本书能够最终完成的绝对不可或缺的沉稳引导者。我在此致以深深的感激。当然,我的心属于我的妻子和孩子们,莉亚是与我生活超过50年的妻子、朋友与顾问,克劳迪娅(Claudia)、弗朗塞斯卡(Francesca)、乔纳森(Jonathan)和丹尼尔(Daniel)以及他们的配偶和伴侣,都是我的孩子。你们,是我生命的意义与目的。

奥哈伊,加利福尼亚(Ojai, California)

2014年6月

目　录

第一章

重新定义领域

❖ 媒介帝国主义

当我们说“媒介帝国主义”时，它意味着什么？它意指帝国主义的某些形式在一定程度上与媒介直接相关。而且，至少有三种形式的关联方式。其一，帝国主义进程在多重意义上通过媒介来执行、推进、转化，或者被媒介破坏与抵抗。其二，媒介自身、媒介生产与传播的意义、政治经济进程，使其成为帝国在建设与维护中的必需品，它们身上拥有帝国主义遗留的残余。其三，没有考虑到边界或没有更具包容性报道框架的媒介行为被认为是在维护帝国主义。这些媒介行为可能是国际性的（在整个19世纪与20世纪都是西方国际新闻通讯社强加于其他国家的不平等新闻交换关系）或国家性的（这种状况是指强大的娱乐性、新闻媒体过度商业化、某些国家媒体市场的政治影响——就像鲁伯特·默多克在英国的影响）。在媒介帝国主义的文献中，所有这些影响和其他例证都可以找到。某些时候，媒介帝国主义被置于理论层面，因为在范围宽泛的国际传播理论中，有一种或多种理论事关媒介帝国主义。尽管有些文献能够在重要路径上与媒介帝国主义的主题相关，但与更多并不论述媒介帝国主义的文献相比，专门论述媒介帝国主义的文献只是一小部分。 1

在本书中，我首先将“媒介帝国主义”术语界定为一个研究领域，一个学者们将其标签为“帝国主义”与“媒介”这两种现象之间的关系与互联的研究领域，一个可以进行实证调查研究的领域。在这个领域的研究中，从前的以及未来的学术研究问题或假设将会显示出社会科学的“理论”特征。例如，利用一手或二手数据，或者兼有这两方面数据，将能推测当具有两个或更多现象、维度、事实或变量时，帝国主义与媒介跨越时间或空间从而保持一致性的互动关系。就媒介帝国主义理论而言，不管这种发现是肯定的还是否定的，我都愿意避免在媒介帝国主义研究领域的某种假定，即应该只有一种理论而反对开放式讨论或反对其他理论链条。

在媒介帝国主义研究领域，就帝国主义与媒介的内在性质而言，能够区分出不少种特别不同的理论。这么区分，不是对所有理论都进行实际或详尽的解释，而是方便举例与介绍至今仍存在的四种理论，它们发端于20世纪40年代至70年代。哈罗德·伊尼斯（Harold Innis, 2007［1950］）认为，在古代文明中，传播系统的物理特性（比如石头、莎草纸或纸）与权力的结构和功能之间具有某种特殊关系。赫伯特·席勒（Herbert Schiller, 1992［1969］）提醒人们注意，新的跨国电子传播方式会强化媒介的政治经济依赖（尤其是卫星）。这些依赖前所有未有地被紧密嵌入到服务于美国军工复合体的管制系统，最重要的是，在与商业模式结合的同时，也便于美国经济与政治权力的全球扩张。美国权力的扩张，既是美国商品通过广告进行销售的直接结果，也是通过娱乐进行令人艳羡的消费主义现代性展示的间接结果。这些直接力量和间接力量，借助于与美国作为超级大国角色相一致的霸权式意识形态框架，共同形塑大众意识。席勒、杰里米·滕斯托尔（Jeremy Tunstall, 1977）对媒体在维持和扩展美国权力方面起到的作用也有研究，媒体的作用主要是通过比较市场优势获得。美国有一个巨大而繁荣的媒体市场。美国媒体借助于国内市场的生产费用冲抵，可以轻而易举地在通常比美国市场小很多的海外市场上，与当地的传播产品展开竞争：除非当地有限制国外进口的规定，否则，美国媒体为确保市场主导地位，可以根据竞争需要承受得起不管多低的价格。奥利弗·博伊德-巴雷特（1977a）从20世纪70年代的三个传媒现象加以推断，每一
2 个都有充分的经验证据支持上述判断。首先，英、法、美三国控制全球、地区和国家层面新闻通讯社的国际或系统性网络。其次，好莱坞电影公司在电影与电视娱乐产品的国际供应上占据主导地位，20世纪60年代至70年代期间，在很多发达国家和新兴市场上，当地电影和电视严重依赖从美国进口。最后，从他对独立后的爱尔兰的观察，他注

意到如果英国不能够控制爱尔兰的广播与印刷媒体，就不会对其有持续影响。这使他转向了媒介帝国主义理论，其核心是说，不同的国家在媒介权力方面是不平等的，有时甚至包括媒介强权国家对媒介弱权国家在市场霸权方面的直接作为，就像好莱坞对当地电影市场的干预（例如，强加给当地院线交易条款，以保证其持续优先考虑好莱坞产品），以及好莱坞电影对当地电影产品的压制。但是，在另一部独立作品中（博伊德-巴雷特，1977b），他也追溯了这些国家在获得正式的（但问题重重的）政治独立的漫漫征程中，媒介作为抵抗英国、法国和西班牙帝国主义殖民统治中的代理人作用。

❖ 媒　介

在我的专业领域中使用的重要术语，我不认为它们将在任何领域中都会以相同方式被理解，因此，对专业术语做些基本讨论是当然之义。我首先从“媒介”这个很普通的专业术语讲起。虽然在以技术作为中介的传播领域之外，这个术语还有其他很多含义，但我主要讨论的是其在本领域内的含义。经过本领域几代人的研究，形成了对“媒介”这个术语的可靠观察，它被普遍理解为是技术驱动的少数对多数的传播方式，包括书籍、报纸、唱片、电影、广播和电视。最近，大家都认为，在“媒介”这个术语的经典名录中应该增加计算机或数字驱动的互联网和万维网。在电话交换技术或无线电技术以及引入前所未有的传播设备或传播方式（例如，网络浏览器和门户网站、搜索引擎、社交网络媒体）的情况下，传统的少对多（few-to-many）媒介形式与上述技术造就的一对一（one-to-one）的传播能力被融合在了一起，先前存在的媒体形式都有了数字版本。特别是通过社交网络媒体的发展，在各种群体和社会网络中，互联网极大地扩展和丰富了各种传播方式的范围和内容。这些群体和社会网络，有的人数极少，有的人数特别多。 3

因此，将讨论限定在所谓经典的大众传媒或大众传播领域，我认为没有什么特殊价值。大众传播的主要特征是，传播内容由少数人根据固定模式制作并传递给多数人。大众传播与技术驱动的人际传播之间的一个共同特征是，其形态和条件都是由技术、行政和商业机构所设定的，其治理和操作由少数人控制，即使有机会由很多人控制，实际上也是有限的积极参与。

以前的有关媒介的学术研究，主要集中在内容方面——内容生产和消费者或受众、接受者乃至诠释社群（interpretive communities）的内容使用。在本书中，我计划在以内容消费为中心之外（正如以信息解码或集体意义制造的研究），我们必须关注生产与传播以内容消费为核心的技术、行政和商业机构，包括生产、传播和接收内容的设备（硬件）与整合内容的操作系统（软件）。硬件与软件之间的关系天然地具有某种象征意义：硬件塑造和设定了软件的基调和实质，而软件给硬件设计提供了灵感。数字传播具有进攻性，它借助相同设备或一系列不同设备传递大规模的传播活动和内容，突出了日益增长的媒体集中的重要性，在纵向与横向的融合及其与媒体外企业聚合的进程中，通过各种传播形式整合了单个传媒公司获得注意力的过程。数字技术与设施（包括有线电视、卫星和无线网络）大规模地强化了跨越本地、国家、地区、国际甚至全球市场的传播活动，迫使我们去理解“媒介”是超越时间或空间的包括各种技术驱动的传播形式。

理解媒介时强调技术重要性的看法，意味着我应该尽力避免技术决定论的诱惑——技术决定论是一种谬论，它将某些媒介效果归因于技术，其实归因于人、兴趣和技术引发的社会形态更为合适。当然，一旦形成定式，技术对谁有机会接近传播方式和接近哪种传播方式具有极其重要的作用，这些传播方式涉及传播的创新、扩散或
4 接受。

仅在这一本书中，我无法对涉及媒介和技术的所有问题做出判断，这些问题与更为广泛的帝国主义及其抵抗相关。鉴于我的研究范围，有些值得深入探讨的问题我没有进一步拓展，这些包括但不限于互联网治理与互联网治理论坛（Internet Governance Forum），知识产权立法和“隐私”问题，政治与作为武器的“监视”，以及2003年和2005年的信息社会世界峰会。

但是，如果我仅限于讨论技术驱动的传播，我将无法判断更为重要的传播要素。这些要素分布在生产、分享、储存与提取意义的文本扩散过程中，在这个过程中，人类可能有也可能没有借助技术。当然，传播过程包括人类语言的所有方面（有声的语言和无声的语言），而所有的媒介进程几乎都是相互依赖的，进入有关帝国主义话语的每个节点也都是媒介。从更为宽泛的意义上讲，也可以说人们考察这个领域激发了如何在雷蒙德·威廉姆斯（Raymond Williams，1958）所说的“意义即存在”的背景下理解文化。从某种意义上讲，我们可以或应该说这与媒介无关，或者说，这是嵌入更广泛和更深入文化背景中的另一种理解路径。

❖ 帝国主义

尽管“媒介”这个术语对于任何使用者来说，都具有确定的规范性范围和关联，但是，在学者们手中，作为一个概念，它与研究的具体工作相关；从规范性界定或惯例来说，“媒介作为经验性工具”的意义，与应该如何使用这些工具相关。依据重要性来讲，本书的第二个关键词是“帝国主义”，这个术语具有更为沉重的历史与意识形态包袱。我推测这个术语在使用时更多在负面含义而不是正面含义上，尽管有些人认为帝国主义至少有确定的证据表明它是正面的或具有长期的正面效果（与被殖民者相比，这种观点在帝国主义及帝国主义者代理人那里更为普遍）。 5

尽管存在上述问题，但我还是选择坚持使用这个具有历史与意识形态包袱和不够精确的术语。这是因为，首先，它会有效地唤起人们对权力和权力不平等关系的意识，特别是在权力被某些部落、社会与国家强施与他者的背景下。其次，在媒介研究领域，这个词至少已有历经半个世纪的思考、研究和讨论的历史遗产。最后，所有的学术研究都认识到“帝国”是一种长期存在的历史和制度现实，媒介在最少争议上被纳入与帝国权力中心的关系之中，这些在地理上确定的权力中心，比如迦太基、克里特、雅典或罗马，都在很长时间之内对其广袤领土扩展了政治和军事影响与控制，这个过程与商业、社会和文化活动的深远变革从来都是同步的。对媒介作用的探究，可以看到，即使在石器、莎草纸或纸作为媒介的时代，媒介作为军队补给品、管理和贸易记载、帝国法令与意识形态以及宗教的传布，都合情合理地被认为是媒介帝国主义的组成部分（屠苏［2006］在其关于国际传播的书中列举了几个古代案例）。

西方学术界在辨识西方或东方曾经存在的古代帝国方面没有任何困难，对辨识“二战”前后数百年来攫取广袤领土的帝国也没有任何困难，这些具有统治地位的精英帝国包括澳大利亚、比利时、英国、丹麦、法国、德国、荷兰、匈牙利、意大利、日本、葡萄牙、西班牙、瑞典、奥斯曼土耳其。欧洲的领土扩张延伸至遥远的大西洋沿岸——这推动了美国终成独立国家的进程（美国迅速加入了帝国俱乐部）——直到波斯湾、非洲、亚洲和南美洲。但是，在“二战”之后的二十年内，比利时、法国和葡萄牙，特别是英国，都放弃了非洲、中东、太平洋和远东的殖民地——虽然在多数情况下，是高涨的殖民地独立或解放运动加速了帝国主义的显在撤退——这给包括学者在内的很多人带来了困惑。“放弃”殖民地的动机不管是不是理想主义（利他主义颂扬民族自决原则），不管是不是外交策略（例如，胜利国在1945年的《雅尔塔协定》中关于“和平”安排的条款），与野蛮未开化相比，放弃殖民地是西方自由“文明”的象征），或者不管是不是在其他方面为了自身利益（比如，避免因殖民地解放运动给帝国带来的痛苦、代价和其他“负担”，与/或为了更好地维持帝国本土的政治和资本主义“稳定”），都无可争辩地显示出“风向变了”，这是英国首相哈罗德·麦克米伦（Harold Macmillan）1960年
6 在开普敦所做的预言，的确预示着帝国统治时代已经逝去。此后，苏联集团或者我们将其称为俄罗斯共产主义帝国（最初被认为是反帝国主义的一种帝国形式）存续了几十年。其始于1989年的内爆是内部矛盾（过多投资于基础设施而无力回应消费需求增长，以及越来越大的区域自治吁求）和外部压力（包括20世纪80年代占领阿富汗行为）的混合结果。一部分俄罗斯精英的主动政策选择，是在米哈伊尔·戈尔巴乔夫（Mikhail Gorbachev）的领导下，认为要疏通苏联的僵化体制。

贯穿整个冷战时期（包括冷战开始很久以前和冷战结束很久以后），有很多超级强权，特别是美国（在本书中我的兴趣主要是美国）干涉其他国家和领土上被认为是主权事务的内政，但是霸权国的正式政治机构并不卷入这些国家的领土问题。我将会论述这些干涉最好被理解为经典帝国主义的新的延续形式（不过有些是相当老旧的形式）。霸权国的目标并不总是与获取领土相关，但总是会与“获取”有关——通过各种可能的手段，包括暴力强迫、挑衅、贿赂、威胁和诡计——达到美国的外交政策目标和影响这些国家制定政策的政党或利益集团的目的。后者主要是总部在美国或发端于美国或美国盟国的大型跨国公司。如果在政策公开宣称的动机（特别是在“后帝国主义”背景下）和“真实的”目标（典型代表是各种利益集团之间达成的共识）之间的距离过大，干涉过程就需要借助或控制媒体来操纵公共舆论。超级大国的干涉因此被学者批评为媒介帝国主义。在后面的章节中，我会溯源帝国主义干涉的重要形式和帝国主义的辩解，这些都不止起源于第二次世界大战，而是源于美国作为世界强国伊始，甚至自美国在1776年作为一个独立的国家开始。帝国主义的经常性目标包括领土诉求，但更为常见的是，涉入有关国家安全的话语，通过背后操纵话语或借助这种话语，在国际关系中形成政治压力，取得涉及获取原材料和进入各种市场，这些市场包括从发行债券
7 到武器供应的有利条款。

❖ 批评与反批评

媒介帝国主义在研究文献中虽然从未消失，但是媒介帝国主义研究传统却不被某些人喜欢，在批评者看来，它或者过于简单，或者已经过时（案例见斯特劳哈尔，1991）。另一方面，媒介帝国主义作为一种实际现象，从未消亡或者说其重要性一直存在。我认为这个领域的研究是可持续的、与时俱进的，与当下所谓的数字时代有着前所未有的紧密联系。尽管权力问题不是研究媒介时的所有问题，但媒介与权力的关系是个核心问题，事实上有个紧迫的问题是，权力重新回到了这个研究领域的中心。在重新拾起有关这个议题的思考之时，我更愿意使用“媒介”帝国主义，而不是“文化”帝国主义。尽管在媒介与文化之间，有很多重要而辩证的关系，但我还是愿意使用“媒介帝国主义”，是想将注意力集中放在传播工业的政治经济因素上，我认为应该在全球背景下分析媒介与权力之间的关系。

个别批评者，甚至其中有些人本就身处媒介帝国主义研究领域，却将注意力主要或完全放在显而易见的媒介内容这个议题上。对于内容的判断因素，经常在文化同质化的担忧下，将其放在内容是否或在多大程度上由本土生产或国外进口（或者国内外“混搭”程度），以及内容的商标标识上。此种考虑将其他特别重要的变量均排除在外，这些变量包括与媒介跨国传播相关的资本、所有权、广告、专门知识、技术、格式、专利权和版税。即使在内容层次上，批评性分析也经常过于简单化，很少讨论问题是如何被框架化的、被意识形态化的（比如，美国及其主要盟国推广的新自由主义）、引用文献来源何处、在多大程度上与美国及其盟国的国家内外政策和公司利益是一致的。媒介帝国主义有些原初范式（比如，席勒，1992［1969］；博伊德-巴雷特，1977a）特别强调了生产内容的装置比内容本身更重要。更为晚近的工作（比如，麦克切斯尼与席勒，2003；博伊德-巴雷特，2006）已经在技术融合的时代背景下尽力拓宽与媒介关联的领域，不止简单地包括“旧”媒体和“新”媒体，还包括电子消费、电话消费和电脑消费。这些对于媒介自身及其应用都很重要，因为使用“旧的”和“新的”媒体形式，都日益由电子硬件（包括电缆、卫星和电话，有线或无线运营商）和软件（包括操作系统、互联网服务提供商、浏览器和应用程序）决定。 8

有些批评引人误入歧途，将媒介帝国主义与具有历史特殊性的、依然存在但必然只是历史短期现象的美国全球霸权合二为一（正如我将在第7章要论述的，尽管如此，因为忽略了广告和资本积累的作用，有些要素依然被严重夸大了）。有些更早的文献（比如，博伊德-巴雷特，1977a，1982；滕斯托尔，1977）特别区分了不同的、具有竞争性的传媒生产中心，坚持认为媒介帝国主义是由跨越不同历史时期的不同国家的媒体、公司和政治权力来实施的，这些国家不仅仅是当时最大的国家。最近的文献（比如，博伊德-巴雷特，1988b）提出，媒介帝国主义不应仅仅被理解为跨国现象，还应该被理解为是一种国内现象。地方、国家、区域和跨国层面上的媒介集中与合并，都为这种延伸理解提供了大量证据，确实有少量高度商业化的大型媒介集团霸占着传播空间（例见，阿瑟诺与卡斯特尔斯，2008；诺姆，2009）。一个很好的例证是巴西环球电视网（Rede Globo of Brazil），它是由马里尼奥兄弟（Marinho brothers）创办的集团。尽管存在一些生机勃勃的竞争，但环球电视网控制着巴西最负盛名的日报《环球日报》（*O Globo*）和其他三家报纸，拥有全国大约40%的日报销售额，运营着27家杂志，同时，电视网还包括一个独立的新闻频道、122个自有或附属电视台、26个付费频道，覆盖巴西全境，在黄金时间有超过半数国民收看，拿走了该国电视广告总收入的75%（辛克莱尔，1999）。2000年之后，其国内电视观众人数开始下降。辛克莱尔与斯特劳哈尔（2013）认为，墨西哥广播电视在历史上也特别接近于垄断。

40年前写出经典著作《媒体都是美国人的》（*The Media are American*）的杰里米·滕斯托尔（1977）修正了其论断，他将注意力放在了媒介生产的区域中心的重要性上。当他2007年再版此书，修正其论断之时，整个世界的媒介生产在国家与区域中心正如火如荼，使老牌帝国黯然失色。20世纪90年代出现的“韩流”（Korean Wave）是集中体现滕斯托尔修正其论断的极佳案例之一，其特征是：国家经济稳健发展，多数旧媒体
9 和少数新媒体的本土媒介生产活动强劲，出口远超其地理政治的覆盖范围。

有些人认为，21世纪初出现的“韩流”以及与此类似的现象，是媒介帝国主义衰落的重要象征，我对这种观点的基本前提持怀疑态度。我将会在第9章中对“韩流”进行深入探讨。在此，我只是对其中一个前提提出质疑，即它是以某一种特殊存在来反驳媒介帝国主义的存在。这种假设，首先，它是反历史的。它认为当下的潮流特别重要，其实这是以放弃历史潮流的重要性为代价的，因为曾经的历史潮流是当下潮流发生的基础，也是认识当下潮流的基础。其次，这种观点窄化了媒介帝国主义的概念，将媒介帝国主义等同于主要是美国现象，忽略了媒介帝国主义不管是过去（正如我们所看到的，

古代文明已经存在的媒介帝国主义现象）还是当下的现象——包括“韩流”所在的韩国及其具有大量拥趸的中国、整个东亚地区和更为遥远的地方——经常是不引人注意的存在。最后，谓其窄化，因为这种观点将注意力放在了媒介经济上，特别是媒介产品的国际贸易上，而不是媒介市场的企业集中度以及这些企业对媒介市场的控制，也不是传媒公司与政治、企业和其他精英群体在全球与地方上的相互关系。而这些，正是滕斯托尔自己最初的研究路径。滕斯托尔强调国家层面的媒介市场，是想让我们认为，只要不是外国媒体控制媒介市场，就没有媒介帝国主义。在帝国控制的任何国家，不管是区域性的还是全球性的，国家主流媒体的常见叙事框架是帝国主义乃仁慈的，或者在语言中隐蔽叙事，以驳斥帝国主义的存在或侵略。国内民众通常不喜欢精英主导的政府的冒犯行为，所以被训导或误导着接受自身利益与精英利益存在一致性。发展传播学的理论强调国家媒介市场将民族国家的存在视为阻挡媒介帝国主义的唯一屏障。这意味着，没有考虑到国家和其他形式的领土，在全球化和数字化这两股力量共存背景下所具有的流动性与渗透性特征。优先考量不同国家媒介市场之间的关系时，自然会把国家内部存在的媒介帝国主义轻描淡写，实际上，在国家内部存在少数巨型传媒集团，以各种形式的媒介产品俘获传播空间，为广大受众提供信息和娱乐产品。 10

以“韩流”类似现象作为论据的更大缺陷是，没有重视媒介帝国主义在区分不同民族国家之间的权力与等级关系时的重要作用。理解世界上任何一个地方的媒介活动，都需要将其放在更为广阔的国际关系背景之中。评估民族国家的性质和重要性时，不管对于单个国家或者国家集团，都应该考虑到其效忠或联盟的民族国家，或者任何给予其权力或权力联盟的地缘政治圈或地缘文化圈的影响。考察韩国作为媒介活动和出口的重要中心之时，我们也需要探究韩国作为美国附庸国的身份以及与其之间的相关性。如果没有美国在20世纪50年代对朝鲜半岛的军事干预，就没有韩国这个国家，也正是自彼时起，美国在韩国与朝鲜边界一直起到帮助维持安全的作用。这段历史，如何影响到“韩流”的形成与局限？对这些问题的考虑，反过来会出现我将“韩流”现象称为意识形态“武器化”的猛烈批判。那些决定庆祝媒介多元主义世界的人，不再继续关注那些年代或那些地方所发生事件的政治报道和媒体呈现，这些事件可以解释为媒介帝国主义、新媒介帝国主义或新自由媒介帝国主义。如果媒介帝国主义尚有意义，那么，媒介帝国主义及其衍生表达，都必须超越媒介市场这样的小问题，对接那些支持、反对或联系帝国主义和帝国主义侵略的行为和代理人的大问题。

❖ 帝国主义的媒介代理人：作为帝国主义者的媒体

广泛的媒介研究从来不乏批判性甚至是激进性思考，尤其是，对媒体公司化、集中化、合并化与全球化现象给予大量关注（比如，赫尔曼与麦克切斯尼，1998；克罗托与霍因斯，2005；莫斯可，2009）。这些现象往往被认为高度威胁着新闻和娱乐供给体系的存续，而正是这个体系在可靠地提供信息和观点：（1）使当权者承担责任；（2）综合考虑任何社会都存在的人口和种族分布的多数和少数的代表性；（3）为公众提供信息和解释，以强化他们作为公民的能力，并激发他们作为人类的自觉性（哈贝马斯，1991）。与“大”（bigness）相关的议题很多或正更多地延展到电话、电脑和互联网大
11 鳄，比如，苹果、中国移动、谷歌、微软或三星，这些我都会在第8章加以重点讨论。

“大”，并不总是问题：一个大型新闻媒体集团，也许比单一的、独立的新闻媒体有能力聚集资源，从而完成更详尽或更具调查性的报道。“小”，也并非总是好的：一家由地方巨富所拥有的报纸，可能对批判性地报道本地精英及其经济利益没有兴趣。不过，大媒体的所有人和执行主编，已成为企业精英的一分子。这些大媒体或许是规模更大的全球传媒集团的一部分，集团自身同时拥有非传媒公司和传媒公司。在这种情况下，企业精英的商业利益很可能超过他们对于“公共空间”的责任。媒体并非仅仅报道政治制度，他们应当被视为政治制度的组成部分（库克，1998）。媒体所有者期待有一个不干涉其商业经营能力的传播监管环境，作为回报，媒体帮助政治人物和行政机构，提供他们能够花言巧语向公众进行宣讲的渠道，达到通告和宣传目的。作为交易的一部分，大型主流媒体与权力并肩前行：我会讨论这种情况，特别是在有关外交政策和军工安全统治集团的报道中，媒体表现得特别明显。

大型媒体的影响在从2011年开始出现的新闻集团丑闻中暴露无遗。鲁伯特·默多克（Rupert Murdoch）是新闻集团的创始人兼总裁，2000年，他的媒体帝国已经在世界50多个国家拥有800多家公司。在美国，默多克拥有《华尔街日报》《道·琼斯金融信息服务》《纽约邮报》等报纸，福克斯广播公司（包括福克斯新闻频道），福克斯娱乐集团，以及哈珀·柯林斯出版公司。在英国，他的媒体帝国（包括《泰晤士报》《太阳报》，以及英国天空广播公司）在纸媒、广播和电视新闻等方面拥有大量受众，对新闻议程具有巨大影响，能够对政治人物产生相当重要的影响力。在过去超过30年的时间里，

英国政客们认为，为赢得选举，他们必须与默多克做交易。交易的一部分就是调整规制环境，使之对默多克有利，而他因此变得更加强大。前新闻集团编辑安德鲁·库尔森（Andrew Coulson）甚至曾被任命为首相戴维·卡梅伦（David Cameron）的发言人，同时继续持有新闻集团的股份。也许更为令人担忧的是，媒体影响力实际上给予了新闻集团敲诈政治人物的机会——通过负面报道或拿负面报道作为威胁来惩戒他们。这种趋势在默多克的某些新闻文化公司非法窃听潜在目标却免受惩罚的事例中得到印证。他们的窃听对象包括社会名流，或者其他由于某种原因"出现在新闻中的人"，等等。更严重的是，有证据表明，默多克公司给执法官员支付非法费用，来换取情报，获得帮助，以掩盖真相，或者，让其不再对非法窃听的调查追究到底（Channel 4， 2011）。 12

"大"媒体倾向于降低竞争程度，造成这种结果，来自所有人和执行人为自己和股东赚取更多利润的野心。在很多情况下，获取更多利润的强烈欲望致使节目质量下降，正如新闻产业中"娱乐资讯"增多，以及许多娱乐节目形态的弱智化。"大"常常涉及夺取更多的市场份额，形成跨媒体集团，这些集团争相获得规模经济效益，以减少市场主体内部或市场主体之间的竞争。"大"典型地包括从证券市场或金融家那里筹集大量资金，以扩大经营和购买其他公司；无论以哪种方式，无论是大型公众企业还是私有金融机构，最终都得以进入大型公司董事会之列。它们的表现造成了两个重要后果：追求提升短期回报的压力，经常以牺牲更为长期性的高品质或可持续发展为代价。以贷款和赚取利息为业务的金融机构，积极主动为客户提供更多贷款，以促使他们进一步并购和收购。在这个过程中，金融家谋求在他们所支持的公司及其公司决策层面拥有更大的影响力。这也降低了新闻媒体批判性报道金融领域的动力（阿尔米龙，2010）。

世界上最大的传媒集团能够自豪地宣称，按照收入、利润、受众或用户数量等，它们在全球范围内留下了大量不可磨灭的印迹。这些顶级公司集中在世界上最富有的经济体中，特别是美国、日本和英国。另外一些具有影响力的公司出现在新兴经济体中，表现突出的是韩国的三星公司等。一般而言，美国、日本和英国之外最大的传媒集团，大多属于全球性公司中的"第二等级"，在第一等级的公司和第二等级的公司之间存在许多关联，包括企业联盟、合资以及其他形式的关联。在美国电话电报公司（AT&T）和沃达丰（Verizon）之外的顶级传媒公司名单包括：时代华纳（Time Warner）、迪士尼（Disney）、新闻集团（NewsCorp）、贝塔斯曼（Bertelsman）、康卡斯特—美国全国广播公司环球（Comast-NBC Universal）、哥伦比亚广播公司—维亚康姆（CBS & Viacom）、

微软（Microsoft）、谷歌（Google）、雅虎（Yahoo!）和苹果公司（阿瑟诺与卡斯特尔斯
13 [Arsenault & Castells]，2008）。

虽非全部，但至少有一些大型媒体集团，在其开展商业活动的地方，可能被认为是帝国主义的代理人。它们通过压制其他国家媒体的活力，或压制本国较小型媒体的活力，来减少媒体上创造性声音与表达的多样性和包容性，或减少对这些声音和表达的接触机会。这种形式的媒介帝国主义的有力象征，是传媒寡头（通常是三个或四个寡头）的存在。这些寡头控制着任一特定传媒市场的大量份额，经常是占比过半乃至更多，而且，它们的商业活动往往与市场中处于第二或第三等级的传媒公司保持紧密联系。

不过，本书所更为关注的媒体的角色，不是帝国主义让媒体做代理人，而是媒体自觉为帝国主义做代理人。不管是经典的领土获取型帝国主义，还是“自由贸易式”帝国主义，抑或是“新自由主义”帝国主义，其标志性特点都是强行干预独立主权国家的事务，这些干预通常具有攫取领土、施加政治压力、夺取原材料、争取贸易优势和获取市场的目的。当媒体的叙事框架是以积极的视角或在善意的光环笼罩下报道帝国主义活动时，当媒体将帝国的声音、辩护和话语置于受害者、异见者和另类者的声音之上时，当媒体忽略或边缘化那些批评帝国权力的事实和观点之时，媒体就成了帝国主义代理人。

❖ 小　结

在这一章中，我提出传播形式和帝国形式之间的关系有很多不同类型，而且媒介和帝国之间的力量关系是双向的。因此，“媒介帝国主义”这个术语，应作为一个研究领域而非一个理论。在这个研究领域中，既有研究媒介与帝国关系的多种理论，也有媒介机构自身运用帝国权力形式的理论。为了说明这一论点，我在诸多理论中确认了四个代表，他们都与众不同：伊尼斯、席勒、滕斯托尔与博伊德-巴雷特。我发现“媒介帝国主义”这一术语在20世纪70年代之后越来越不受欢迎，但很多对此术语的批判并没有充分依据。很多其他术语相继流行，其中有些讨论的是相似主题（比如，全球化、媒体
14 “景观”、媒体跨界混搭、非对称性相互依赖），这些术语大多丧失了对帝国主义实际历史现象的视角或兴趣，而这恰恰是本书的主要关注点。对我们谓之的“媒介”，本书

采用了宽泛的研究路径，“媒介”包括“旧”与“新”，但这只是在内容层面上，更多的是内容以外很多其他方面的“旧”与“新”，包括传播的基础设施，生产、扩散和接受，以及与控制这些相关的利益。“媒介”这一术语能够覆盖所有技术驱动的传播形式，但重要前提是，它需要通过历史、权力关系和文化等更广泛的视角来加以分析。在引介“帝国主义”这个术语时，我就指出，它在大量学术研究中，是一种理所当然的存在，但是，这种存在优先考虑帝国主义获取领土之特性。这种考虑在论述某些时期的情况时就会出现问题，因为在这些历史时期，本土阶层具有名义上的土地所有权，或者，重新夺回了原被夺走的土地，但是，在更富有的国家、社会或部落对其进行其他形式的掠夺行为面前，依然脆弱不堪。因此，在本书中，我对领土和非领土形式的帝国主义予以同样关注，在16世纪至20世纪欧洲帝国主义的“古典”时期，以及19世纪到21世纪美国及其主要同盟国的帝国主义中，我挖掘到很多案例。

第二章

领土与“自由贸易”帝国建立：以媒体制裁为借口的战争

❖ 并不总是关乎领土

获取领土往往是帝国主义的首选战略，然而，它并非帝国主义的本质。夺取领土这种模式，虽然可能更符合人们对帝国主义的普遍认知，但其实还有其他帝国主义模式与领土扩张一样历史悠久，而且经常相伴而生。因此，如果坚持认定帝国主义必然是强国对弱国领土的正式吞并，实则有些未得其要领。19世纪末期英国经济学家们赞不绝口的“自由贸易帝国主义”，与21世纪新自由主义回归后的情况并无差别：两者所提出的“自由”，均是更强大的经济体在国外市场随心所欲、最小化自身责任、最大化侵略者主要利益的自由。在帝国主义领土和非领土吞并的行动中，传播与媒体均发挥着重要作用，主要是促进了帝国主义的行动，但偶尔也会有所抵抗。

正式吞并领土往往并非帝国缔造的最重要因素。例如，加莱亚诺（Galeano, 2003）

将西班牙和葡萄牙描述为封建帝国而非资本主义帝国。通过各种残暴手段，两个帝国从其在南美的殖民地都攫取了巨额金银，不计其数的原住民（自征服者到达南美的150年间，原住民的数量从7,000万人锐减至150万人）与进口奴隶都为之付出了生命代价，极其残忍而残酷。然而，这些金银被大量用于偿还因远征和开矿向富格尔家族（Fuggers）、威尔斯家族（Welsers）、谢兹（Shetz）或格里马尔迪（Grimaldi）等外国银行家所贷款项，或者用于支付从荷兰以及越来越多从英国购买的工业化商品所需费用，以服务于数量迅猛增长的美洲殖民者的消费需求。 16

从南美出口的白银与羊毛，不是由西班牙或葡萄牙完成再加工，而是由荷兰、英国以及其他将成品出口到南美的国家完成的。根据加莱亚诺的记录，通过这种方式，荷兰和后来者英国，成功获得了拉丁帝国从原住民那里残暴掠夺的金银，未受侵略与征战之累，却在实际上征服了拉丁帝国。这些国家鼓励创新和贸易，有时被认为是受到“新教伦理”之影响（韦伯，2012［1904—1905］）。他们把与西班牙和葡萄牙贸易中获得的金银，再投资于进一步创新，蒸汽机就是其中最重要的一项。无论是在国内还是在殖民地，西班牙和葡萄牙都不热衷于发展工业，使得南美经济严重依赖变幻莫测的国外市场或全球市场，这种劣势延续至今。在巴西的葡萄牙人，其三分之二的必需品由英国提供。葡萄牙人醉心于采矿，后又推行糖料、橡胶、棉花、咖啡及其他类似作物的单一种植，使得土地的肥力和价值都大打折扣，因而，这些殖民地面对新竞争者时显得极为脆弱，且极易受世界市场价格波动的影响。继任的帝国政权延续了这些恶习与错误，造成难以挽回的损失，即便革命之后的古巴也是如此。

从18世纪和19世纪美国的扩张可以看出领土和非领土帝国主义，在征服南美洲、北美洲大陆的进程中，美国采用了各种各样的策略，包括：

- 按照极有利于美国的条件，大量购入土地。
- 美国公司的资本主义剥削：冈萨雷斯（Gonzalez）将南美称为“美国跨国公司孵化器”（2000：58），特别是在棉花、水果、牛马养殖、金银铜矿开采、石油、木材、羊毛等领域。例如，古巴甚至在仍被西班牙占领时，已经在某种程度上沦为美国的经济殖民地，在美国世界贸易中占比四分之一（冈萨雷斯，2000：53）。
- 短期或长期的军事干涉（有时是美国公司与地方政治精英发生冲突，应美国公司请求进行干涉，有时是以保护美国人性命为理由进行干涉）。美国银行和公司因而得以掌控每个国家的关键性基础产业。军方领导有时也会为
17 个人经济利益、公司巨额交易和税收减免提供掩护。1900年以前，美国军队曾多次保护巴拿马铁路公司（Panama Railroad），使其免受哥伦比亚派系斗争的影响（冈萨雷斯，2000：51）。1902年，西奥多·罗斯福（Theodore Roosevelt）政府精心策划了一场革命，煽动巴拿马人要求从哥伦比亚独立出来，从而得以独占巴拿马。1900—1925年间，受到美国军事干涉的国家有：洪都拉斯（1903，1907，1911，1912，1919，1924，1925）；古巴（1906，1912，1917）；尼加拉瓜（1907，1910，1912）；多米尼加共和国（1903，1914，1916）；海地（1914）；巴拿马（1908，1912，1918，1921，1925）；墨西哥（1914）；危地马拉（1920）。部分军事干涉演变为占领：尼加拉瓜（1912—1933）；海地（1914—1933）；多米尼加共和国（1916—1924）；古巴（1917—1922）；巴拿马（1918—1920）（斯通和库茨尼克，2012）。

- 战略性地将美国人口迁移至与西班牙属地或墨西哥的毗连之地，在很多地方，移民人数最终超过当地人口数。
- 被称为“冒险家”的海盗们，在西班牙或墨西哥属地的部分城市入侵或居住从而迅速宣布独立，目的是想投机获得美国联邦军队的支持。后来，这些地区被划入了美国领土范围。著名的“冒险家”海盗包括美国英雄山姆·休斯敦（Sam Houston）与大卫·科洛克特（Davy Crockett）。其中，前记者威廉·沃克（William Walker），作为最臭名昭著的一个，他的冒险事迹在美国媒体上被广泛传载：在科尼利尔斯·范德比尔特（Cornelius Vanderbilt）资助的军队支持下，1856年，他宣布自己出任尼加拉瓜总统。
- 美国的银行将“债务奴役制度”强加给一些名义上独立的国家，比如，尼加拉瓜或多米尼加共和国；必要时，美国海军陆战队将强制执行债务偿还。
- 挑衅，引起战争并以战败国（即挑衅对象国）割让领土为终结。
- 与西班牙—墨西哥精英进行战略联姻，目的在于通过家族土地所有权继承制度，获得土地使用权。
- 美国政府对陷入债务奴役困境的国家，强制实行土地所有权、关税收入、税

收政策（以及税收减免）等相关政策。

- 精心编造霸权意识形态，例如，出版商、民主党宣传家约翰·奥沙利文（John O'Sullivan）杜撰的术语“天定命运论”，乔治·卡德维尔（George Caldwell）博士和约西亚·诺特（Josiah C. Nott）博士等知名人士发起的优生运动，抑或，“美国例外主义”学说。
- 美国的银行或公司为参与内战的一方或不同的地方力量提供资金帮助，目的在于无论内战结果如何，都能确保美国利益。 18
- 完全背信弃义，例如，美国国会向反西班牙的古巴起义军保证，美国军队帮助其革命成功之后就会离开古巴，反西班牙的菲律宾起义军也被类似虚假保证所蒙骗。但是，在随后数十年时间里，美国一直占领着这两个国家。《巴黎和约》正式结束美西战争，赋予美国对古巴、波多黎各、关岛和菲律宾的直接控制权。在美国控制之下，波多黎各人享有的政府自治权，比在西班牙控制下时更少。

在美国将“共产主义独裁威胁论”作为堂而皇之的借口之前，由于美国的蹂躏，使得拉丁新生政权的腐败和深度腐败早已发生，但是，美国媒体将其归因于由美国帮助建立和维持的政权，其中不少是独裁政权或在美国支持下走向独裁的政权。例如，1933年，美国派密使萨姆纳·威尔斯（Sumner Welles）鼓动古巴军队司令福尔亨西奥·巴蒂斯塔（Fulgencio Batista）政变，推翻了拉蒙·格劳·圣马丁（Ramón Grau San Martín）领导的进步政权。1903年，西奥多·罗斯福在巴拿马派遣海军陆战队，支持运河投资人曼纽尔·阿玛多（Manuel Amador）和布努—瓦里拉（Bunau-Varilla）发动政变。1924年，美国再派密使萨姆纳·威尔斯到多米尼加共和国，安排美国海军陆战队回撤，并为拉斐尔·莱昂尼达斯·特鲁希略（Rafael Leonidas Trujillo）的独裁政权上台做好准备；“二战”结束后，美国海军陆战队重新出动，助其阻止民选领袖胡安·博什（Juan Bosch）重新掌权。1910年，美国的公司资助推翻进取型民族主义领袖约瑟夫·桑托斯·塞拉亚（José Santos Zelaya）的统治。1934年，阿莫斯塔西奥·索莫扎·加西亚（Anastasio Somoza García）在美国大使亚瑟·布利斯·雷恩（Arthur Bliss Lane）的秘密支持下，推翻了进步总统胡安·萨卡萨（Juan Sacasa）。20世纪30年代，由美国帮助掌握政权的独裁者，包括危地马拉的豪尔赫·乌维科·卡斯塔涅达（Jorge

Ubico Castaneda)、萨尔瓦多的马克西米亚诺·埃尔南德斯·马丁内斯(Maximiliano Hernández Martínez),以及洪都拉斯的蒂布西奥·卡里亚斯·安迪诺(Tiburcio Carias Andino)。

冈萨雷斯(2000: 55, 59)写道:

> 直至今日,美国—拉美间关系的模式已非常明显。在独立后的75年间,拉美的领导人们难以置信地眼睁睁看着他们的北方邻居,先后吞并佛罗里达、得克萨斯以及墨西哥的另一大片领土。他们对沃克(Walker)在尼加拉瓜的剥削、洛佩兹(Lopez)及其雇佣军在古巴的肆虐,感到惊恐不安;惊诧于北美领导人在外交场合对他们的傲慢态度,以及美国大众传媒给拉美人贴上的种族主义标签;恐惧地看着大规模经济渗透取代领土吞并,至20世纪世纪末,多米尼加共和国、墨西哥、西班牙在古巴和波多黎各的殖民地,以及中美洲的大部分地区,成为日益扩张
> 20 的美帝国的经济卫星国……
>
> 记者、小说家和电影制片人强化了这些信息。他们塑造了以强权统治腐败的香蕉共和国的"国家元首"(El Jefe)形象,并使此形象长期流传:皮肤黝黑,冷酷无情,独裁,黑发油光发亮,没受过什么教育,英语口音蹩脚,常戴黑色太阳镜,以及嗜虐成性。然而,即便在宣传这种形象时,美国的银行家和政治家依然没有忘记向在位的独裁者们兜售不合理的高利贷。

❖ "自由贸易"帝国主义与墨西哥

20世纪初期美国、英国与墨西哥之间的关系,有必要加以考察。彼时,墨西哥已被美国夺去一半领土和四分之三的矿产资源(冈萨雷斯,2000: 28)。美国的石油资本家们为墨西哥民主改革家弗朗西斯科·马德罗(Francisco Madero)领导的军事力量,提供必要的财政手段、军事装备、跨边境保护与政府支持,助其于1911年终结了波菲里奥·迪亚兹(Porfirio Diaz)对墨西哥长达35年的统治。人非圣贤,孰能无过。迪亚兹曾精明地评估墨西哥"主权"利益,并为了分散个人执政风险,而暂时性地让欧洲人比美国人享有更多的土地、采矿和税收减免等特权。不过,至1911年,北美资本家们还是控

制了墨西哥所有的石油、76%的企业与96%的农业。在这些资本家中，有著名出版商威廉·鲁道夫·赫斯特（William Randolph Hearst），此人发行的报纸曾支持迪亚兹，他在奇瓦瓦州（Chihuahua）拥有一个大农场，养牛百万头。出于对墨西哥给予欧洲更多特权的报复，美国石油资本家，特别是美孚石油公司（Standard Oil），操纵了迪亚兹政权的覆灭，以及改革者弗朗西斯科·马德罗的继任。尽管马德罗本就是总统的热门人选，但美国资本家们认为，为了报答他们的支持，马德罗应该优先考虑美国石油利益诉求。可是，马德罗却另有盘算。为保持其在国内的支持率，保护墨西哥新生的民主政治，他需要通过征税和罚没等手段，来遏制美国石油资本家的贪婪。罚没这种行为，有时会遇到暴力反抗。美国石油资本家们，在他们的狂热代表——驻墨西哥城的美国大使亨利·雷恩·威尔森（Henry Lane Wilson）——的领导下，密谋杀害了马德罗，让军事独裁者维克托里亚诺·胡尔塔（Victoriano Huerta）取而代之。

英国王室出于本国石油利益的考虑，迅速承认了胡尔塔这个谋杀犯和篡位者的执政地位，帮助他从英国的银行筹集资金，以期胡尔塔能将令人眼热的新石油特许权给予英国。英国获悉，美国新任总统伍德罗·威尔逊（Woodrow Wilson）对本国石油资本家十分厌恶，原则上将拒绝承认胡尔塔政权。威尔逊的理想主义立场一度让英国弹冠相庆，直到威尔逊开始给维纳斯蒂亚诺·卡兰扎（Venustiano Carranza）所领导的立宪主义者投入金钱和武器装备，他与潘丘·维拉（Pancho Villa）和埃米利奥·萨帕 20
塔（Emilio Zapata）为代表的不同阵营，形成了一个不稳定但充满活力的联盟。威尔逊的目的在于让胡尔塔下台，虽然正是他的前任威廉·霍华德·塔夫脱（William Howard Taft）总统帮助胡尔塔上台执政的。威尔逊通过各种谋划，使得英国王室在墨西哥以及拉美的更广泛地区，能够屈从于美国。他吓退可能会为胡尔塔复辟提供经费的银行，并不可思议地秘密操纵，将英国海军总部的石油供应商从一家英国公司转换为一家美国公司（即美孚石油公司）。当时正值英德战争一触即发，战争成败取决于谁能得到最便宜的石油。是继续谋求在墨西哥的石油利益，还是在这个敏感时期招致美国敌意，英国在两者之间被迫做出选择，并最终撤回了对胡尔塔的支持。英国驻墨西哥城大使莱昂内尔·卡登（Lionel Carden）尖刻地讥讽道，墨西哥政治权力来自美国白宫，如果美国总统不喜欢墨西哥跟班的衬衣上浆，全墨西哥人都会知道他不高兴了（莫雷诺，1986）。

不管过去还是当下，所有这些案例都应被纳入帝国主义话语体系。他们的"帝国主义”是怎样的呢？我们来历数下。首先，也是最重要的，是剥夺和侵占。美国和英国石油公司利用其特许经营权，以极低的价格从那些一贫如洗的农民们手中大量购买或租用各种大大小小的农场，而这些农民对土地、牲畜和农产品将会被破坏殆尽却一无所知。其次，大型石油公司所获丰厚回报，最终送回给其在美国或英国的所有者或股东的手中。再次，遭受石油资本家毁坏的国民经济，再也无法完全掌控自己的命运。尽管拉萨罗·卡德纳斯（Lazaro Cardenas）成功地利用20世纪30年代国际经济和政治气候恶化的契机，有效实现墨西哥石油产业的国有化（莫雷诺，1986），但是，真正意义上的民主政治，其可能甫一开始即被扼杀，继而由被收买的暴君、权贵资本主义和“香蕉共和国”政治家所统治。再其次，就前述事项引申来看，新的石油勘探、土地征用、石油生产与精炼新市场的诞生，形成了一个稳定的循环，这是石油资本主义市场的必然要求，而且特别突出地体现在对石油高度依赖的运输和工业领域。最后，石油生产造成的包括严重污染在内的高负外部性代价，全都由石油开采地的人民而非石油公司本身来承受——历经数十年，碳基燃料的生产和消费，以至全球平均气温的持续升高，人类已不
21 知自身是否还能幸存。

❖ 美国的帝国地位

在21世纪的第二个十年中，美国继续保持其世界超级大国的帝国地位，有三项重要指标：军事基地遍布全球；军费超比例开支；侵略和干涉他国事务的借口——虽不是绝大多数，但至少很多在本质上都是虚伪的。庞大的美国军事基地网络，可以被认为是一种新的帝国形式——军事基地帝国（约翰逊，2004）。2010年，五角大楼列出的数据显示，美国有716个境外军事基地，主要分布于中东、欧洲和亚洲。如果纳入彼时建在伊拉克的500个军事基地，美国及其盟友在阿富汗共建的400个军事基地，以及主要由美国创建、维持或支持的300个阿富汗国家军队和国家警察的基地，实际数量远超1000个（特斯，2010）。

截至2012年，美国在伊拉克的许多基地已关闭，在阿富汗的许多基地很可能也将关闭，这与美国驻军缩减规模（但非消失）的趋势相一致。其中，包括没有出现在五角大楼名单中的卡塔尔乌代德军事基地（Al-Udeid），该基地价值10亿美元，负责监测无人机战争。美国在全球150个国家保持着某种形式的驻军，每年花费2500亿美元

维持海外的军事基地和军队。近年来，美国有越来越多较小规模的基地，分布在以前没有驻军的地区，这些基地有时被戏称为“睡莲”（宛恩，2012）。尽管美国有计划地在从伊拉克和阿富汗撤军，关闭在德国的一些大型军事基地，但相较于2001年的水平，五角大楼显著增加了军事基地的基础设施，包括在东亚、中东与非洲的加速部署（宛恩，2012）。2007—2010年间，美国还新增了大约12个用于无人机和监视的空军基地。

军事基地的新战略在不断演进，其主要特征包括：特种作战部队、代理军队、间谍与情报活动军事化、无人机、网络攻击、五角大楼与日益军事化的政府“民间”代理人联合作战。除此之外，还有无人能比的远程制空权和制海权；首屈一指的武器销售；明显服务于军事情报、军事巡逻和赢得“民心”意图的人道主义和灾难救援任务；美军 22
在全球范围内的正常轮换部署；港口访问、不断扩大的联合军事演习和训练，使得美军实际上“存在”于世界各地，并助其将外国军队转变为代理军队（特斯，2010；宛恩，2012）。宛恩（2012）明确指出对“睡莲”战略的四点担忧：小型基地能轻易发展成大型基地；军队常常在流氓政权统治下的国家建立基地；象征着世界正在逐步军事化；任何类型的基地，久而久之，常常会激起当地的敌对情绪，可能引发更激烈的冷战或热战。

2011年，全球军费开支为17 380亿美元。其中，美国所占份额为40%，约合7 110亿美元，占本国GDP的近5%。即便历经2008年经济危机后的所谓紧缩时期，美国军费支出的总量仍在持续增长。美国的军费开支，是中国的5倍，中国的军费仅占其GDP的2%，占世界总军费的8.2%；是俄罗斯的10倍。若将英国、法国、德国、日本、印度、沙特阿拉伯纳入计算范畴，显然，美国及其军事盟友的军费开支占到全球总量的绝大部分（60%）。（斯德哥尔摩国际和平研究所，2012；威特纳，2012）

冷战期间，美国干涉常被正当化为防止共产主义及其影响的扩散所必需。里根政府的新保守派并未采纳美国中央情报局更趋平衡的建议，而是有意设法夸大苏联对美国的“威胁”，在国防部设置他们自己的情报部门，并坚称，对苏联“威胁”的评估缺乏证据，不是证明了不存在证据，而是证明了苏联帝国的狡猾。斯科特·诺博（Scott Noble）的纪录片三部曲《权力原理》（*The Power Principle*），其中，第二部与复原冷战情节相关。在美国国内、美国盟国和更远的战场之中，对冷战事件的媒体报道，其实是“知更鸟行动”（Operation Mockingbird）的组成部分，目的是故意散播虚假消息。该行动由美国中央情报局提出，由资深出版商联合行动，比如，哥伦比亚广播公司主席威廉·巴莱（William Paley），时代—生活帝国的缔造者亨利·卢斯（Henry Luce）、总经理迈克尔·杰克逊（Michael Jackson）等。中央情报局在绝大多数主流媒体的新闻编辑室中安插特工或合作记者，人数超过400人（诺博，2012）。实施这个行动的证据，在20世纪70年代的国会调查中被曝光，进入21世纪后至2010年，在“电视时评将军”（“TV
23 pundit generals”）（五角大楼“代理人”或“消息扩散器”）中曝光持续不减。“电视时评将军”是指那些主流电视倚重的、被看作是美国战争方面的“独立”专家的退休将军们。五角大楼会简要地告知这些将军相关信息，其中，他们很多都是军火商的推销人员（图根德，2003）。

❖ 美国干涉与民主死亡

美国的干涉经常有意动摇当地政权，有时是民主政权，以支持更顺从于美国的领导人或利益集团。有些干涉带来旷日持久的斗争，如在1950—1953年的朝鲜战争和1955—1975年的越南战争中，斗争的参与者，除苏联之外，还有影响力日益增长的中国。其他干涉包括颠覆现任政府或搞垮正在形成中的政府，只是美国实在不喜欢这样简单化行事，因为这些常常被认为太“激进”了。国有化政策和财富再分配政策，特别是土地再分配，被视为对美国经济利益（即资本利益）的威胁。许多干涉是在当地或邻近武装力量或运动的秘密合作下展开的，某些情况下，这些武装力量或运动，是在美国或其他西方国家的情报力量帮助下复苏或兴起的。许多运动导致民选领导人被推翻（甚至被暗杀），并被右翼独裁者取代。美国直接或间接参与推翻和危害民主政权的案例包括：

- 1949年，密谋支持叙利亚的军事政变，结束文官执政，由陆军参谋长阿尔—扎伊姆（al-Za'im）掌握政权。
- 1953年，在伊朗发动对穆罕默德·马萨德（Mohammed Mossadegh）政府的阴谋政变（伊朗国王穆罕默德·礼萨·巴列维开启个人统治时期）。
- 1954年，在危地马拉推翻哈科沃·阿本斯（Jacobo Arbenz，由卡洛斯·卡斯蒂略·阿马斯领导的军政府取代）。

- 1961年，暗杀刚果共和国的帕特里斯·卢蒙巴（Patrice Lumumba，由蒙博托·塞塞·塞科政府取而代之）。
- 1964年，在巴西推翻若昂·古拉特（João Goulart）和温贝托·卡斯特罗·布兰科（Humberto Castello Blanco）将军，继而开展军事独裁统治。
- 1965年，阻止多米尼加共和国第一位民选总统胡安·博什（Juan Bosch）再度执政。
- 1966年，让加纳总统克瓦米·恩克鲁玛（Kwame Nkrumah）下台（在伊曼纽尔·库西·库托卡与国家解放委员会发起的军事政变中被取代）。 24
- 1967年，让印度尼西亚总统苏加诺（Sukarno）下台（由苏哈托所领导的军政府取代）。
- 1967年，扰乱乔治奥斯·帕潘德鲁（Georgios Papendreou）领导的中央联盟党取得希腊政权的原定计划（为军人集团专制铺平道路的一步）；早在1946年，美国就在打击希腊无政府主义者和亲共运动中扮演了重要角色，这些被打击者原来都与反法西斯抵抗运动有联系。
- 1972年，支持菲律宾总统费迪南德·马科斯（Ferdinand Marcos）颁布的军事戒严令，由此终结了菲律宾自1946年脱离美国独立以来四分之一个世纪的民主。
- 推翻智利总统萨尔瓦多·阿连德（Salvador Allende）政权（1973年，由奥古斯托·皮诺切特将军的军政府取代）。
- 1976年，让巴西总统伊莎贝尔·庇隆（Isabel Perón）下台（民选总统胡安·庇隆1974年逝世后的合法继承人），她被海军上将埃米利奥·爱德华多·马塞拉（Emilio Eduardo Massera）领导的军队集团推翻。
- 1976年，支持泰国军事政变，结束了自1973年开始的民主主义革命时期，他宁·盖威迁（Thanin Kraivichien）在军队的帮助下就任总理。
- 1980年，在土耳其支持推翻总理布雷特·埃杰维特（Bulent Ecevit）的军事政变，权力被转移至总参谋长凯南·埃夫伦（Kenan Evren）将军手中。
- 海地总统让·贝特朗·阿里斯蒂德（Jean-Bertrand Aristide）于1990年被迫下台，1994年复职，2004年（其第二任总统任期内）再次被迫流亡并被强行引渡回国。

- 2002年，在委内瑞拉企图发动政变推翻总统乌戈·查韦斯（Hugo Chávez）。
- 2009年，秘密支持对洪都拉斯总统曼纽尔·塞拉亚（Manuel Zelaya）发动政变。

在威廉·布鲁姆（William Blum, 2004）的《美国干预史》中有很多这样的插曲人物。

对那些可能成功阻止共产党或左翼政党获得选举或发起革命的党派，特别是在这些共产党或左翼政党被认为受到苏联支持的情况下，美国国会以包括财政及其他手段在内的隐秘方式予以帮助。20世纪40年代至60年代，乃至此后的一段时间，这类情况可见于战后的澳大利亚、英国、法国和意大利（美国对基督教民主党提供财政支持，
25 以确保其战胜原本更强大的意大利共产党）。

一些主要西方国家，包括英国和法国，常常与美国串通一气，外交政策目标具有一致性。法国大肆兜售其在阿尔及利亚镇压叛乱的经验，特别是在1957年阿尔及尔战争中大规模实施关押和酷刑的策略，这些经验后来被美国应用于对越战争，被阿根廷军政府应用于“肮脏战争”（Dirty War, 1976—1983）中。同样，英国提供了来自马来西亚半岛和肯尼亚的经验，作为在越南“讲和”的样板（马特拉特, 2010）。美国干涉常常由隐秘的中央情报局来提供款项。一位前中央情报局特工吉拉尔迪（Giraldi, 2013）透露，从2002年开始，中央情报局就向阿富汗总统哈米德·卡尔扎伊（Hamid Karzai）资助大笔款项，他本人就直接参与了这些交易过程。记录如下：

> 中央情报局买通外国领导人的历史由来已久。在中东，已故约旦国王侯赛因每年从中央情报局得到700万美元资助，黎巴嫩几任基督教总统及其政党也获得了差不多数额的资助。20世纪70年代和80年代的拉丁美洲，几乎所有领导军政府的将军们的名字都在中央情报局的薪酬单上。在欧洲，这一过程更加难以察觉，资金通常会流入某个政党，甚至政党内的某个派系，而非某位政客的手中。

❖ 帝国遭遇的传播抵抗

1960年，不结盟国家运动（Movement of Non-Aligned Nations）建立，标志着代表前殖民地的有影响力的声音正式登上历史舞台。这种声音渴求摆脱西方利益压制，获得经济解放，进而使成员国意识到民族自决权的全部潜能。这项运动在某种程度上是南斯拉夫总统铁托（Tito）的政治哲学成果，虽然这个国家在他去世之后不久即剧变解体，但他通过与苏联、中国和西方的竞争，引领着自己的国家，并取得了一些成就。南斯拉夫的新闻通讯社——南通社（Tanjug），成为不结盟运动的一个重要的媒体渠道（乌卡索维奇与博伊德-巴雷特，2012）。在20世纪70年代联合国教科文组织（UNESCO）发起的会议上，新独立国家的代表们，在苏联集团的支持下，提出建立世界经济新秩序（New World Economic Order, NWEO）的呼吁，旋即在1976—1978年，主张建立“世界信息新秩序”（New World Information Order, NWIO）。后来在美国的坚决主张下，改名为“世界信息与传播新秩序”（New World Information and Communication Order, NWICO）。这些国家宣称，经济改革要取得成效，全球传媒改革需要先行。 26

联合国教科文组织的讨论，大部分赞同这样的看法，即无论民族自决权运动的成效如何，西方列强及其公司仍然享有对全球经济的不平等的支配力。有些是通过国际货币基金组织和世界银行等机构，这两大机构在1944年布雷顿森林会议上由美国领导下的同盟国创立。西方政府及其公司也是全球通信基础设施和全球传媒体系建构的主要参与者，少数几个大传媒公司在其中发挥着不成比例的影响。它们透过西方资本主义民主价值观的棱镜，为世界各地事件的新闻报道设置框架。

联合国教科文组织的《麦克布莱德报告》（*McBride Report*, 1980）指出，信息和信息流动的革命是实现经济革命必需的先决条件。不结盟运动的影响在20世纪70年代达到顶峰，此时恰逢石油输出国家组织（Organization of the Oil Exporting Countries, OPEC）崛起，并于1973年通过提高石油价格的压力，削弱了西方国家的经济。再加上，此时因在越南战败，中东和南美地区的恐怖主义与国家恐怖主义的不断发生，以及日本经济复苏带来的可以预见的威胁，美国权力面临挑战，新兴国家在联合国的诉求日益受到更多关注。但是，这些态势发生了方向性的根本转变，部分原因是许多新兴国家未能成功实施具有本土性质的经济自给自足战略。新兴经济体缺乏实现经济独立的技术手段、专业技能、基础设施或市场规模。石油输出国组织在价格上的影响，伴随着新油田的发现和老油田的产能过剩而衰减。在里根总统任内，美国脱离联合国这个适宜的国际政策制定的全球论坛，走向双边或多边贸易协定时代，越来越具备实施芝加哥学派货币主义经济学的条件，走向放松管制、市场考量优先于社会福利。这种发展是正在开启的全球化新阶段与生俱来的表现，包括世界市场的扩大开放，通过关税贸易总协定（成立于1948年）、1995年后通过世界贸易组织，加强了国际贸易政策，使得国家主权原则的动能在经济，进而在政治领域的地位相对下降。

❖ 美国的冷战干涉

美国通过主流媒体传播，获得主流媒体热情洋溢的或至少是无异议的支持。美国一般将其在冷战期间的干涉描述成，为了保护当地居民和西方利益免受苏联或中国共
27 产主义的掠夺性扩张，而采取的防御性措施。毫无疑问，为了国内的政治目标、企业利益和军工集团，对来自苏联的恐惧，有时被蓄意地严重夸大（诺博，2012）。

俄罗斯认为，“二战”结束后，美国间谍飞机不断侵袭其领空，自己被迫陷入军备竞赛状态。另一方面，西方的担忧并非毫无根据。在1962年古巴导弹危机期间，这一点再明显不过。但是，卡斯特罗接受苏联建议，允许其在古巴部署核导弹作为预防措施，是可以理解的。因为，1961年，美国偷偷摸摸从猪湾（Bay of Pigs）入侵古巴，企图推翻在卡斯特罗领导下1959年取得政权的革命政府，但未能成功。

这些冷战时期的干涉，并不涉及超级大国获取领土和替代地方政权等经典意义上的“帝国主义”手段。不过，美国熟知领土获取模式。美国实施阴谋诡计，成功于1845年从西班牙手中得到佛罗里达州的全部领土，于1848年从墨西哥手中得到加利福尼亚州和新墨西哥州（连同亚利桑那州、科罗拉多州、俄勒冈州、内华达州、犹他州、怀俄明州的部分领土），以及得克萨斯州（事实上，美国早在1845年就已将其吞并）。另外，美国也重视对岛屿的领土占领，比如，关岛和波多黎各，以及自1898年美西战争中获胜后开始的对古巴的有效控制（后来，通过支持巴蒂斯塔进行控制，直到1959年卡斯特罗革命）。美国也因1898年战争，占领并统治菲律宾，菲律宾除1941—1945年被日本占领外，美国对其统治直至1946年。此后，美国继续在菲律宾发挥重大影响，部分是为了保护美国大量的军事基地，与它在中美洲、海地和多米尼加共和国的所作所为，如出一辙。

反共干涉的常态做法，是效仿美国在1959年之前对古巴而非对菲律宾的影响方式，因为古巴在1901—1959年间，仍然具有名义上的主权。美国军事基地在其盟国领土上激增，美军与当地安全部队之间的关联也随之增强。与美国合作的地方利益集团有望得到回报，而那些抵抗者则被边缘化或受到惩罚。获得美国“保护”需要通过购买或被强加而来，被“保护”国付出的代价，往往是自给自足的民族主义进程（原本可以减少对美国进口的依赖性，或削弱在当地部署美国军事基地的显在必要性），共产主义、社会主义或者社会民主进程，以及常常与以上“主义”相关联的再分配正义和人权。 28

信息和娱乐类媒体在支持以冷战为借口的干涉上起到了关键作用。他们用一种过分简单的摩尼教式透镜方式呈现美国以外的世界：“我们”对抗“他们”。他们妖魔化共产主义制度及其领导人。他们始终负面报道几乎所有发生在共产主义世界的事情。他们对事件的解读或议程设置框架，与华盛顿对形势的界定，总是能迅速站到同一战线。媒体最为关注的是发展成果，这些成果可能会导致西方在共产主义问题上的失败或成功（赫尔曼与乔姆斯基，2002），而忽略了其他很多事情。

❖ 新的干涉理由

自1989年苏联解体以来，干涉是为了增强防御共产主义扩张，不再能作为正当借口。在接下来的四分之一世纪里，干涉的正当借口被替换为以下四个：缉毒“战争”、“人道主义”干涉、反恐“战争”（包含有关“大规模杀伤性武器”的借口），以及促进“民主”。有时多个借口会同时使用。主流媒体几乎全部地、不加批判地适应为这些理由背书的价值观。我并不否认以上提及的这些问题有时会引发惨痛的现实。比如，某种毒品的生产、分销和消费，会严重损害个体健康或社会。一些可怕的罪行，有时是种族灭绝行为的发生，在发达国家激起公愤，要求停止此类可怕暴行是可以理解的。1994年，卢旺达发生的对图西族（Tutsis）和温和的胡图族（Hutus）的屠杀未受干预，成为自20世纪40年代纳粹屠杀犹太人或19世纪北美白人屠杀原住民以来最残酷的种族灭绝暴行之一。从定义上讲，恐怖主义行为是可悲可叹的，理应受到强烈谴责；更别说，绝大多数恐怖主义是国家恐怖主义，罪魁祸首包括某些最大和最强的国家。美国外交政策的批评者们否认以这些借口所代表的价值观（比如，毒品的危害，人道主义援助的美德，恐怖主义的邪恶，以及民主的益处）进行干涉是利他的乃至有效的。他们指责道，真正的动机一直都是帝国主义式的，旨在提升代表企业、军队和其他利益集团的美国
29 在全球的力量，以便在特定的领土和人口上获得更大的影响力。

就美国和其他帝国主义国家而言，找到借口发动帝国主义战争——官方援引蓄意伪造或误导性的侵略理由——其作用是表示战争是无可置疑的（即使争议围绕被援引的某个借口展开）。至于发挥作用的“真正”原因是什么，有时则缺乏合理的确定性。在某个干涉背后可能是多重利益在起作用。美国在2003年领导入侵和占领伊拉克，即是一个例证。正如我们所看到的，甚至部分当事者都承认，入侵的主要借口（宣称伊拉克拥有大规模杀伤性武器）是一种官僚主义的或一致同意的策略，我们也可以说，是一个便利的谎言。一场帝国主义战争可以服务于有不同诉求的多个利益集团。伊拉克案例包括：军工复合体的诉求是，通过军火贩卖、物资供应与战后“重建”获取巨额利润；能源机构的诉求是，获得更多在伊拉克油田开采和提炼的直接准入许可，以赚取更大利润；政治家和理论家的诉求是，加强美国在中东地区的霸权，推进对美国友好的“民主”；美国的区域盟军，特别是以色列和沙特阿拉伯的诉求是，根除本地区的竞争对手或威胁。不过，辨识“真正的利益集团”，本身就问题重重。主要参与者通常不愿意公开地清晰说明利益集团是哪些。虽然由于超级大国地位的绝对影响力，对“美国例外论”的容忍，往往让应受处罚者免受实际惩罚，但如果公开那些利益集团，仍然可能会激起公愤，也可能导致对战争罪行的诉讼和索赔。尽管如此，通过官方档案、学术研究、回忆录，乃至权力精英成员的无心之论，“真正的利益集团”的证据尾巴还是会显露出来。

在某些情况下，给媒体提供的实施干涉的借口，常常是错误的、挑衅性的，甚至是伪造的。美国当局非常依赖所谓“独立”的（事实上是与当局共谋的）主流媒体，以广泛散播其不准确的和欺骗性的信息。更有甚者，他们依靠媒体煽动爱国热情，大力提升对当局的支持，只要没被国家积极判定为非法行为，就排斥和/或嘲笑异议言论和异见者（参见博伊德-巴雷特，2003年对“9·11”前后类似的媒体管理的分析，并追溯到2001年入侵和占领阿富汗）。这样的媒体实践在“二战”后（正如“二战”前）的几乎每一次干涉中都十分明显。以下是众多信源中的少部分——所有信源以各种形式，将战争借口与主流媒体共谋相关，不管这种共谋是被迫的还是自愿的——包括：班福德（Bamford，2005）；布卢姆（2004）；乔姆斯基（1998）；柯蒂斯（Curtis，2002）；哈

林（Hallin, 1989）；麦考伊（McCoy, 2003）；帕伦蒂（Parenti, 1995）；皮尔格（Pilger,
2010）；桑德斯（Sanders, 2002）；斯洛尔（Thrall, 2000）；兹恩（Zinn, 2010）。这种现 30
象的盛行，显然招致了质疑：对所谓“民主”社会中媒体功能的正统学术阐释，以及媒体与“公共领域”的关联话语。这似乎是不合理的，忽视了“企业民主国家”在战争事件中对新闻界角色的实质性颠覆，或者，对于像鲁伯特·默多克这样的传媒大亨以及他对英国政治家的操纵，媒体对国家的管理是出于企业利益和政治利益。

❖ 借口政治学

摩根索（Morgenthau, 1965）指出，社会精英阶层有责任按其所需引导公共意见支持既有的政策。吉布斯（Gibbs, 2004）区分了“精心策划的借口”（即为侵略而实际制造的借口），与“便利的借口”，或者如麦克乔治·邦迪（McGeorge Bundy）曾将其描述为“来往的有轨电车”（passing streetcars）（卡欣引述，1986：277；吉布斯引述，2004：3），意思是说，政策制定者所期待的“机会”，终会以这种或那种形式出现，一旦出现，他们会马上跳出来主导公共舆论，并推进早已准备好的，但迄今仍不得人心和经不起考量的政策。

编织借口的现象，长期以来一直都是美国发动战争和展现帝国强权的一个特征。它常常与扳倒外国领导人的动机相伴而生，这些领导人往往本身就是美国的“资产”，最初他们在美国的帮助下执掌政权，或者在美国的操控下获得权位。前者包括曼纽尔·诺列加（Manuel Noriega）——巴拿马曾经的“铁腕人物”；以及萨达姆·侯赛因（Saddam Hussein）——伊拉克曾经的“铁腕人物”。这些领导人未能表明他们将永远地或完全地对美国的利益集团卑躬屈膝。除掉这类人物显然不可能简单——多达4000巴拿马人因清除诺列加而丧生，干掉侯赛因更是牺牲了百万伊拉克人——他们往往会受到残酷的羞辱和碾压。对萨达姆·侯赛因的笨拙处决，与2011年对利比亚的卡扎菲上校的处决相比，略显温和。即使卡扎菲并非中央情报局的“资产”（侯赛因曾经是），但
他也曾将利比亚提供给美国使用，作为美国以特殊引渡政策对带到境外监狱的罪犯进
行审讯和实施酷刑的合适之地。 31

在中央情报局的帮助与操纵下，获得权位的美国“资产”包括：维利·勃兰特（Willy Brandt, 1969—1974年任联邦德国总理）；哈米德·卡尔扎伊（Hamid Karzai，自

2002年起担任阿富汗总统）和他的兄弟艾哈迈德·卡尔扎伊（Ahmed Karzai）；吴廷琰（Ngo Dinh Diem, 1955—1963年任越南总统），以及他的兄弟与首席顾问吴庭儒（Ngo Dinh Nhu）；莫拉尔吉·德赛（Moraji Desai, 1977—1979年任印度总理）；爱德华多·弗雷（Eduardo Frei, 1964—1970年任智利总统）；1952—1999年间的约旦国王侯赛因；穆罕默德·巴列维（Mohammad Reza Pahlavi, 1941—1979年的伊朗国王）；以及其他很多人，包括我前文提及的某些人物。

显然，借口产生于逐渐累积的敌对情绪中，所以，新闻媒体设定了政策制定者的语言框架，反过来，又一如既往地给予这些政策制定者作为信源的特权（参见休梅克与里斯，1995；赫尔曼与乔姆斯基，2002；恩特曼，2003；班内特等，2008，详细分析了美国主流媒体如何对事件进行“框架”“指引”或以其他方式歪曲报道）。在本书中，我将反复提及借口政治学和主流媒体的作用，主流媒体以事件后果的严重性来推销这些借口，希望它们能被接受。

❖ 小 结

本章中，我寻求推翻帝国主义的概念是领土获取——领土获取常被包含其中但并非必需——我认为，帝国主义应被看成一个部落、社会或国家对另一个部落、社会或国家的权力示威，这种权力通过广泛的技术和战术的不同组合予以实行。在整整两个世纪中，美国在北美洲、中美洲和南美洲的帝国权力攫取进程，提供了许多类似案例。传媒被证明是帝国企业的中枢，作为代理机构，传媒的功能是明知故犯或混淆视听，欺骗身处帝国中心的国内民众——仅有一部分人能说得上真正从中获利——以及被侵略国家的民众，以掩盖不道德的、狡诈的、不公正的、野蛮的资本特征。

我已经提供了墨西哥的案例，从过去几十年直到今天，美国企业和政治势力一直都将墨西哥玩弄于股掌之间，甚至将触角延伸向总统的任免［例如，美国支持维克托里亚诺·胡尔塔（Victoriano Huerta），反对弗朗西斯科·胡尔塔（Francisco Huerta），支持贝努斯蒂亚诺·卡兰萨（Venustiano Carranza），反对维克托里亚诺·胡尔塔］。确实，可以说，美国——它尽管过去已在各种领土占领形式上富有丰富经验，以及直到今天还在继续增加——但它主要是一个精通非领土占领形式的帝国主义国家，没有比军事基
32 地帝国更有效的非领土占领形式了，它影响着超过150个国家的命运。

在帝国中心和殖民地，都在不同时期出现过对帝国不平等的传播抵抗，我已经介绍了世界信息与传播新秩序的历史，那是一次胎死腹中但值得赞赏的努力。然而，主流媒体的压倒性传播力量——压倒性体现在所有层面上，从基础设施和硬件，到软件和内容——在支持帝国。这一点，在为帝国干涉其他国家与民族的主权事务提供借口时，主流媒体表现得尤为明显，可能也是最重要的一点。“二战”以后的几十年中，这个借口表现为“反共”论调。现在，已被四种主要的、交替的、交叉的论调所取代：缉毒“战争”，“人道主义”干涉，反恐“战争”，以及促进“民主”。我认为，借口话语是现代帝国的核心，媒介是形成与扩散借口话语的枢纽。 33

第三章

媒介帝国主义的经典研究路径：三种模式

最好不要只把媒介帝国主义视作一种单一理论，而应该把它看作是一个还处于萌芽形态的研究领域。这个领域的很多研究与众多学科颇有渊源，包括媒介与传播学、历史学、社会学、语言学和国际关系学。这些学科大多有一个共通之处，即对各帝国之间的关系饶有兴趣：一方面关注各帝国发展、维系与衰落之间的关系，另一方面关注帝国与传播方式之间的关系。在这个领域内，不同的学者基于不同的年代和不同的世界区域，着眼于研究多种多样的不同现象。他们就帝国和传播之间的关系，提出不同的研究问题、假设和理论。

认识到学术研究的多元化是非常重要的，因为学术研究特别广泛，即使只选取最重要的研究路径，它包含的内容也极其丰富。因此，我的选择极为严格。在本章中，我只着重考察几种有影响力的研究路径。在接下来的这一章中，我将试着超越本章所援引的文字范畴，以更加开放的心态把媒介帝国主义看作一个非常复合的、辩证的研究领域，而不是只按照时间顺序讲述它的历史。对"媒介帝国主义理论"的很多批评，存在的一个重要问题是，其假设过分简单，只把“媒介帝国主义”视作一种单一理论，而不是在广阔学科内的系统性理论。

学术界的当下志趣是研究媒介和帝国主义这两种现象之间的决定程度，探究是否不同的帝国缔造了不同的传播系统，或者，是否不同的传播系统能够造就不同的帝国形态。20世纪中期以来的学术问题形成，都是紧紧围绕19世纪中期以来的多种全新媒介形式发展起来的，随之而来的是媒体庞大的经营规模、范围、社会和企业意义，与之伴随的是，帝国主义、新帝国主义乃至后帝国主义的规模扩张，凶残性和复杂性的进一步加深。 34

我关注的这三名学者，对传播与帝国的理论化进程，有着非常重要的影响，他们对帝国和媒介关系的关注点，都倾向于从帝国中心看向外围。当然，我能够援引的学者不止他们三个，但是他们的观点对于本书的研究方向尤为重要。在下一章中，我会研究与其角度相反的理论家的著作，他们的理论焦点是从外围回看帝国中心。大家对那些学者的名字可能没那么熟悉，但是他们激发了反思方式，并且拓展了这个领域的研究。

❖ 哈罗德·伊尼斯

加拿大学者哈罗德·伊尼斯，通常被认为是20世纪中期媒介帝国主义学说的最早代表之一。他的经典著作《帝国与传播》（*Empire and Communication*）首次出版于1950年。这是一部简洁浓缩之作，全书只有200余页，但很难读懂。除了绪论部分外，该书几乎再没有明确讲述作者的宏大理论，这可以从很多引用其作品的人那里看得出来；这本著作的资料来源前后不一，在它最初出版的60多年后，如果要对这些援引做质量评估，在没有很多历史学家的帮助下是不可能实现的。这些历史学家要对伊尼斯所引用文献中涉及的诸多不同文明有专门研究。

伊尼斯对当代加拿大统一过程中的传播作用饶有兴趣，受此启发，他做过一些观察。他在绪论中写道：“传播主体提供了可能性，因为在政府的组织和管理中，传播占有关键地位；在帝国和西方文明中，亦是如此。”（伊尼斯，2007［1950］：23）伊尼斯作品的一个非常重要的参考文献是詹姆斯·布莱斯（James Byrce，1901）的著作。布莱斯在著作中讲述了罗马帝国从古代时期到巅峰时期集权的强化进程，以及此后七百年间逐渐瓦解和屈服于离心力量，再就是走向聚合、民族和民主之前的600年逆转时期。这让伊尼斯注意到，在广袤地域的有效政府组织中，传播占据重要地位。伊尼斯认为，布莱斯所述的三个时期和传播演进的三个阶段具有一致性：以黏土和莎草纸为主的传播阶
35 段，以羊皮纸为主的传播阶段，以及以纸为主的传播阶段。

关于占主导地位的传播方式与帝国的中央集权程度之间的关系，是一种惊人的理论假设，对各种验证方式都是开放的，但是鲜有媒介历史学家回溯历史去进行更多的系统验证。伊尼斯阐述了传播的书写材料、工具，以及由此带来的书写系统之间的复杂关系。书写系统过于复杂，就会要求对书写人的培训和使用有很高投入，书写就更容易被特定的阶层所垄断，比如说像宗教人士或专业人士。同上面这个理论假设一样，伊尼斯的第二个理论假设也很强大，即关于媒介、时间和空间之间的关系。倚重空间（亦即，能够抵达的地理空间范围）的媒介，质地较轻，持久性和象征性（伊尼斯没有明确写出来）较差，有利于塑造非集权化和等级松散的制度。强调时间永恒的媒介，倾向于使用笨重的材质，有利于形成集权和等级制度。他指出，帝国必须克服对任何一种媒介的偏向，这样偏向于非集权化的媒介才能被偏向于集权化的媒介所抵消。他提出，媒介对文明的意义是“很难评估的，因为评估的手段会受到媒介的影响”，此外他还提出，媒介、智力活动的形式和知识，三者之间的相互自反性，很明显就是“评估本身”。要证实历史遗迹对以黏土和石器为主的传播所带来的文明贡献，要比证实莎草纸对其所带来的文明贡献容易得多。因为黏土和石器的建筑物只要不被毁掉就一直存在，但是大多数莎草纸记述及其内容很容易消逝。

从传统的社会科学标准来看，伊尼斯的语言缺乏严谨性或者说缺少“可操作化”的主要变量。要对他的理论假设进行历史性辩护可能有一定的困难，因为他呈现的证明材料都是经过挑选的，而且引用来源多变，质量参差不齐。在伊尼斯的天才命题中，关于媒介和帝国之间的关系，他开创了一个永无止境的研究命题。

印刷媒体和大众传播信息与思想给社会以及其他领域带来了冲击，研究过这些问题的学者们之间的认识差别在于：认为这些冲击决定了社会变迁，或者只是对社会产生了一些影响。确实有这样一种趋势，特别是在有关论述媒介的流行著作中，当讨论媒
36 体传播给社会带来的影响时，一般倾向于“技术决定论”。具体到印刷机而言，一些学者认为，印刷机带来了一系列非常重要的结果，比如，加速了拉丁语的衰落，促进了多种题材和话题的本地语言著作的传播；促使当地语言趋于标准化，提升了读写能力，促进了报纸传播，使受过教育的公民人数增多；破坏了天主教权威；促进了民主、经济和国

家的发展。此外，它还促进了科学思维和科学技术的发展，奠定了工业化时代的发展道路。印刷机不仅大规模提升了信息的存储能力和检索速度，也促进了这些信息的编纂。与此同时，印刷机减少了科学家在没有其他协助的情况下自身需要回忆信息的数量，有利于科学成果报告的规范化（埃森斯坦，1979）。

另一方面，批评者对这种宏大说辞持怀疑态度，他们认为在社会影响上，媒介只是在某种程度上起到了加深作用，而并非根本作用。他们还认为，手抄本和印刷品所起到的作用大体相同，其实是把其他因素所产生的作用也都归因给了印刷机，事实上，印刷机所带来的一些影响并不持久。一些社会人类学家指出，科学思维在文字出现之前的社会就已经存在（简森，2001）。

无论人们采取何种立场，都很容易对印刷、思考和表达之间某种关系的可能性产生争议，而这反过来又可能为科学讨论扫盲、传播和帝国之间的关系提供信息。像葡萄牙、西班牙、俄国和法国这些帝国，他们对自身强占外国领土、劳工和资源的行为，都有一套经典的高级说辞，这些说辞和“文明”“真实信仰”以及“现代化”紧紧地联系在一起。但是，所有思想的背后和中心，都是媒介与传播。这些思想包括神圣的或令人尊崇的文本，比如《圣经》《美国宪法》；帝国主义者把自身高度推崇的作品，即“伟大的”科学家、哲学家、政治思想家的论述，当作其高尚道德、创造力和聪明才智的象征。他们延展的传播方式，比如英国广播公司、英国文化委员会、美国之声以及《卫报》《纽约时报》，好像更能与帝国主义者的高尚、高雅与公共美德产生共振。此外，包括一些新的形式，虽然它们不是用于提高知识水平，但却同样非常受欢迎，比如摇滚乐、真人秀节目或早间新闻节目。这些新的传播形式，语言幽默，形式多样，创新性强，娱乐色彩浓厚，基本展示的是帝国主义者精神单纯、天真无邪和无害的一面。在媒体展示形式方面，相机、报纸、电话、广播以及电视、电脑、音乐播放器、平板电脑、手机，都发源于帝国主义国家，是这些国家科学技术发达、多才多艺、生活无忧无虑、包容性强、喜爱娱乐的象征体现。 36

因此，这可能是一个合适的时机来引用爱德华·萨义德（Edward Said）关于西方文学和帝国主义关系的经典著作。他认为，在19世纪和20世纪最伟大的西方文学作品里，每当谈到殖民主义的问题时，都弥漫着一种极度令人讨厌的、毫无道理的、不加批判的优越感和满足感，毫无反思之意，而这些令人遗憾的特征，至今依然存在于后现代诡辩的伪装之下。

❖ 赫伯特·席勒

在席勒1969年出版的《大众传播与美利坚帝国》中，该书第一章即“为美国世纪服务的电子学和经济学”，彼时，“电子学”和“经济学”这两个术语在传播学文献中并不特别常见，仅仅是与“帝国”这个概念联系在一起。这种电子学和经济学相结合的新型帝国，在某些方面取代了原来帝国强取豪夺的做法，目标是推销“自由贸易帝国主义”。“自由贸易帝国主义”这个名称，是19世纪的两位英国经济史学家对帝国行为的恰当描述。席勒认为，传播在美国国内通过分散注意力的方式，克服了民众普遍对“帝国管理的全球角色”缺乏热情这一状况［1992（1969）：2］。源于美国并在其他地方扩散的信息，歪曲或混淆对后殖民主义奴役的国外反对声音，有利于“在渗透区域获得心悦诚服的忠诚”［1992（1969）：2］。高度集中、广告驱动的大众娱乐媒体“告知和指导”受众，以市场为导向的消费主义社会是必要的。消费主义社会高度重视人性的冲动和经济的快速反应能力。这种社会模式被描述为“自由”的证据。

席勒认为，低质量的广播内容对听众、观众乃至整个社会都是不利的。他可能因为这个不太精细的推论受到指责，不过，直到现在，他的理论也被很多人推崇。然而，席勒的批判关注到了工业结构、商业模式以及在当时并不常被提及的监管制度，他将这些要素与其批判都联系在了一起。这样就清楚地暴露了监管制度在提供多样性以及与
38 之相符的机会方面的有限能力。席勒是最早关注媒体崛起、军工复合体与帝国利益关系的学者之一，其中，军工复合体在1961年共和党人艾森豪威尔担任总统时引起了公众关注。席勒认为，媒体在“社会自身结构转型并使其在日常运作上适应长时间的紧急状态”方面做出了重要贡献［1992（1969）：33］。他指出，“冷战”成为长达半个世纪的紧急事件，社会建设或工业制造在很多方面都能让国防工业赢利，而且能够帮助巩固美国国内对资本主义的支持。这样的结果就是，“反恐战争”会变为新自由主义战争。新自由主义战争支持不受约束的或极端的资本主义，主要敌人是那些不遵守资本主义规约的国家或军队。

席勒把他的批判关注点转至广播监管的历史问题。监管部门优先满足的是大投资商、电视和收音机制造商的需求及其偏爱的商业模式——把受众售卖给广告商：“各种企业联合体为取得广播媒体的垄断控制权而你争我夺，公众首先被看作媒体设备的消

费者，接着是可以被售卖的受众”[1992(1969)：22]。他特别指出，生产无线电设备和无线电信号传输的专利权，被两大集团控制，一方是通用电气、西屋电气公司以及它们的合资公司——美国无线电公司(RCA)，另一方是美国电话电报公司。当广播能够提供大众节目之时，两大集团售卖无线电设备的热情被迅速点燃。由于电视为教育台预留了很多超高频道(UHF)，所以广播的教育用途就一直处于边缘地位。直到1964年，政府才强制要求制造商生产能够接收甚高频(VHF)和超高频的电视机。利用国会授予的免费资源，广播公司在节目中把娱乐和教育分离开来，摒弃了教育节目，以支持那些大众导向的节目去说服人们安于现状。考虑到掌握硬件和广播节目的都是企业集团，席勒把关注点转移到频率的分配上，发现频率都被军事化通信所主导。

令人吃惊的是，1969年，席勒并没有把关注点放在计算机技术上，而是放在了人造卫星上，或者说，他主要关注的是计算机、人造卫星与通信电子行业的关系。这是他在1969年出版的研究著作中比较大的局限(他在此后出版的著作中确实拥抱了数字化)，但是，如果仅仅把人造卫星作为一个案例，席勒以此成功地展示了美国通过把军事研发和私营企业生产结合起来，让通信技术成为美国全球管理的核心，利用美国支配的全球网络把所有国家都囊括了进来。康卡斯特公司(Comcast)成立于1963 39
年，是一家以美国为主的私营企业。美国四大通信运营商占国内本行业90%的市场份额，占全球本行业市场总额的45%。国外订单有专门限制。1963年，在“无线电通信特别管理会议”(Extraordinary Radio Administrative Conference)上，美国说服其他国家同意为卫星通信预留无线电频率。美国利益同样主导着1964年成立的国际通信卫星组织(INTELSAT)，美国占有54%的份额。按照该组织规定，赞成者代表份额如果低于50.6%，则不能达成任何协议。由于存在技术优势，美国公司在人造卫星市场上有特殊待遇。最重要的是，美国在人造卫星技术上的领先地位，确保其广播行业对利润的追求将高于教育目标或社会目标。

在地面广播方面，席勒用编年体的方式记录了美国在无线电频率使用上，如何在私人部门和政府部门之间进行分割，但是，军事部门占了总数的70%。私人企业使用由联邦通讯委员会管理，政府部门使用由1922年成立的“跨部门无线电咨询委员会”(Interdepartmental Radio Advisory Committee，IRAC)管理。在朝鲜战争期间，“跨部门无线电咨询委员会”被整合进军事部门。1953年，联邦通讯委员会在跨部门无线电咨询委员会中的成员资格被终止。跨部门无线电咨询委员会成为把国防部的通信项目变成国家政策的管道。鉴于电信对国家安全具有至关重要的作用，肯尼迪总统于1962年在应急计划局（Office of Emergency Planning）设立电信管理主任一职。这反映了在“猪湾事件”惨败之后，美国政府更加关注维护遥远的“动荡地区”的即时通信。美国接下来的行动是在1963年建立国家通信系统（National Communications System），该系统负责政府的所有通信，向国防部长负责，其第一任主任，也是电信管理主任，是一名退役将军。

因此，席勒追溯了军方享有特权的通信管理系统，其实本来在很大程度上就是由军方控制。他继而证明了军事机构和私营部门之间的密切关系，在电子工业逐步迈向公司集团化的背景下，这种关系的受益者不仅是宇宙航天、电子设备与通信等产业，其多半是美国航空航天局（NASA）和国防部研发局集中开发的产业，还有“因军方对硬件和系统的持续购买，给相应的公司提供了巨大的市场保证”［1992（1969）：51］。
40 这包括国防部门和广播公司的合并，如美国无线电公司（RCA）和美国全国广播公司（NBC），它使人们完全有理由怀疑在报道涉及国防或它们自身商业利益时的客观性。1967年，国家电子工业产出的60%都售卖给了政府，购买对象绝大多数是军队。

为了证明这些环环相扣的利益链条是如何在单个企业中实现的，席勒考察了声名赫赫的哥伦比亚广播公司总裁弗兰克·斯坦顿（Frank Stanton）曾经担任的多个职务，他曾经是美国情报顾问委员会（United States Advisory Commission on Information）主席，负责监督美国新闻署（United States Information Agency, USIA）的运作；还担任过兰德公司（由美国空军全力资助建立的智库）董事会主席，以及自由欧洲电台执行委员会主席。在制度上，席勒以美国军用通讯与电子协会作为案例来证明政府、国防与电子工业之间的密切关系，它的理事和成员代表着“最高级别的公司和军事阶层”，而且还担任着“该领域最重要的政府职务”［1992（1969）：58］。

在政府、军队和私营企业的三方关系中，席勒把政府和军队看作是最强大的伙伴关系，他后来的批判集中于政府对私营企业的依赖上。他指出，这三方伙伴关系的主要推动力是美国的镇压战略，该战略旨在平定贫穷国家的起义行动，阻止这些国家转到共产主义阵营中去。美国最主要的兴趣就是为即时干涉提供无比精良的人造通信卫星，“美国先进的电子技术得到联邦政府的巨额资助，这些大规模研发出来的产品，其主要作用是监视贫穷国家，一旦这些国家表现出任何反叛迹象，美国就会进行压制，令其步入社会灾难，使其经济更为贫穷”［1992（1969）：65］。

席勒对美国军事和私营企业宣传以及娱乐节目的全球性影响的批判性评估，在出版时代是非常重要和有用途的，但在21世纪可能就显得有些不合时宜了。在国际广播史上，美国彼时在广播能力、媒体用途与商业模式上，全部优于世界其他地区，换言之，美国的广播成本相对较低，不加批判的和消费主义的内容，使其能够吸引受众的眼球，并将受众注意力出售给跨国或本地广告商。席勒认为重要的并非是内容，而是决定内容的商业模式。尽管可能没有过于强调，但他在1969年明确而简洁地写道："美国传播 41
业在海外的发展，远不止美国主要广播公司和电子设备制造商所拥有的设备、出口以及专利转让权。同样（即使不是更重要的），美国传播体系和商业传播模式扩散到了国际舞台"［1992（1969）：93；重点增加此论述］。

美国传播体系特别具有压迫性，使公有模式和非营利电视模式变得岌岌可危，为什么会这样？"在推动广播国际商业化进程中，没有比美国产业经济自身的生存能力更重要的因素了"［1992（1969）：95］。美国公司通过拓展海外市场来维持其增长速度，美国的广告公司置身其中也是如此，同样，美国公司在国外电视市场投放的广告支出也在增长——这些广告增长通常与美国生产的内容相伴而行。席勒给我们列举了这些广告主（总部位于美国的全球品牌），以及它们在美国和其他国家的电视媒体上的花费，这种算数示范的方法虽然简单，但是非常重要，在媒介研究中还相对少见。这种协同机制的全部产物，不是那些电视节目——说服广告主投资制作质量低劣但利润丰厚的电视节目（席勒指出，广告主在当时甚至会参与到广告脚本创作的每个阶段），而是"消费人"，这是现代美国主导的资本主义机器运作的焦点。

欧洲非商业电视网使用私营节目和商业节目的压力越来越大。英国采用的方式是，让国外广告主投资的非法电台设在离岸抛锚固定住的船上，或者设在泰晤士河口。与此前的跨国传播方式一样，人造通信卫星作为深入促进电视商业化与私有化发展的技术，非常受欢迎。最终，没有多少国家能够抵挡得住广告在财政上支持电视的体系诱惑。在席勒当时著述期间，美国制作的节目内容依然在很多国家的播放时间里占主导地位。从长远来看，更为重要的是美国传媒共同体对媒介潜在影响力的认识——因为美国具有超级大国的地位和影响力，以及这种认识如何被各个政府所采纳或推动，用来对付聒噪的公司游说者。 42

❖ 爱德华·赫尔曼和诺姆·乔姆斯基

《制造共识》(*Manufacturing Consent*)一书，由爱德华·赫尔曼(Edward Herman，金融学教授)和诺姆·乔姆斯基(Noam Chomsky，语言学教授)合著，1988年首次出版，2002年再版。书名来自沃尔特·李普曼(Walt Lippmann)1922年出版的家喻户晓的著作《公众舆论》(*Public Opinion*)，书中有谈及制造共识。赫尔曼和乔姆斯基出版了很多名作，但我认为这部《制造共识》在媒介帝国主义研究领域应该占有一席之地。在“新闻自由”的理论之外，他们为如何理解美国主流媒体提供了一个令人叹服的框架，即在一个民主社会的背后，媒体与政府的外交政策或多或少是统一的，美国主流媒体与威权社会的媒体并没有多大不同。这种现象表现得非常明显，例如：“9·11”的直接后果是，2001年和2003年分别入侵和占领阿富汗与伊拉克，反伊朗(不存在的)核武器项目的行动，在利比亚妖魔化和消灭卡扎非政权，以及试图消灭叙利亚阿萨德政权。后来的研究表明，尽管鲜有媒体会去追问战争的深层原因，但是战争持续时间越长，政府和媒体报道之间的分歧就越大(金，2014)。

赫尔曼和乔姆斯基提出的“宣传模式”虽然备受推崇，但却常常被那些本该了解它的人所忽略，包括很多从事国际传播和宣传的学者和记者。很多传播学的学生应该非常熟悉赫尔曼和乔姆斯基提出的五大新闻“过滤器”，五大新闻“过滤器”决定着新闻报道能否被刊出。新闻报道不能威胁到控制着美国大多数大众媒体的媒体巨头们的商业利益和政治利益。新闻报道绝对不能损害媒体赖以生存的广告收益，更普遍的是，新闻和信息要有利于资本主义广告主与促进消费主义的发展。新闻报道必须遵守新闻业例行的基本程序，使新闻机构过分依赖并且优先采用官方的或者“权威的”(通常是公共机构的)消息源。他们必须抢占强大的消息源，这些消息源会影响新闻媒体的繁荣或生存，或者说促进媒体事业有一个广阔的发展前景。新闻记者如果想持续保持对雇主的价值，他就要不断地被邀请参与政府新闻发布会，以及与非公开的消息源进行会面。赫尔曼和乔姆斯基在他们的原著中写道：新闻报道必须符合美国大肆宣扬的对外政策，宣称共产主义(任何政府都可能被贴上这个标签，通常用在社会主义或民族
43 主义上)是罪恶的。自1989年柏林墙坍塌后，“反共”意识形态霸权被多样化的意识形态所取代，这些意识形态包括支持“反恐战争”，支持广泛接受解除管制的新自由主义

原则，支持"自由"贸易，支持资本主义。宣传模式在新闻之外的媒体类型中同样适用（奥尔福德，2001；成功地将其运用到电影上）。

对赫尔曼和乔姆斯基这本著作的探讨，大多集中在他们提出的宣传模式上。在某种程度上，这是一种遗憾，因为，那些贯穿于书中的比较性证据，要比这个模式本身有趣、复杂、精巧得多，尽管该书的作者认为宣传模式能让他们预知到哪些新角色会被喜欢，又有哪些角色会被诽谤或排斥。然而，这个模式可能会因为它的系统性偏差而受到批判。不过，书中的案例研究提供了大量证据，证明新闻机构、某些新闻媒体和新闻记者有时会费尽心机，通过传播谎言、删节以及歪曲报道的方式，对美国的对外政策唯命是从。因为该书集中探讨重大国际新闻报道，所以，它把焦点放在对帝国利益关系最密切的事件上。

在具体事件的分析中，作者一开始就考察了主流新闻媒体如何描述战争受害者和被压迫者。媒体对某些受害者表示关注和同情，会在受害者承受的范围内对其过失提出疑问。相反，对于其他受害者，媒体即使多少有一点关注，也鲜有同情。媒体会暗示这些受害者是自己引火上身。赫尔曼和乔姆斯基研究了关于耶日·波比耶乌什科（Jerzy Popieluszko）被杀害的报道，将其与20世纪80年代拉丁美洲数百名宗教受害者的报道进行了对比。波比耶乌什科是一个激进的天主教牧师，并且是波兰团结工会的坚定支持者，西方国家非常支持工会运动，认为它可以阻碍甚至推翻共产党在波兰的统治。1984年，波兰秘密警察杀死了波比耶乌什科。美国主流媒体大量披露了这次谋杀和暴力折磨细节，并且在很多报道中重复披露这些细节。媒体还着重强调了牧师支持者的义愤和震惊，呼吁伸张正义，追责政治高层。当罪犯被审判，媒体庆祝了自己的胜利。

赫尔曼和乔姆斯基就此案与中美洲多起宗教人士（大多数也是罗马天主教徒）谋杀案的媒体报道做了对比。在20世纪80年代，美国有多起国际干涉事件，支持专制政 44
府对抗进步运动。特别臭名昭著的事件是，美国支持的萨尔瓦多军政府暗杀了最有名望的评论家奥斯卡·罗梅罗大主教（Archbishop Oscar Romero，1980年被军政府下属机构杀害），同时屠杀了40名参加罗梅罗葬礼的平民。《纽约时报》特别报道了萨尔瓦多政府的声明，声称这次事件是由右翼和左翼势力内战时的中立方所引起的。《时代周刊》突出报道了萨尔瓦多政府的声明，称这场大屠杀是一次不可避免的事件，是为了应对由左翼势力煽动起来的社会恐慌，以维持社会的安定。但是另一方面，更多可靠的信息源证明，恐慌由国家宫殿中扔出的一个炸弹所引致。萨尔瓦多预备部队、敢死队和政府部队、警戒部队，以及美国部队之间的密切联系，众所周知。罗梅罗是被一个与国防部副部长关系密切的机构杀害的。《时代周刊》甚至歪曲报道罗梅罗的观点，说他同时指责左右两方势力，然而，大主教只是批判了萨尔瓦多寡头政治，美国大使馆只是私下向新闻媒体证实过这个观点。与波比耶乌什科案报道形成鲜明对比的是，美国媒体对萨尔瓦多政府高层在罗梅罗案中应负责任，几乎毫无兴致。甚至下令暗杀的罪魁祸首——德奥比松（D' Aubuisson）——被证实与政府部队有关联，也并没有引起媒体的丝毫关注，而且美国卷入其中的任何细节都被隐藏了。

接下来，赫曼和乔姆斯基比较了美国媒体对第三世界中“权力合法化选举”和“毫无意义的选举”的不同报道。他们援引了对萨尔瓦多、危地马拉和尼加拉瓜的报道。每当西方政府支持某个第三世界国家的政权，那么这个国家的选举，不论多么漏洞百出或荒诞不经（比如2012年利比亚的选举），都是道路曲折但前景光明的民主化证明。相反，一旦西方政府反对某个第三世界国家的政权，那么这个国家的选举，即使在外部侵略和扰动中依然稳健有序（比如2009年的伊朗选举），也都会被宣称是虚假的、毫无意义的。

20世纪80年代，尼加拉瓜革命的桑蒂诺民族解放阵线（Sandanistas）推翻了索摩查将军（General Samoza）长期残暴的专制，并在1984年举行选举。这与萨尔瓦多和危地马拉的选举形成鲜明对比，赫尔曼和乔姆斯基嘲讽这两国的选举是为了安抚美国公众和世界舆论的一场“作秀”，因为萨尔瓦多1982年和1984年的选举，以及危地马拉
45 1984—1985年的选举，都是在军管政权控制下进行的。然而，尼加拉瓜选举相当符合“自由选举”的标准（即：出版和集会自由；中间派别的组织自由；结党自由，政党自由挑选候选人参加竞选的权利；没有国家恐怖和恐怖气氛；不强制投票），萨尔瓦多和危地马拉却根本不是这样。但是，美国主流媒体对尼加拉瓜的选举百般挑剔，却为萨尔瓦多和危地马拉的选举寻找各种借口。《纽约时报》有关危地马拉的报道，严重依赖国务院消息源、美国官方和政府观察员，以及危地马拉政治家和将军们发布的消息，完全忽略了“反叛力量”（从本质上来说，这个力量代表多数人）发言人提供的信息。1984年，危地马拉主教大会发布教会声明，否认了公平公正选举的任何可能性；1985年，主教们再次提出质疑：在一个“处于近乎奴役和绝望境地”的国度进行选举有什么意义？这些声明对媒体而言，都是很有价值的信息，但并没有被美国媒体采用。

相比之下，美国媒体对尼加拉瓜选举并不太关注，表现出的是否定和冷漠的基调，

尼加拉瓜的选举在很多方面都要优于美国的附庸国——萨尔瓦多和危地马拉，美国媒体对此却故意漠视。美国媒体对其附庸国中反叛者试图破坏选举的事件避而不谈，但是对尼加拉瓜却相反，高调报道美国支持的尼加拉瓜叛军呼吁弃权、破坏或攻击投票站。美国媒体忘记报道附庸国的投票其实是军方要求的，当然，也忘记报道尼加拉瓜的投票是民众自愿的。

赫尔曼和乔姆斯基随后又详细剖析了诡异的和不太可能的案例：克格勃—保加利亚人组织（KGB–Bulgarian）刺杀教皇阴谋。1982年5月31日，穆罕默德·阿里·阿加（Mehmet Ali Agca）在圣彼得堡广场枪击并重伤教皇约翰·保罗二世。阿加“是土耳其右翼分子，与暗杀组织‘灰狼’长期有联系，该组织隶属于极右政党‘国家行动党’”（1988：144），他的朋友都极端反共。但是，美国大众媒体却给一个不太可能的结论进行背书，即说阿加在克格勃—保加利亚人组织里当职业杀手。媒体采用反复报道和漠视其他报道框架的方式，通过这个事件把苏联集团塑造成一副恐怖分子形象，一个里根总统所说的邪恶帝国。首个就此事发布文件的消息源，是意大利秘密组织“军事安全情报局”（SISMI），但随后被证实是伪造的。不过，这份文件的内容出现在了一本书中，使得很多人都从此引用。美国有两个主要人物负责传播谎言。一位是前美国中央情报局官员、宣传专家保罗·亨泽（Paul Henze），他曾经领导过美国中央情报局安卡拉分支机构，被土耳其前首相指控破坏本国稳定。另一位是克莱尔·斯特林（Claire Sterling）。这两人都是《读者文摘》（*Reader's Digest*）的签约作者，撰写《刺杀教皇阴谋》（*The Plot to Kiu the Pope*）一文。后来，由马尔文·卡尔布（Marwin Kalb）配音，NBC做了一档电视节目，解释斯特林在这起事件中为何能成为《纽约时报》的专栏作家
和记者。赫尔曼和乔姆斯基认为，斯特林和亨泽的论述“苦于缺乏确凿的证据，依赖 46
意识形态假设和内部矛盾。当出现问题时，所依赖的论据就变了，有时甚至要把论点彻底翻转”（1988：147）。

赫尔曼和乔姆斯基在书中用两章的篇幅讲述在越南、老挝和柬埔寨发生的“印度支那战争”。他们批判了《华盛顿邮报》（*Washington Post*）记者彼得·布雷斯特拉普（Peter Braestrup）的错误论点。布雷斯特拉普在《大事件》（*Big Story*）中写了两卷分析内容，分析1968年“越共春节攻势”时的媒体报道，认为是媒体（不是政治家，不是国务院，不是国防部，也不是军队）让美国“输掉了”越南战争。但是，赫尔曼和乔姆斯基指出，在整个战争期间，媒体不仅支持华盛顿的战争政策，而且在让华盛顿超越悲

观情绪上，满怀热情地充当起啦啦队角色。主流媒体能够暴露的分歧和争论，范围非常有限，很难延伸到：(1) 考量美国首次进入越南的合法性（应该说，完全的非法性）；(2) 认识反抗美国最严重的力量，是南越和某些北越支持力量，他们是为了从侵略者和占领者手中（即美国手中）夺回国家而战；(3) 从来不认为美国有什么问题，而是把美国看作保护可怜的第三世界免遭共产主义荼毒的无私战斗天使；(4) 限制任何对战术和策略的不同意见；(5) 不加辨别地接受总统和政客的谎言和虚假信息。华盛顿方面选择曲解美国和北越已经签订的《巴黎和约》，让西贡傀儡政府在美国的帮助下侵犯所谓的共产主义同情者，由此招致了北越入侵，并在1975年把灰溜溜的美国赶出越南。

美国媒体反对的观点“仅限于战术范围，即仅限于‘发布的政策是否已产生作用’，完全从美国利益出发，从官方给定的前提出发”（1988：178）。在法国（法国于“二战”之后重建在越帝国统治几乎都由美国来买单）撤出越南之后，美国推翻了1954年的《日内瓦协议》。越南想利用这个协议，以竞选方式奠定国家统一之路，美国知道
47 胡志明将会赢得这次竞选。1965年战争正式开始，而美国此时还没有在西贡建立起来一个足够可靠的傀儡政府，还没有听命于它的傀儡政府“邀请”自己进入越南；相反，美国“没有经过任何政府的正式邀请或默许，径自进入了这个主权国家”（1988：178）。赫尔曼和乔姆斯基认为，“这些耐人寻味的事实反映了国家宣传体系的绝对主导力，它有能力设置思考和讨论的议题，即使对那些自认为是站在‘敌对立场’方面的人，也有同样的设置效果。媒体背离新闻原则是微不足道的错误；确实，在这场战争中，或者说自这场战争开始，他们关于战争的大幅报道和评论基本为零”。

为了回应是媒体让越南战争“输掉”的指责，赫尔曼和乔姆斯基援引例证说明，媒体在前五个年头确实是支持战争的，并且很多人支持战争都是由于电视报道。甚至大多数的新闻节目主播直到最后都支持战争。他们对美国能够取得胜利信心满满，由美国控制的政府宣传又强化了这种印象，或者说，至少在1968年越南新年之前都是如此。电视新闻编辑在指令下删除过于残忍和过分细节化的片段。很少有观众认为电视降低了自己对战争的满意度。新闻报道几乎全部集中在美国所做的努力上，而不是越南政府或平民领袖。“春节攻势”后的“加速平定计划”，即对南越实行大规模残忍屠杀，几乎没有引起人们的关注。极少或没有新闻报道提及美国的种族歧视，即美国军人对越南人的憎恨。但是在报道政治反对派时，恶意十足。南越彻头彻尾欺骗性的选举被描绘成民主的胜利。对平民的伤亡（基本都是美国炮火的恶果）轻描淡写。整场战争被描

绘成一场民主对抗侵略的斗争。

东京湾事件中的骗术众所周知，但当时媒体不加分辨就接受了美国政府的说辞，政府把它说成是北越首先进行的侵犯，一颗子弹击中了“马多克斯号”航空母舰，战斗中越南攻击舰被重创或击毁，现在大家都知道这其实是美国的蓄意挑衅，彼时，南越民族解放阵线（National Liberation Front）希望政治解决冲突事件，让冲突事件永不再发生。丹尼尔·哈林（Daniel Hallin）总结道：“几乎在每个节点上，新闻报道要么是误导，要么是只有谎言。”（1988：208）然而，这些事件却成为战争的借口。赫尔曼和乔姆斯基总结指出：“国家主义媒体在沙文主义的情绪中，对这次关键事件，没能提供哪怕是最低程度的适当报道。”（1988：209） 48

《华盛顿邮报》记者彼得·布雷斯特拉普在《大事件》中辩解说，美国媒体误把1968年的“春节攻势”报道成美国的失败，他声称，其实这是美国的胜利。他把此归因于美国媒体的无能及其“敌对立场”。赫尔曼和乔姆斯基对此提出质疑，提到如果按照美国媒体20世纪80年代评价苏联媒体在苏联入侵阿富汗报道时的标准来看，美国媒体对“春节攻势”的报道“再一次证明了媒体对国家宣传体系的俯首帖耳”（1988：213）。他们认为布雷斯特拉普和美国媒体一样不加批判地采用了同样的假设：美国有权在南越采取行动；美国的目标是在南越实现民主和民族自决；美国军队保护了南越农民；南越的入侵者不是美国而是北越。因为布雷斯特拉普没有意识到这些假设构成了他的思维过程，所以在他研究媒体时并没有认识到这个问题。

毋庸置疑，“春节攻势”确实对美国的军事状况产生了非常恶劣的影响，它让越南三分之二的领土都掌握在了民族解放阵线手中。赫尔曼和乔姆斯基援引的美国内部评价要比美国媒体悲观得多。甚至在发动攻势之前，美国国务卿罗伯特·麦克纳马拉（Robert McNamara）就私下说过这场战争不会胜利。与布雷斯特拉普的断言相反，媒体几乎没有对舆论产生多少负面影响，相反，“春节攻势”之后，公共舆论对战争的支持度立刻提高了，只是，稍后就又降回到“春节攻势”之前的水平。其实，既不是媒体的批评，也不是媒体的失望，操控了“春节攻势”的战事。著名新闻主播沃尔特·克朗凯特（Walter Crokite）在哥伦比亚广播公司的节目中依然坚持越共已在军事上失败了。

我们再来看老挝的灾难，当时，美国竭力避免1954年《日内瓦协议》中提出的政治解决方案。尽管如此，联合政府还是在1958年左翼力量赢得选举后建立了起来。美国对抗老挝的秘密军事行动始于1961年，定期轰炸始于1964年。对于联合政府而言，由于外援被切断，处境更为艰难，但是，美国媒体对此避而不谈。鉴于美国在三次不同形式的战争（越南南部胡志明小道爆炸案；在老挝北部对农村地区进行轰炸；中央情报局对巴特寮[1]的秘密战争）之后状态恶化，媒体报道数量下降，对于老挝北部被严重摧毁的情况，媒体置之不理，或者说被禁止报道；当这些事件最终浮出水面之时，媒体还在撒谎，企图提供合法化解释，为屠杀开脱责任。例如，美国的目标是北越向南越渗透的路线（即胡志明小道）；美国飞机在为与北越侵略者作战的政府武装力量提供战术支
49 持。事实上，轰炸远远超出了那些区域。

在柬埔寨事件中，赫尔曼和乔姆斯基认为，一方面，波尔布特（Pol Pot）政权的暴行被媒体广为报道（实际上有所夸大），另一方面，对此前像波尔布特政权一样残暴的美国轰炸（给波尔布特有机会获取政权创造了条件）引发的恐怖统治，媒体报道却寥寥无几。作者总结道："两个阶段的可用信息为何差距巨大……用宣传模式是可以解释的"（1988：265）。他们重新提及被西方媒体无视的法帝国主义犯下的骇人罪行，当"法国撤退之时，美国在20世纪70年代早期扶植的傀儡政权领导人朗诺（Lon Nol）领导的政府武装力量，对许多村庄施行了大规模屠杀，包括用'扯住婴儿的双腿并把他们从中间分开'来进行'个人力量检验'，'从那些地方幸存下来、后来成为红色高棉士兵的人永远无法忘记'，而这些红色高棉军队在这个'柔软国度'的种种暴行，引起了西方的强烈愤慨"（1988：267）。虽然担忧红色高棉和后来的波尔布特政权（其导致的死亡人数尚未达到此前由美国和西方入侵造成的死亡人数之时，美国媒体就已经愤慨到了极点），但美国表现出来的态度都是无能无力。赫尔曼和乔姆斯基就此与美国支持的印度尼西亚在帝汶岛（Timor）施暴的媒体报道做了对比：在印度尼西亚对帝汶岛大屠杀之后，西方媒体的报道数量却急剧下降。再后来，当越南侵略柬埔寨并赶走红色高棉之后，美国实际上又与波尔布特站到了一起。

❖ 小　结

我在本章介绍了四位媒介帝国主义理论家的思想。他们每个人都是主流媒体研究学者，每个人的著作都被广泛引用到学术文献之中。这也是我为何称他们的理论是"经

---

① 巴特寮（Pathet Lao），1950年建立的老挝左翼民族主义集团，也称老挝共产党。——译者注

典”的原因之一。尽管他们未必在其著作中使用“媒介帝国主义”这个术语，但是，他们关注的中心点，都是帝国主义现象和媒介传播现象的关系。他们四人都可以被看作传媒政治经济学研究的典范，而且其中三位学者的研究领域本身就是政治经济学。赫尔曼和乔姆斯基的著作，其副标题是大众传播的“政治经济学”。席勒清楚地知道自己的研究目标，是美国在世界各地过度行使权力的媒介与传播制度，而且认为传播已经成为培育和维持美国权力的重要组成部分。伊尼斯是一位政治经济学家，其主要兴趣是传播体系之间的关系，一种传播体系代替另一种传播体系的经济因素，以及传播体系在古代社会主要权力核心之间的关系。 50

在第4章的小结部分，我会评介这些学者和其他领域的研究者之间的关系。需要注意的是，虽然这些学者关注的都是帝国与媒介的关系，但是对于两者关系的本质，大家各持己见——我在第1章简单比较滕斯托尔、伊尼斯、席勒和博伊德-巴雷特的著作时就指出了这一点。伊尼斯认为，帝国形式与当时占主导地位的传播形式具有直接关系。传播手段的选择是自然环境和知识水平约束下的一个结果，与此同时，传播手段的选择与权力的性质和权力实施有着至关重要的因果关系。席勒也倾向于把强大的影响力归因于科技（1969年他的主要兴趣是人造卫星），但是他的主要贡献不仅仅在于发现政治、军事力量和科技之间的多层次关系，还在于发现这三个要素与传媒产业经济及其维持和拓展海外贸易关系之间的辩证关系。赫尔曼和乔姆斯基同样对这些问题感兴趣，但是他们的焦点和热情是考察基本的新闻实践，以及美国主要媒体对美国盟友与敌人的差别巨大的呈现。换言之，他们特别考察了通过媒体来建构和表达的帝国主义意识形态，这种意识形态揭示了“媒介帝国主义”进程对帝国中心与帝国外围的毒害程度是完全一样的，甚至可能有过之而无不及。 51

第四章

重构殖民传播

媒介帝国主义研究的是一组关系，这组关系是两个复杂却又在本质上相互关联的事物：媒介与帝国主义。一旦认可此说法，我们只需简单思考便可明白，这个领域的各种议题都特别具有研究前景。遗憾的是，伊尼斯的那种深奥已经在文献中看不到了。这绝不是说赫伯特·席勒、赫尔曼和乔姆斯基[或者我没有提及的其他学者，包括阿芒·马特拉(Armand Mattelart)]这些学者的著作不深奥，正是得益于他们的努力，我们才得以深化对媒介帝国主义的认识。但是这些学者，以及某些批评者，只是在媒介帝国主义研究的广阔领域中，遵循着一条特定轨道，即关注的是世界范围内的美国政治经济力量，以及美国媒体在其中的作用。这是一个有价值且重要的议题，我对此深表赞同，也愿意进行细致研究，然而，在整个研究领域之内，它只是一个相对较小的部分。在这一章，我将从“传播”或“信息”或“媒介”等术语的不同解释开始，分析另外两位学者的作品，他们对整个研究领域做出了与众不同的贡献，然后指出未来研究的新方向。这两个人是C.A.贝利(C.A.Bayly，其作品是有关英国人在印度)和阿尔弗雷德·麦考伊(Alfred McCoy，其作品是有关美国人在菲律宾群岛)。在本章小结中，我将讨论这一章及前面章节讨论过的所有著作中出现的共同主题，并做出总结。

❖ C. A. 贝利

C. A. 贝利的丰碑式作品，是1999年出版的《帝国与信息：印度1780—1870》（*Empire and Information in India 1780—1870*）。这本书之所以与我们讨论的问题关系密切，有几方面原因。这部著作帮助我们认识，媒介帝国主义的“前现代历史”，那个时代的媒体，只有书籍、宣传册与报纸。它以罕见的准确性探究了情报收集对国家地位 52
和帝国控制的根本性贡献，同时提醒我们注意，在媒体领域和情报工作领域之间，持续存在着相互联系。再也没有比21世纪的第二个10年与上述说法更有共鸣的时代了，借助大型通话、互联网和计算机公司的自愿或强制性协助，国家“监视”（surveillance）的特征已经为发达经济体所共有，朱利安·阿桑奇（Julian Assange）和爱德华·斯诺登（Edward Snowden）等著名揭秘者对国家“监视”的公开披露，表明媒体和情报部门之间的相互联系达到了前所未有的高度。这些相互联系主要在于：（1）情报部门通过“开源”（open source）媒体获得产品使用权；（2）情报部门通过收买、诱骗（金钱或威胁）或威胁出版商、编辑或记者来操控媒体，从而达到特定的战术与战略目标；（3）情报人员打入媒体内部，将媒体作为便利的藏身之处，或者媒体人被情报机构收买，在新闻人员的面目伪装下，偷偷访问某些特定位置或信源。以上情况提醒我们，借助这些网络只不过获得了部分信息，而且它们是具有多重动机的产物，但是，这些信息的价值往往不在于信息本身，而在于它们如何被用来危害或支持特定的人、机构、运动和事业。

像许多英国和法国殖民地的媒介史一样，印度的媒介史也是克里斯蒂安·乌卡索维奇（Christian Vukasovich，2012）所说的媒介“武器化”，它既可以强加帝国主义力量，也可以借由“本土统治者”（叫嚣着要从母国独立出去的皇室阶层代表者，通常与富裕的和具有影响力的原住民联合）抵抗或破坏帝国主义力量，本土民族主义者或革命者寻求各种途径除掉帝国主义力量。贝利记述的时期大概始于颁布《东印度公司法案》（*East India Company Act*，1784），该法案旨在让东印度公司在政治事务方面从属于英国皇室。接下来的《1813法案》（*Act of 1813*）声称皇室对东印度公司所有土地（当时囊括了印度的大部分领土）的统治权。鉴于1857年发生印度民族起义（Indian Mutiny），英国于1858年颁布了《印度政府法案》，自此东印度公司财产完全归属英国皇室。英国控制印度的核心能力是军事力量、贸易优势和情报三者的结合。贝利的“情报”（intelligence）一词所指广泛，它不仅被用来指隐秘的信息收集，还包括不同知识形式

53 的发展和扩散。

贝利认为，英国人“接手并操控了印度次大陆王国长期利用的内部间谍和政治汇报的复杂系统……英国人学会了监听印度政治制度和社会内部传播这门艺术”（1999: 365）。然而，这个“信息帝国”却遭到了自身偏见或无知的破坏。19世纪60年代，英国官员寻求与“自然而然产生的地方领袖”建立紧密联系，以加速完善情报系统，这些领袖都是房产和村落层级的掌权者，尽管如此，由于英国人对于当地宗教和文化机构的歧视，他们仍然经常排除了此类重要信息源。英国官员设法获得教育部的资助来奖励和惩罚报纸编辑：“教育部固定的100份购买量，可以决定一家处于挣扎中的报纸能继续开张还是关门大吉”（1999: 342）。一些报纸由英国人资助，但是资助并不能保证报纸在读者中受欢迎。印度国大党的创始人A. O. 休谟（A. O. Hume）创办了《人民之友》（*The People's Friend*），致力于打造“忠诚的、明智的、有道德的本地报纸”（1999: 342）。该报清楚地阐释了帝国主义的一种流行形式，即造谣中伤殖民地抵抗行动，就像针对1857年印度民族起义那样，休谟坚信如果对此发起还击，就能够抵消“本土报纸”的编辑们渴望从印度富人身上获取资助而造成的影响。至19世纪60年代，印度较大的城镇都有一两份印刷媒体，大部分当时的出版物在今天都保留有原件。

贝利在其他作品中提到，“书籍、宣传册、报纸和英国邮局，在印度民族主义正式诞生之前近六十年，就被殖民统治的反对者和西方文化控制的质疑者利用起来了”（1999: 366）。一方面，尽管它们可以被视为潜在的和实际对抗英国统治的工具，但由于其影响力和/或知名度，它们是统治者收集情报不可或缺的来源，这也解释了英国人为何在其大多数殖民地都给当地出版物予以不稳定的和经常中断的传播空间。贝利提到，印度编辑可以进入政府和印度英侨编辑无法进入的信息网络。他们的很多新闻报道，信息皆来源于姻亲关系，或者为减轻饥荒而举行的慈善捐助习俗，或者是朝圣者抵达贝拿勒斯[1]（Banaras）和安拉阿巴德[2]（Allahabad）。印度媒体的活力促进了印度国家意识的觉醒，提升了人们对国家统一的意义以及语言、种姓、宗教和文化
54 分布的认识。

---

① 贝拿勒斯，瓦拉纳西（Varanasi）旧称，1957年改为今名。印度北方邦城市，著名的印度教圣地，有庙宇1500座以上，每年朝拜和下恒河沐浴者达数百万人。该市西北鹿野苑，据传是释迦牟尼首次讲道处。——译者注

② 安拉阿巴德，印度北方邦城市，意为“安拉的城市”（City of Allah），原为古代圣城，由莫卧儿帝国的阿克巴大帝于1583年命名。1857年该城爆发印度民族起义（Indian Mutiny）。该城市为印度总统尼赫鲁家族的故乡，后来成为印度独立运动的中心。——译者注

贝利的著作对于许多信息灰色地带很具有敏感性，这些信息灰色地带处于如今普遍认知的“媒介”与更宽泛、更深层的知识现象之间，媒体从中汲取营养，反过来又为其注入新的活力。这包括我们已经看到的正式情报网络，以及被称为“深度档案”（archival depth）的内容，包括公共图书馆、宗教、历史文本的合集、期刊、文学、教育团体等，伴随政府部门增加投入和法律职业化对书面记载案例与文献的需要，“深度档案”繁荣发展了起来。贝利所称的通过加入宗教和其他“精神社群”（1999：350）获得的情感知识，以及与旧王室中心和地产大亨相关的“世袭知识”，可能也属于这些正式知识的来源。

英国人想要补救印度民族起义发生之前所犯错误，开始对印度社会的多元化和多样性产生了更大兴趣，包括家庭空间和女性空间在内，这使得英国人发展了一个丰富的知识库。英国人的这个方法被有些人描述为“一个想要改变传统内部的散漫策略”。换言之，由帝国主义者支持的当地知识和知识收集机制，暗示了哪些知识对帝国主义者或原住民而言，是有用的和值得珍视的，哪些知识与当地知识相符还是相悖。贝利谈及“不同知识”的“生存、死亡与变形”，描述了全球资本主义对偏远地区的渗透如何带来许多生产技巧与药品的生产过剩，英国官员和印度民族主义者在这些技巧消失之前都争相记录了下来。他还写道，本土知识的存活取决于有势力的新兴团体的出现及其流动性。

贝利总结道，“事实上，最常见的殖民统治认识论策略是一种融合形式，欧洲知识和技术虽然自命不凡，但是，要在欧洲之外的伟大文明中生根发芽，仍需要嫁接到当地文明的树干上……在整个殖民时期，由于英国人对印度管理者、士兵和商人的依赖，印度人因此掌控着很多生产方式、商业和资本，这样一种融合是唯一可能的办法”（1999：370–1）。英国人积累了理解印度的知识，印度人通过运用从新统治者身上学到的认识论，也积累了理解印度自身以及英国的知识。贝利认为，“出现的是一个双重知识经济：在采用旧的信息与辩论方式的广大普遍落后地区包围之下，运用西方代表形式和传播形式的地方是先进区域”（1999：372）。分散信息一旦被新闻记者收集与整 55
理，那么，逃犯、总管和自治长官的信息便“被整理成文件，经过官方出版物和英裔印度人新闻媒体，使新闻具备了前所未有的正式性和稳定性”（1999：372）。借助殖民体系的公众引导和教科书委员会，英国人便可进一步得到并塑造印度人获取信息和新闻报道的方式。

❖ 阿尔弗雷德·麦考伊

阿尔弗雷德·麦考伊（Alfred McCoy, 2009）的作品《保卫美利坚帝国》（*Policing America's Empire*），以美利坚帝国为背景，探究了相似的主题，书中具体提到的是菲律宾。菲律宾是在1898年美西战争中美国击败西班牙之后所获战利品之一。美国在接管菲律宾的过渡进程中，发现了惊人一面，即在菲律宾内部已经形成完善的反对西班牙的民族抵抗运动。民族主义者起初期盼的是，美国胜利意味着美国人所承诺的菲律宾解放，但是，在美国人将他们的军队同时对准西班牙人和菲律宾人的时候，这种希望瞬间化为泡影。

麦考伊特别关注了兼具政治力量和准军事力量的警察部队（菲律宾警察部队，后称为菲律宾国家警察），它成为菲律宾行政机构中一个强有力的安全机构，被以后的菲律宾总统留用。美国统治之下发展起来的监视、渗透、泄露虚假情报、暗杀等“秘密教义”，在后来的独立过程中也都留存了下来。宏观上来看，美国将帝国作为进行社会控制实验的熔炉，这种实验在母国无法进行，但在属国可以积累经验，而且，美国领导人随后可将经验纳入母国的政策与实践。“回到母国，”麦考伊写道（2009：39-40），“这些殖民老手让美国的新情报机构充斥着蛮横，无论是民族社群、政治异见人士，还是普通工人，都被视为异类，无足轻重，从而产生了贯穿于20世纪的周期性政治危机中体现的压迫能力”。

在书中，麦考伊辨识出一种让美帝国与历史上其他70个帝国不一样的模式。欧洲诸帝国“在一个昂贵的命令型官僚体制下运作，美国殖民主义则采用了一个分散放权的市场模式”，这依赖于重要承包商和顾问团队的短期流动，以及军事主官的轮换，“一个临时性的、全方位的技术顾问队伍，涉及领域包括管理学、农学、昆虫学、民族
56 学、经济学、气象学、植物生物学、公共健康、城市规划和动物学”（2009：43）。实际上，这是一个与相关秘密情报活动相结合的信息帝国，包括泄露虚假情报和煽动丑闻，以使敌人或潜在地使敌人难堪。这通常伴随着一个名义上被禁止，却十分容易形成的“由犯罪集团、警察腐败、政治勾结和周期性危机构成的副经济”。为了平息叛乱而建立的菲律宾警察部队将有关菲律宾人和美国人的丑闻一清而空。在美国本土，隐私权受到法律保护，但是在侵犯隐私而不受法律约束的政治体制下，涉及隐私的丑闻可能会被精挑细选地暴露出来，从而成为殖民控制的工具。充满野心的菲律宾政客们经常

扮演告密者、间谍或政治侦探的角色，在此过程中往往会留下背叛祖国的证据，而这些证据可能会被用来对付他们，以及限制其抵抗能力。威廉·塔夫脱(William Taft)总督和他的内政部长迪安·伍斯特(Dean Worcester)建立了一个“全息政权”——提醒身处他乡的美国人，这是一个建立在恐惧基础上和特务机关遍布的警察国家的政权——通过一切便于处理的方式，包括惩治诽谤和煽动性言论的法律，起诉编辑刑事诽谤，禁止任何被认为具有“颠覆性”的政治活动，驱逐激进分子，监禁政治异见者，收集关于赌博、腐败和“地方政治腐败”的文件。

20世纪初期，菲律宾警察部队信息部建立了一个大约由200名菲律宾特工组成的网络，他们的身份被数字代码所掩盖，渗透到民族主义群体之中。通过这种方式，警察部队将间谍提升至最高领导层。有时，警察部队的目标是将受欢迎的民族主义领袖诱导至对美国人最有利的位置，例如，菲律宾警察努力推进未来总统曼纽尔·奎松(Manuel Quezon)的事业。麦考伊评论道，在马尼拉的任何一场集会上，许多煽动者有可能“是既要成为受欢迎的领导者又要拿到警局奖金而精打细算的间谍”(2009：129)。

间谍们在指认他们的前同事是颠覆分子的搜查行动中大显身手。尽管间谍网络十分庞大，并且对媒体的控制也很严格，行政机构却无法关停或者完全控制媒体。就像其他地方一样，有足够的证据证明菲律宾媒体也扮演着抵抗帝国主义的角色。官方之所以不得不给这种形式的抵抗留些空间，是因为任何复杂社会都会允许一些言论和思想的传播。这在任何有利于确保当地贵族主动顺从帝国统治的地方，都显得尤为正确。原因在于，如果控制适当，当地贵族阶层将会是重要的情报来源。一家当地媒体或原 57
住民媒体，也是官方重要的情报来源。

然而，帝国如此屈尊纡贵非常有限。由于警察部队在甲米地岛[①](以及其他地区)实行极其残忍的镇压手段，民族主义报纸《文艺复兴报》(*El Renacimiento*)通过爆炸性报道将这些行径公之于众，获知真相的马尼拉知识分子们勃然大怒。警察高层认为这样的报道“尖刻而鲁莽”(2009：139)，于是提起刑事诽谤诉讼(当时的法律规定被告负有举证责任)，提请逮捕参与报道的编辑、出版商和作者。庭审判定提供的整个事件过程，各家媒体纷纷迫不及待地对此加以报道。最后的结果是，报纸无罪，警察部队负责此事的领导们受到了惩罚，此事导致华盛顿政府发起了对警察部队的整肃运动，

① 甲米地岛，菲律宾吕宋岛南部港口城市，早期西班牙殖民统治时期的军事要地。——译者注

华盛顿政府支持美国人在工作中与菲律宾人更加和谐相处，最终达到统治者与当地精英相互依赖，从而对双方都有利的关系状态。

《文艺复兴报》的这个案例，也可以被看作帝国主义力量在媒体和地方领袖身上的一次相对宽松的束缚，这些地方领袖或者已经准备服从帝国主义，或者可能会被说服或强迫在争取民族独立的漫长道路上采取一种美菲人民通力合作的温和方式，而不是更为激进的乃至革命的方式。革命方式是由一些革命领袖支持的方案，警察部队极力夸张其威胁：革命者是日本的同盟。《文艺复兴报》后来并没有幸免于难，殖民地最有权力也最有报复心的统治者迪安·伍斯特（Dean Worcester）对报纸提起了诽谤诉讼。

大多数媒体的历史——即使在面对像帝国绥靖和革命运动这样的复杂问题时——也仅仅停留在媒体层面，或者媒体和政治人物身上，而没有将媒体视为复杂情报网络的构成部分。麦考伊描述了“那些在选举政治范围之外组建工会或组织街头集会、激进而又拒绝合作的领袖们如何受到监视和渗透，最终被逮捕入狱”（2009：176）。特工人员被派到了所有的秘密会议或者街头集会之处。他们利用所知晓的事实和信息，反对号召革命或与日本同盟，而这些行为看起来是完全自发的。警察机构的情报部对民族主义者圈子的渗透“如此之深，以至于他们既能够为警察部队提供准确的情报，又能相当程度地控制民族主义运动。渐渐地，警察部队便从单纯的监视上升到了秘密渗透……打击着激进运动的同时，也使警察情报部门卷入了政治阴谋”（2009：186）。这最终导致了1907—1912年期间，整个民族主义者内部网络中出现的恐惧与相
58 互指责。

警察部队“策反”了少数著名的民族主义领导人，其中包括著名的激进剧作家奥雷里奥·托伦蒂诺（Aurelio Tolentino）和未来的总统曼纽尔·奎松（Manuel Quezon）。他们成为美菲合作的代言人，并且为警察部队提供了关键情报，以协助压制革命运动的武装力量：“通过使革命领袖们名誉扫地并使其军事组织解体，此种做法，警察事实上为愿意与殖民统治合作的温和派政治人士消除了有限的殖民地民主空间。”（2009：186）奎松二者兼顾，他“通过保护激进的民族主义领袖赢得民族主义者的声誉，又通过监视这些领袖获得殖民者给予的好处”（2009：187），他还帮助殖民者在面对起义时先发制人，因为这些起义“可能会使他与美国国会有关独立的谈判变得更加复杂”（2009：187）。1907—1908年间，警察部队为托伦蒂诺减轻压力，使他不再背负煽动性剧作家的恶名，然后让他成为一个政治仆从。他以夸张的比喻形容美菲联姻，赞颂美国统治

"是殖民政府的典范，是一部解放奴隶民族的杰作"（2009：190）。他的剧本都会事先提交给马尼拉警方审查。

为了对抗不喜欢的激进运动组织——迪马斯·阿朗社团（Dimas Alang society），警察部队创立了一个与之竞争的、更加激进的组织"马卡布哈伊"（Makabuhay），意在引出温和派中最危险的军事武装分子。菲律宾警察和情报部门利用这种伎俩来边缘化民族主义武装运动："通过收买温和派与监视激进派，帝国情报体制巧妙地、近乎无形地将菲律宾政治进展控制在了殖民界限内。"（2009：204）

对于帝国主义者来讲，媒体发挥着其他重要的作用，能够帮助说明被殖民者展现在帝国主义者面前（有限的）忍受程度。帝国主义者并不是铁板一块，而是由许多持有不同政见和其他倾向的人所构成。最重要的派别划分是将不同的效忠对象区分为：（1）美国共和党或民主党——这两党关于美国未来在菲律宾的统治具有明显不同的政策，对提高政府和管理体制的菲律宾化也抱有支持与反对两种截然相反的态度；（2）支持或反对警察部队对菲律宾地方叛乱和劳工抗议采取强硬措施；（3）对赌博、卖淫、警察、政治贿赂、政治腐败等丑闻，是坚决反对还是串通共谋。这些丑闻具体包括美国殖民者过分滥用权力，经常以牺牲土著居民的利益为代价，达到囤积土地、商机和财富的目的。出于保护媒体的需要，殖民者有时也会成为受害者。1911年，自由出版社 59
（the Free Press）公开披露警察腐败，以声援约翰·格林（John Green）上校及其杜绝腐败的"英勇努力"。

帝国主义者内部的不同派别需要相应的媒体喉舌来推动某些特定政策或观点以及诋毁他人；有些时候，就像自由出版社的案例一样，这种诋毁建立在可靠的调查性报道基础之上。新闻自由可以利用在不同个体之间以及在帝国控制的不同层次的阶级机构之间爆发的激烈争论。在这些争论中，官员们可以选择通过给予独家新闻来支持某个媒体，或是故意泄露虚假信息使其他媒体名誉扫地。在某些情况下，当地出版物甚至会引起华盛顿政治家们的注意。当警察特派员珀西·麦克唐纳（Percy McDonnell）遭受调查并被塔夫脱总督污名化之时，他购买了《美国有线新闻》（*Cablenews-American*）足够的股份成为主编，利用这个位置展开反击——例如，要求所有涉及警察部队主官班德霍尔茨（Bandholtz）的报道必须是"负面的"。麦克唐纳还利用真正的新闻调查行为来掩盖其间谍活动。

随着1912年民主党赢得总统选举以及新任总督弗朗西斯·哈里森（Francis

Harrison）对菲律宾化的推动，共和党人通过向美国报纸散播菲律宾人根本没有能力进行自治的故事来发起反击。这个虚假故事的信源被警察特务机关追踪到了隐藏在前警察部队主官哈丁（Harding）商务办公室的一个房间里。在1923年“康利案”危机事件中，警探雷·康利（Ray Conley）接受了刑事审判，他是马尼拉地下黑社会的实际首领，并且得到了总督伍德（Wood）的支持。媒体做出了不同的反应：为美国读者服务的《马尼拉时报》（*Manila Times*）将康利称为“赌徒般的恶人”，而菲律宾语日报和西班牙语日报，例如《先锋报》（*La Vanguardia*）对此则持怀疑态度。《辩论报》（*El Debate*）带领菲律宾媒体深挖丑闻，总督以此作为攻击伍德的手段；同时，表面上看，做了调查性新闻来反对康利，而实际上，该调查更多的是与《辩论报》的老板——前市长费尔南德斯有关，他是民族主义领袖、日后成为总统的奎松的紧密盟友。麦考伊指出，记者们“写出详细的封面故事，以迎合各自的美国读者和菲律宾读者的偏见”（2009：276）。当然，除了帝国主义者外，还分为基督徒菲律宾人和穆斯林菲律宾人，他们增加了原本已经十分丰富的本土信仰体系。除了讲英语、西班牙语、塔加拉族语[1]的人外，菲律宾还有
60 其他语言族群。此外，还有保守派、革命派和资产阶级民族主义者。所有这些群体，以及与其结盟的利益集团，都在寻求某种意义上的媒体呈现。

麦考伊认为，帝国主义者在殖民地中发明的关于信息管理、控制和操纵的策略与技巧都被进口至他们的母国。在美国，在菲律宾殖民统治的经验和教训对塑造国内的信息控制产生了强烈影响，这种影响不仅体现在两次世界大战中，还体现在对抗左翼、劳工、公民权利和反战运动中，甚至直到现在，在“9·11”事件之后的反恐战争中，这种影响仍然存在。

> 菲律宾群岛的和解为华盛顿政府初期的国家安全状态提供了蓝图和先导。为了在革命中寻求安全的解决方案，美国在马尼拉实行的殖民体制直接采用了在国内未经检验的统治技艺，通过实践使其日臻完善，再将这些改良的压迫体制传回美国，为联邦内部安全机构的形成做出了贡献……在更宽泛的意义上讲，将一种高压统治的帝国主义心态带入了美国国内政治，殖民统治对母国社会产生了深远影响。（2009：346）

---

① 塔加洛语（Tagalog），是菲律宾国语及官方语言之一“菲律宾语”（Filipino）的主体，也是在菲律宾近170种本土语言中，唯一具有官方语言地位的。1937年，奎松总统曾宣布塔加洛语为菲律宾国语。——译者注

在第一次世界大战中，这样的证据尤为明显。麦考伊（2009：294）写道，“威尔逊总统领导下的1918年左右的战时美国与塔夫脱总督统领下的1901年左右的菲律宾殖民地存在着显著的相似性”——都立法限制公民自由，特务机构任意逮捕，严格审查，大量监视，秘密渗透以及黑色行动。

> 通过动员四百万人的军队，大量的工业采购，以及创立非常机警的内部安全机构，第一次世界大战改变了美国的状态。（2009：296）

菲律宾军事情报部门的指挥官凡·德曼（Van Deman）后来起草了美国第一个内部安全机构的方案。他指定的秘书亚历山大·B. 考克斯上校（Alexander B. Coxe），也是一位菲律宾军事情报部门的老手。

麦考伊指出了凡·德曼在菲律宾行动与美国“一战”期间内部安全状态的相似之处：将每个主题的大量信息缩减到一张卡片上；秘密监视和渗透；设定一个种族样板，以认知其威胁（在菲律宾就像在美国一样，凡·德曼都依赖本土特工）；大规模重新安置臣服人口；将丑闻系统地运用于释放虚假政治消息、社会排斥或黑名单人员；在认定异类和低等人口上具有绝对权力。在菲律宾，菲律宾警察部队数以百计地使用菲律宾人做间谍；被美国本土借鉴、军事情报部掌控的“美国保卫同盟”（American Protective League）有30万平民间谍。这种国家安全与平民机构的联盟以不同的名义存续了五十 61
年之久，“作为一种隐密模式，它使美国社会充满了活跃的告密者、秘密民间组织、联邦和地方的政府安全机构”。凡·德曼主持了“美国保卫同盟”向反间谍辅助机构的转型，新机构几乎由清一色的盎格鲁—撒克逊白人新教徒组成，包括身处1400个地方单位的35万名志愿者特工，其领导人大多是从精英群体社会网络招募而来的。这些特工将注意力集中在德裔美国人身上，在战时他们为政府进行了总计300万次的调查。特工从来不允许被调查者与控告者当面对质；在保密的外衣下，特工可以骚扰商业竞争对手。军队情报部自身则致力于针对激进工会和社会主义政党的秘密反间谍活动，经常与工厂的安全保卫力量联合，甚至加入暴力治安团伙以摧毁工会。任意逮捕、渗透与挑衅，都是家常便饭。麦考伊发现在“二战”期间、战后的劳资纠纷以及随后的“红色恐怖”①（Red Scare）时期都有类似策略，其中包括好莱坞黑名单。甚至在后来，凡·德曼依靠与“加州反美活动委员会”（California Committee on Un-American Activities）首席顾问理查德·库姆斯（Richard Combs）的关系，起到了情报输送的管道作用，“允许美国情报人员泄露具有毁灭性却未经证实的有关危险分子嫌疑人的机密文件，使这些文件进入加州反美活动委员会的公开听证会”（2009：334）。

❖ 小　结

本章的简短回顾，表明了我称之为媒介帝国主义“经典”学者们的研究视野，对这些学者而言，在探究帝国主义时将媒介视为研究中心，而新生代学者，固然同样关注帝国主义，却不一定将媒介视为研究中心。不可避免，由于篇幅有限，我没有提及其他更多极具独创性的作品，它们为我们理解媒介和帝国之间的复杂关系同样做出了实质性贡献。在这些作品之中，我推荐读者参考韦恩·温塞科（Dwayne Winseck）和罗伯特·派克（Robert Pike）所著的《传播与帝国：媒体、市场与全球化（1860—1930）》（*Communication and Empire: media, markets and Globalization 1860—1930*, 2007）。无论新书还是旧作，这些跨越了60多年时间的研究著作，都提供了令人信服的证据以证明媒介与帝国主义之间的联系是重要的、复杂的、多样的、多层次的、相互的、辩证
62 的。伊尼斯注意到占主导地位的媒介形式与帝国统治形式之间的关系。这个基础性洞见启发了席勒，他揭开了电子媒介（尤其是通信卫星）与帝国监视以及意识形态操纵之间的关系，又将军工复合体、通信硬件行业、大众娱乐与信息、广告等，与消费资本主义体系下无休止的市场扩张需求结合在一起。席勒以他的方式为我们讲述了“监视社会”（参见马特拉，2010）中的媒介作用，甚至为我们讲述了某些暴露出来的紧密关系，关系双方分别是美国国家安全机构与主要的电脑硬件、软件、社交媒体和电话通信公司，有时是由秘密法庭强制实施的（FISA，美国《外国监听情报法》）。

麦考伊指出，美利坚帝国最突出的特点在于非中心化的市场驱动控制。与这种环境明显匹配的是虚假的新闻自由（和媒体自由）以及简单多数票制。由直接政治控制变成将“自由”下放给企业，媒体服务于企业，企业的灵活性是市场要求，企业不断地调

① 此处“红色恐怖”是指20世纪50年代由美国参议员约瑟夫·麦卡锡发起的“反共十字军运动”，大肆渲染共产党渗透到了美国政府和舆论界，从而展开大规模调查。——译者注

整形象、腔调与叙事，以适应世界不同区域的细分市场的不断变化，以及持续改进的生活条件。赫尔曼和乔姆斯基揭露了这种“自由”究竟能走多远：媒体（作为一个机构）和新闻（作为一种实践）在政治精英的要求下紧密结合在一起运作，而新闻媒体和政治精英整体上又都服务于富豪统治集团与大型公司集团，这种关系在国外报道中表现得尤为明显。而在诋毁某些反对者的时候，这种伙伴关系就更为清晰，因为反对者坚持反对美国产生的新自由主义（参见第1章）与不受约束的寡头公司在全球扩张。赫尔曼和乔姆斯基主要关注媒体的运作，而本书将考察在娱乐传媒产业中的相似证据，从中找出具有可比性与雷同性的意识形态作品，其中的关联绝不仅限于意识形态霸权与控制。

贝利和麦考伊都通过媒体与情报的相互作用，论证了媒介与统治机构之间的现实关系。这在对美国媒介帝国主义体系的解释上前进了一大步，不仅包括美国去中心化的特点、对自主权与异议的忍受范围（几乎总是比起初设想的要小），还解释了英国对殖民地媒体的忍受程度。赫尔曼和乔姆斯基则揭露了对媒体的宽容程度如何依照其是否拥护帝国权威而变化。

表面上是本土媒体，甚至是真正的本土媒体，即使在拥有新闻“自由”的时候，即使它们以民族主义运动、激进运动或其他运动的形式在读者面前将自己塑造为反抗殖
民的知识分子能量中心，实际上它们也仍然是帝国统治的隐秘监视工具。它们还为悄 63
无声息地植入精英框架和思想提供了可靠渠道。这些媒体在支持情报机构实施控制方面具有多重办法，包括通过揭露、威胁揭露或拒绝揭露用以惩罚控制对象，以及操纵和泄露虚假消息这种更为传统的伎俩。

正如贝利所述，利害攸关的信息远远不只是政治性的，我们必须提升认识世界的方式，这与认识为帝国利益服务的方式是同样重要的。考察帝国代表对信息的控制，“关键”不只在于殖民地国家。帝国在国内的运转相较国外有过之而无不及。这体现在给国内人民提供对世界性事件和世界自身运行方式的理解与解释框架，巩固民众对帝国军事行动的智力与情感支持，以高尚为基调吹捧民众的善良与智慧等方面。在我从媒介帝国主义转向文化帝国主义叙述之时，此处是一个合情合理的转折连接点，尽管
我的意图是在这个连接关系中，依然聚焦于媒介在帝国主义中的作用上。 64

第五章

帝国战争的兜售借口

❖ 1846—1983: 帝国战争的虚假借口

在第2章的结论部分，我引入了“战争借口”这个概念，并将其称为“借口政治学”。在本章中，我将阐述美国以及其他许多帝国在帝国扩张中，频繁利用虚假借口或充其量算作可疑借口就发动战争。虚假借口的重要性非但没有下降，而且其战术使用越来越频繁、越来越复杂。主流媒体在其中起到了不可或缺的作用，它们很少或根本不进行批判性调查，而是习惯性接受这些借口。主流媒体的作用是保持美国和世界舆论处于一种假想的认真状态。限于本章篇幅，我仅选取了几个重要案例。正如其他历史事件，人们对此也有很多争议和辩论。这些持续不断的争议，经常有强有力的证据做支撑，这其实给走向极端的媒体提出了忠告，即对不加批判地接受官方给出的战争理由应该保持谨慎。

历史可以从1846年说起，时任总统詹姆斯·波尔克（James Polk）命令美国军队到纽埃西斯河[1]（Nueces River）南部去侦查，这里是墨西哥主张的领土。侦察部队与墨西哥军队遭遇，战斗造成美军死亡16人，这正是波尔克总统所期盼的，他以此为借口发

① 美国得克萨斯州南部的一条河流，向东南流入墨西哥湾。——译者注

动战争，两年之内大幅扩张了美国领土（当今美国领土的15%都是那时攫取的）。美国报纸几乎一致支持波尔克的战争计划（莫雷诺，2007）。1898年，美国军舰“缅因州号”（Maine）在哈瓦那港爆炸沉没，这次意外事件引爆了美国早在1894年就制订的发动对西班牙战争的计划。几乎可以肯定的是，爆炸并非美国人所声称的西班牙人所为，而是由于军舰甲板的意外爆炸或美军的“伪旗行动”[1]。但不论如何，这场战争让美国消 65
灭了西班牙这个对手，美国获得了对古巴和菲律宾的五十年控制权，对波多黎各的殖民化，甚至应甘蔗种植者的请求，废黜了利流克拉尼女王（Queen Liliuokilani），吞并了夏威夷（桑德斯，2002；美国国务院，2013）。在动员公众支持美西战争方面，那时的主流报纸《纽约新闻报》（*New York Journal*）和《纽约世界报》（*New York World*）及各自的出版商威廉·伦道夫·赫斯特（William Randolph Hearst）与约瑟夫·普利策（Joseph Pulitzer），发挥了至关重要的作用。虽然缺乏证据，但这些媒体依然断言西班牙应该为“缅因州号”的沉没负责，并极具煽情性地报道西班牙在古巴的所谓“暴行”。

1915年5月7日，英国客轮“卢西塔尼亚号”（Lusitania）被德国潜艇击沉，共造成1198人死亡，其中包括128名美国人，美国卷入第一次世界大战，部分原因与此有关。除了这些乘客外，客轮上还有美国运往英国的600万发子弹。在客轮驶离纽约之前，德国大使馆在美国的50份报纸上刊登了重要警告：如果客轮驶入德国划定的交战水域，将会对乘客安全构成威胁。在梳理战争借口时，桑德斯（Sanders，2002）援引英国海军大臣温斯顿·丘吉尔（Winston Churchill）曾经所言，“如果沉没的远洋客轮载有美国乘客，则决定着该事件具有政治影响力”。事故发生一周前，他写信给贸易部部长说，“最重要的是将中立国船舶导入我们的海岸，尤其是把美国拉入这场战争中”。

1941年日本入侵珍珠港是对罗斯福政府采取战争行动的回应，罗斯福总统曾向公众承诺要避免此次战争，说战争并不是美国政府所想。大量美国军舰在珍珠港集合，是明显的鲁莽行为，对日本而言，这是一个极其诱人的打击目标（参见史汀奈特，2001；其分析在几本与此相关的书中是最好的）。1940年10月，罗斯福的贴身顾问兼美国海军情报局远东办公室主任——亚瑟·麦科勒姆中尉（Arthur McCollum）起草了挑起战争的“八阶段计划”，在珍珠港集结军舰只是其中的一部分。直到今天，主流媒体对珍珠港的报道或电影呈现，例如，周年纪念日的媒体评论和2001年迈克尔·贝（Michael Bay）

---

① “伪旗行动”（“false flag” operation），即插上西班牙敌国国旗，引诱西班牙攻击。——译者注

拍摄的《珍珠港》(在2001年9月11日的前几周上映),都忽略或排斥那些证明"国耻日"过于简化的说辞。

1952年美国侵略朝鲜,以回应朝鲜越过38度分界线进入韩国,彼时,朝鲜半岛刚从日本手中解放出来,苏联军队就占领了朝鲜,韩国则由美国军队占领,朝鲜与韩国的38
66 度分界线是强制划分出来的,用以压制朝鲜人的大规模抗议。美国已经预测到了朝鲜进入韩国(吉布斯,2004;哈利迪和康明斯,1988;解密文件)。虽然美国以前并不认为朝鲜具有重要战略意义,但是,朝鲜进入韩国的消息还是引发了美国某些官员的强烈反应,他们说服公众接受美国"需要"大规模重整军备项目,美国需要以"朝鲜入侵"为借口,不然这套说辞无法受到民众欢迎。不过,美国最终演变为再度走上军事化道路。因此,在美国国家安全委员会第68号文件(NSC-68)中,提出增加三倍的军事支出与缓解军种之间的资源竞赛一样重要,同时继续为欧洲提供直接的经济支持。NSC-68文件于1950年初起草,于当年6月,由杜鲁门总统批准。吉布斯认为是美国引诱了朝鲜攻击韩国。国务卿迪安·艾奇逊(Dean Acheson)曾公开表示,他怀疑1950年2月韩国是否待在了美国建立的"防御圈"之内,而且,这个"防御圈"可能为朝鲜进入韩国打开了绿灯。"在约翰·福斯特·杜勒斯(John Foster Dulles)的幕后支持下",李承晚总统(Syngman Rhee)发动了战争。杜勒斯是前美国国务卿,他在战争爆发前几天会见了李承晚。他告诉李承晚,"如果你准备进攻朝鲜,美国将通过联合国提供帮助……建议李承晚说服世界是韩国遭到进攻在先,再按计划行动"(桑德斯, 2012)。

正如我在第3章所述,1964年8月4日和6日发生了两次所谓的"东京湾事件",第一次事件是由美国挑衅而起的,第二次事件甚至从未发生过,但美国却以此为借口正式与越南交战。美国以东京湾为借口对越正式宣战,扩大了越南战争规模,最终造成大约400万越南人死亡和6万美国军人牺牲。虽然,白宫和五角大楼指责媒体让美国在战争中失败,但是,赫尔曼和乔姆斯基(1988)表示,媒体和政府对待战争的态度如果有什么区别的话,那就是媒体对战争的信念更为坚定。

1983年,美国入侵格林纳达,这是美国继1975年在越南战争遭到屈辱失败之后第一次重要侵略行动,代表了罗纳德·里根总统的新右翼单边主义。此次侵略行动之后,西方国家热情地为格林纳达极端右翼领袖埃里克·盖里(Eric Gairy)辩护了10年之久。盖里是格林纳达独立之前的联合政府总理和独立之后的首任总理,他的领导十分不得人心,以至于当英国让格林纳达独立时,公民更倾向于"在1974年2月7日独立日之前几天解散政府”（桑德斯，2002），以防盖里继续掌权。反对派发起了“新宝石运动”（New Jewel Movement，NJM），在一场不流血的政变中推翻了盖里，美国寻求除掉“新宝石运动”领袖马丁·毕晓普（Martin Bishop），正好他被副总理伯纳德·克拉德（Bernard Coard）派人所暗杀，为美国入侵格林纳达提供了一个借口。 67

此次行动也是美国政府在控制新闻媒体方面的新实验，或者说，至少是在控制方法上有了新发现。美国政府将媒体排除在美军主要行动及暴行之外，使媒体错过最佳报道时机。媒体被限制进入，经过挑选的记者组成了一个记者团。即便如此，美军也依然认真监视和控制记者团的采访地点与采访对象。在1989年入侵巴拿马和1990年至1991年的第一次海湾战争中，由军队与政府机构主导的“记者团”管理模式被进一步完善，至2003年第二次海湾战争时，对这一模式的补充是将记者“嵌入”军队之中，以便更容易对他们进行控制。

❖ 1990—1991：沙漠风暴行动

1950年迪安·艾奇逊给朝鲜进入韩国开绿灯的事件，在1990年伊拉克入侵科威特时历史重演。1990年7月25日，即伊拉克发动侵略的前一周（美国已知道伊拉克方案），美国大使阿普丽尔·格拉斯皮（April Glaspie）告诉伊拉克，美国政府对科威特和伊拉克的分歧“没有观点”，而且，美国不打算“发动对伊拉克的经济战”。当然，这与美国积极热情地领导联合国支持的反对萨达姆·侯赛因（Saddam Hussein）行动（共有两次行动，这是第一次）完全相悖。各种利益与动机在此处汇集，包括国防工业与石油利益等（乔姆斯基，1998）。

1963年，美国勾结萨达姆推翻了卡西姆（Qasim）总统，间接促成了他的长期执政。两伊战争时期（1980—1988年），美国既支持伊拉克（为主）又支持伊朗。萨达姆成为总统之后仅一年，也是伊朗开启反美革命之后一年，他就发动了战争。这次战争造成150万人丧生（卡什，2002）。美国不仅支持萨达姆·侯赛因使用毒气武器和化学武器对抗伊朗军队与库尔德人，而且帮他识别目标（波特，2014）。虽然出于宗教原则，伊朗拒绝参加化学战争，但却允许出口生产大规模杀伤武器的军民两用产品。 68

在萨达姆的眼中，科威特这个国家不过是英国的人造产品，“一战”之后奥斯曼帝国消亡，英国谋划创立了科威特，以阻止伊拉克通往海湾——据说，如今新崛起的科威特石油公司从科威特斜孔钻到伊拉克的鲁迈拉油田以增加产能（海耶斯，1990）。彼时，伊拉克亟须增加税收以弥补在与伊朗交战中的损失，科威特却无视石油输出国家组织制定的政策，压低本国石油在国际市场上的价格，导致全球石油价格随之下降。

战争为测试新武器提供了机会，入侵伊拉克见证了新一代计算机所谓的“精确轰炸”（此术语成功地欺骗了西方主流媒体，这些媒体被引导着呈现战争仅仅攻击了军事目标）的首次重大应用。然而，大多数轰炸仍旧是不加区别的，即使所谓的“精确轰炸”（军方在影像中发布广告，广播电视兴高采烈地向全世界宣告），其实根本不精确。美国声称干涉行动十分紧迫，因为伊拉克打算入侵沙特阿拉伯。但是，卫星证据并不支持这种说辞，其可能是施压沙特阿拉伯允许美国建立军事基地的借口（奥萨马·本·拉登认为，这是对伊斯兰教极具攻击性的措施）（安哲门与布朗赫，2001）。

几乎没有美国人知道或关心科威特这个国家，为确保美国国内支持战争来保护石油储备丰富的科威特，白宫和科威特皇室起用了重要的公共关系机构——伟达公关（Hill and Knowlton）。伟达公关编造了一个故事，说伊拉克士兵在科威特抢走医院保育箱里的婴儿，放置在地板上任由其死亡。这个故事的充满戏剧性的“见证人”是一名“匿名”的15岁科威特女孩，后来她被证实是科威特驻美国大使的女儿（维基解密，1992；格里格，2011）。战前宣传动员时，总统及其行政团队无数次提到这个故事，大众媒体也不加批判地加以报道。

❖ 1979年苏联侵略与占领阿富汗

在苏联入侵阿富汗之前，美国并不认为阿富汗像邻国伊朗一样对其具有重要的安全利益（吉布斯，2004）。此次入侵恰好给美国提供一个借口，从而引导公众舆论支持美国大规模增加军事开支。如果没有苏联入侵，美国公民仍旧为越南战争的失败而痛感羞耻，不赞成增加军事开支。吉布斯（2004）认为，苏联是被引诱入侵阿富汗的。苏联入侵的六个月前，卡特总统批准资助“圣战者”（Mujahidin）。这种资助对苏联南部边境来说是一种严重挑衅。卡特的国家安全顾问兹比格涅夫·布热津斯基（Zbigniew

Brzezinski)(他在自己的书中多次提及此事；参见布热津斯基，1997)曾建议总统，认为资助行为应该会引诱苏联军事入侵，使苏联陷入与美国类似的越南困境的泥潭之中。帕伦蒂(2009)认为，1978年阿富汗人民民主党(People' s Democratic Party, PDP)的塔拉基[1]政府在军方支持下再度执政，反对鸦片生产，促进了平等主义和集体主义经济政策的实施。彼时，美国中央情报局正与沙特和巴基斯坦军队联合，更倾向于与帕伦蒂所描述的“推翻封建君主，反动部落首领、毛拉和鸦片贩子”进行合作，因此，人民民主党的做法让中央情报局心怀敌意。1979年9月，在哈菲佐拉·阿明(Hafizulla Amin)组织的政变中，塔拉基被处死，阿明可能是美国中央情报局的人。人民民主党政府寻求苏联的支持，以对抗中央情报局资助的“圣战者”和外国雇佣兵。

❖ “9·11”与“反恐战争”

美国主流媒体报道“9·11”事件时，不出意料地对历史背景不加报道(博伊德-巴雷特，2003；科尔纳，2003)，极少质疑“9·11”事件的官方陈述或美国侵略和占领阿富汗的官方解释(金，2004)。20年之内，苏联侵略与美国侵略并占领阿富汗相继而来，这在历史上是极具反讽意味的剧目之一，而美国采取 甚至比苏联的借口更牵强。至少，苏联声称他们是被邀请去的，帮助维护喀布尔政权的统治秩序。

吉布斯(2004)认为，自苏联解体“和平红利”时代到来，美国国防预算一蹶不振，“9·11”袭击再次被美国政府作为借口(假借全球“反恐战争”之名)，在随后几年大规模增加军事和国防支出。

2000年的美国大选饱受争议(其最终结果不是由选民决定的——阿尔·戈尔赢得了全国的多数选票——而是由佛罗里达州诡计多端的“大佬党”[2]与高等法院决定的)，乔治·布什(George W. Bush)执政后，许多新保守主义运动中的资深成员被提拔至政府要职，这些人热切期盼“反恐战争”。2000年9月，一个所谓的智库 70
(1997—2006)发布了新保守主义运动的宣言：《新美国世纪计划》(*Project for the*

---

① 努尔·穆罕默德·塔拉基(Nur Muhammad Taraki，1917年7月15日至1979年9月14日)，原阿富汗人民民主党中央委员会总书记，阿富汗民主共和国革命委员会主席团主席兼政府总理，保卫祖国最高委员会主席，武装部队总司令。塔拉基执政后奉行亲苏政策，其领导的人民民主党自称以马克思列宁主义为指导思想。——译者注

② 大佬党(Grand Old Party, GOP)，共和党的别称。——译者注

New American Century)。《重建美国防御：新世纪战略、军力与资源》(*Rebuilding America's Defenses: Strategies, Forces and Resources for a New Century*)呼吁每年增加150亿到200亿美元的国防开支，主张重塑中东地区军力，“今后十年之内，美国将维持军事上的主导地位”。这种转变将是一个长期过程，“因为没有出现新的‘珍珠港事件’一样的灾难性事件刺激”。

毫无疑问，在布什政府中掌权的新保守派利用“9·11”事件，推进了《新美国世纪计划》的议程。其中，最有权势的是美国副总统迪克·切尼(Dick Cheney)、国防部长唐纳德·拉姆斯菲尔德(Donald Rumsfeld)(20世纪80年代，他们两人是夸大苏联威胁的先锋成员)、国防部副部长保罗·沃尔福威茨(Paul Wolfowitz)。

以“9·11”事件为借口首先被用在了(主要是)美国侵略与占领阿富汗行动上，至2014年写作本书时，美国的这场战争已经绵延了13年，美国将来在阿富汗以何种形式继续存在还是个未知数，但是，这场战争近年来已经造成阿富汗邻国——核国家巴基斯坦的严重不稳定。这场战争的最初借口，名义上是惩罚“9·11”事件作恶者，但这一点无论如何也不能令人信服。“9·11”袭击的煽动者主要是沙特阿拉伯人，但是，鲍勃·格雷厄姆(Bob Graham，前参议院情报委员会主席与“9·11”事件2002年国会联合调查组主席)注意到，美国政府采取了非同寻常的防范措施，使沙特阿拉伯免受怀疑与调查(Real News Network, 2013)。据说受审的沙特阿拉伯人是后来闻名世界的基地组织(Al Qaeda)成员，“9·11”事件发生时，基地组织已经存在，因此它被怀疑合情合理(柯蒂斯，2006)。不过，基地组织的创建源于20世纪80年代美国中央情报局招募“圣战者”抵抗苏联入侵。20世纪80年代，奥萨马·本·拉登被认为是中央情报局招募的人员，就算我们假定他是基地组织的实际首脑，也无法解释美国发动长达13年的战争，竟然是对抗一个完全不同的作战对象，即塔利班(Taliban)，这个组织与阿富汗的普什图人关系密切。

❖ 美国侵略与占领伊拉克

“9·11”事件之后，公众舆论又一次被操纵，是2003年美国侵略与占领伊拉克的
71 战争借口，很明显，这是精心策划的。这在2002年问世的“布什主义”(Bush Doctrine)中已经预示了即将要发生的一切。“布什主义”涵盖了进行预防性战争的政策，解释了

推翻美国认为有威胁的外国政权的原因，即使这种威胁对美国来说并非直接性的。很多人认为这违反了国际法。2003年入侵伊拉克的借口是萨达姆·侯赛因政权拥有大规模杀伤性武器，这明显是个虚假借口。保罗·沃尔福威茨承认，这个借口只是为了方便官僚，因为这些阴谋论的煽动者们最容易达成一致意见（竞争性借口还有“恐怖主义”与“伊拉克政府虐待自己的国民”；美联社，2005）。

2003年2月6日，国务卿科林·鲍威尔（Colin Powell）在联合国发表演讲，展现了伊拉克拥有大规模杀伤性武器的精巧推理及其“证据”，主流媒体几乎一致为此欢呼。但是，主流媒体之外，博学的评论家们揭开了这些“证据”的面纱，证明其大错特错，在侵略动员中非常不可靠。后来，鲍威尔否定了他在2003年的演讲，并将此定位成他的人生“污点”（美联社，2005）。然后，在入侵行动之前，许多消息灵通的信源通常被主流媒体漠视，甚至持极端怀疑态度。

“大规模杀伤性武器”的概念并不是由政府明确定义的。虽然萨达姆很明显没有大规模核武器和生物武器，但是在媒体传播的帮助下，公众依然认为萨达姆拥有这些武器。2002年9月与2003年2月，英国政府出台两份简要文件，都表明：萨达姆可以于45分钟之内在伊拉克境内部署生物武器；伊拉克已重新设置核计划。在这两份文件中，至少有一份大范围抄袭于某个公开作品（由一名研究生所作），并夸大了其中的内容。2003年5月，英国广播公司记者安德鲁·吉利根（Andrew Gilligan）在节目中说，去年9月份的“45分钟”报道夸大了伊拉克拥有大规模杀伤性武器的可能性，情报机构添油加醋的证据近乎荒谬，此番言论引发了英国广播公司和布莱尔政府的激烈争论。吉利根的主要消息来源是国防部雇员大卫·凯利博士[1]（Dr. David Kelly），这是赫顿（Hutton）调查其死因时的焦点之一。尽管赫顿的调查有了结论，但是凯利之死依然存在很大争议——与其说他是自杀，或被英国情报机构秘密暗杀，或可能性更小的被伊拉克政府暗杀，不如说其他无法言明的原因更有影响力（马斯登，2014）。

2004年初，英国广播公司的主席加文·戴维斯（Gavyn Davies）、董事长格里格·戴
克（Greg Dyke）与吉利根均因此次事件而辞职。在声名赫赫的主流媒体之内，吉利根 72

---

① 大卫·凯利，英国国防部武器专家，1991—1998年曾37次赴伊拉克执行联合国武器核查任务，参与起草了2002年发布的《英国政府对于伊拉克大规模杀伤性武器的评估》，其中提到伊拉克具备在45分钟内部署大规模杀伤性武器的能力，英国媒体及各方舆论普遍对此表示怀疑。由于凯利多次接受采访，在政府和英国广播公司的口水战之中，凯利被推到了前台，并于2003年7月15日和16日接受国会和情报安全部门的调查。凯利被发现于2003年7月18日自杀身亡，赫顿大法官同日受命启动关于凯利之死的独立司法调查。——译者注

的评论是一次微不足道的尝试，他告诫公众：媒体热炒的证据，是在合法化即将到来的残忍的侵略战争与占领行为，是在为隐蔽的战争罪行进行辩护，而这些证据都极为可疑。英国政府成功地将媒体和公众的注意力，从关注兜售非法战争转移到媒体捏造新闻涉及的新闻质量议题上，从而使媒体的渺小尝试无疾而终。

《道尔夫报告》（*Duelfer Report*，美国政府出版局，2005）表示，伊拉克调查团（Iraq Survey Group）——美国入侵后五角大楼和中央情报局组建的有1400名成员的大规模杀伤性武器调查团——没有发现大规模杀伤性武器。在伊拉克发现的化学武器配件，有些是美国军队侵入之后发现的，其数目并不值得大惊小怪。前联合国武器核查员斯科特·里特尔（Scott Ritter）（里特尔与皮特，2002）写道：1998年，我们已完全销毁了核设施以及90%—95%的大规模杀伤性武器，当下在任何地点发现的大规模杀伤性武器残存物都已被联合国密封，这些武器早已失效。

早在2003年以前，就有大量证据证明伊拉克已经销毁所有大规模杀伤性武器。而且，1998—2003年的伊拉克长期处在各种监视之下，如果在此情况下还能恢复大规模杀伤性武器项目，简直让人难以置信。在约翰·皮尔格（John Pilger）2010年拍摄的纪录片《你看不到的战争》（*The War You Don't See*）中，联邦航空情报系统的史蒂文·伦德尔（Steven Rendell）讲述了2003年美联社特别调查记者查尔斯·汉利（Charles Hanley）的故事，查尔斯曾亲自与联合国武器调查员一起勘察了所有可疑地点，发现所有大规模杀伤性武器残存物都完全处于1991年联合国核查后的密封状态。但是，几乎没有新闻媒体报道这些故事。

在入侵伊拉克的舆论准备中，《纽约时报》也推波助澜地发表了几篇朱迪思·米勒（Judith Miller）撰写的头版新闻，有的报道是她与迈克尔·戈登（Michael Gordon）合写的，但这些报道严重依赖匿名且高度可疑的信息源，比如：美国支持的伊拉克国民委员会主席艾哈迈德·沙拉比（Ahmed Chalabi），以及后来承认捏造证据的贾纳比（Rafid Ahmed Alwan al-Janabi）[①]（博伊德-巴雷特，2004，2010a；朱洛夫与彼迪，2011）。

主流媒体不断重复报道布什的谎言，即萨达姆在1998年12月将联合国核查人员逐出了伊拉克国境，而真相是，当月美国和英国发起了为期四天对伊拉克的轰炸行动（以

---

① 此人化名为“香蕉球”（Curveball），萨达姆时期的叛逃者，向布什政府提供了伊拉克大规模杀伤性武器制造计划的内容、生产工厂所在地址以及其他一些相关信息的“证据”，这些证据都是他凭空捏造的。——译者注

“削弱”而不是消灭伊拉克生产和使用大规模杀伤性武器的能力)，联合国特别委员会组长理查德·巴特勒(Richard Butler)为了防止调查员被轰炸波及，将他们从伊拉克撤退了出来(里特尔与皮特，2002)。《媒体棱镜》(*Media Lens*，2002)援引联邦航空 73
情报系统的发现是，1998年有些媒体报道核查员是自愿离开伊拉克的，2002年这些媒体又报道核查员是被“赶走的”。《媒体棱镜》也发现了英国媒体表里不一的相似证据——在《卫报》的《观察家》的497篇报道中，只有6篇提到联合国特别委员会核查团队有间谍潜入。此外，2002年12月，萨达姆·侯赛因允许改组过的联合国监核会(U.N. Monitoring, Verification and Inspection Commission, UNMOVIC)重返伊拉克，该机构创立于1991年，美联社记者查尔斯·汉利一同前行。就像美国入侵之后的“伊拉克调查团”一样，联合国监核会在美国入侵之前也是一无所获。

许多主流媒体与新闻专业人士都为曾经发表的诱导战争的报道道歉。除《纽约时报》与《华盛顿邮报》发表了著名的《我的过失》道歉信之外，还有英国广播公司的杰里米·帕克斯曼(Jeremy Paxman)，他认为媒体是“被蒙蔽了”；哥伦比亚广播公司的丹·拉瑟(Dan Rather)，他谈及新闻记者如何屈服于看似不够爱国带来的恐惧氛围；《观察家》的大卫·罗斯(David Rose)，他如今厌恶自己与别人的新闻报道，认为记者群体存心让自己成为战争虚假借口的合谋者(这三个人都接受了约翰·皮尔格的采访，2010)。

❖ 以禁毒战争为借口的战争

美国及其盟国煽动的武装或暴力干涉，会基于一个或多个最常用的战争借口——“反恐战役”“禁毒战争”“人道主义干涉”或实现“民主”——但是，即使按照他们的主张来认真考虑，这些借口也非常不合适，结果可能还适得其反。

1989年12月，美国作为世界唯一超级大国，发动了首次重大干涉，杀害了4,000名巴拿马人，毁坏了2万人的家园，造就了一段无法无天与趁乱打劫的时期。老布什总统援引的借口是，保护美国人的安全，逮捕“毒枭”、巴拿马领导人曼纽尔·诺列加(Manuel Noriega)，维持巴拿马运河的“中立”，美国主流媒体一致不加批判地接受了该借口。实际上，诺列加曾经是美国中央情报局的线人，正是因为他通晓毒品走私，他曾帮助美国对抗20世纪80年代尼加拉瓜的桑地诺革命(Sandinista revolution aries)，他还作为美国代表卷入了伊朗门事件（Iran–Contra scandal）。老布什领导中央情报局后，大幅提高了诺列加在中央情报局的薪水，不过，诺列加也干涉了由美国支持与资助候选人的民主
74 选举。

1981年，巴拿马进步军事领袖奥马尔·托里奥斯（Omar Torrijos）将军死于空难，他当初是在一次政变后掌握权力的，而在他死后，诺列加成为统治巴拿马的继承人。托里奥斯曾与卡特总统商定了一项条约，即美国于1999年年末归还巴拿马运河的主权。此次移交后，美国仍可保留军事基地与维持运河中立的权力。20世纪80年代中期，随着巴美关系的恶化，很多在原则上反对该条约的里根政府官员担心诺列加会倒向古巴与苏联，尽管当时戈尔巴乔夫正在领导苏联阵营进行改革，不太可能对巴拿马有兴趣。

在一定程度上，1989年美国攻击巴拿马可以解释为，打着“禁毒战争”的虚假幌子而发动的丑恶的不平等战争。即使按照美国的标准，这场“战争”如果被认真考量，明显是政府采取的最愚蠢、最无用、最昂贵的措施。

自越南战争回国的退伍军人对海洛因成瘾造成了社会恐慌，尽管1971年尼克松总统为此首次采取了禁毒条款（帕扬，2006：23），但美国的禁毒条款，只有在联邦层级上1914年制定的《哈里森麻醉品税法案》（*the Harrison Narcotics Tax Act of* 1914）以及1860年制定的州一级法案。正是在中央情报局局长老布什的领导下，中央情报局与军队开始介入禁毒战争。但是，此类介入经常与1973年建立的美国缉毒局的政策与行动有矛盾。

早在老布什执掌中央情报局之前，该机构及其前身就有参与贩卖毒品的记录，以此作为资助秘密和非法活动的融资手段（斯科特与马歇尔，1998；科伯恩与圣克莱尔，1999；麦考伊，2003）。至少第二次世界大战之时，此类合谋行动就已开始，美国政府当时害怕工人运动阻碍战争进程，为争取黑手党帮助打击工人运动，美国军队对美国政府与西西里黑手党的交易视而不见。

“二战”结束后，中央情报局在法国和意大利港口的毒品走私中仍发挥作用，以此资助工人运动以及其他运动中的反共武装力量。这些贸易（“法国贩毒网”，the“French Connection”）与中央情报局构成了网络，支持国民党在整个“缅甸三角洲”收割与走私鸦片，该地区时至今日都是鸦片生产与贸易的重要区域。中央情报局企
75 图以这种方式支持蒋介石抵抗毛泽东的崛起，但却徒劳无功。

中央情报局参与了美国制订的反叛乱计划，支持尼加拉瓜“反政府游击队”成功地阻止了“桑地诺民族解放阵线”革命，中央情报局负责监督武器非法（国会将其定位为“非法”）运输给“反政府游击队”，“反政府游击队”再将同等价值的武器非法销售给伊朗，他们使用中美洲返回美国的空飞机走私毒品，最终将可卡因贩卖给洛杉矶的非裔美国人（韦布，1996）。

以战争对抗毒品是一项失败政策，这已是广泛共识（参见由国际知名人士组成的小组联名签署的《2011年全球毒品政策委员会报告》）。在2012年美洲峰会上，危地马拉、墨西哥及哥伦比亚总统宣布了禁毒战争的失败（克拉克与吉梅内斯，2012）。但是，“失败”很难说是最近才发现的。1988年，兰德公司的一项研究就已断定，使用军事力量禁止毒品没有任何意义（路透社，1988），1994年兰德公司的研究，建议由强制手段大规模转向治疗（李戴尔［Rydell］，1994）。2008年，哈佛经济学家推算出毒品合法化将为美国经济注入770亿美元（罗卓克斯，2008）。邦克（Bunker，2011：5）估算，自尼克松总统以来，禁毒战争已经耗资万亿美元。

人为抑制商品供给，需求端自然会抬高商品价格和利润。历史上，1920—1933年的“禁酒运动”并未根除酒精生产或消费，反倒让犯罪团伙控制了这个行业，我们应该从中永远吸取教训。支持“禁酒运动”的利益集团，其动机基本上都与道德无关（见狄希对此细致入微的讨论）。利益集团中包括标准石油公司这样的石油巨头们，因为如果把酒精用在亨利·福特所制造的T型汽车上做燃料，石油巨头们几乎从中得不到什么好处。

2000—2006年的“哥伦比亚计划”（Plan Colombia）花费47亿美元。但这段时期内，自哥伦比亚流入美国的可卡因数量却在增长（美国审计总数，2005）。2008—2012年，通过“梅里达倡议”（Merida Initiative），美国给墨西哥政府输送了14亿美元。2012年1月，墨西哥政府报告显示，费利佩·卡尔德隆总统（Felipe Calderón）于2006年上任后，发起对犯罪集团的军事进攻，共计47 515人在与毒品相关的暴力事件中丧生（《纽约时报》，2012）。在2010年的禁毒战争中，美国共计耗资150亿美元（国家毒品控制政策办公室，Office of National Drug Control Policy，ONDCP），同时，美国缉毒局（Drug Enforcement Administration，DEA）以近20亿美元预算雇用了5 000名工作人员。这些巨额开支用于追踪、逮捕、审判与监禁贩毒平民，其中绝大多数都是未成年人。维拉与卡 76
特（Villar and Cottle，2012）认为，禁毒战争将国家恐怖主义制度化，刺激了与哥伦比亚革命武装力量（FARC）的战争。

那么，什么是“真正”在发生的事情？假定的使命被结果证明完全不是“真的”使命，此类谬行经常发生，因为许多特殊利益集团仍从事毒品走私。在详细列出这些特殊利益集团之前，我们先看下佩利（Paley, 2012）令人信服的论断，他认为禁毒战争已经成为新自由主义侵略政策的构成部分，这是值得注意的事项。禁毒战争与跨国公司控制市场、劳动力与自然资源都有关系，尤其是它已成功地让跨国公司扩大了哥伦比亚、墨西哥与中美洲的直接投资。2011年，哥伦比亚的外商直接投资从2000年的24亿美元飙升至144亿美元，投资领域主要集中在石油、天然气与采矿业。即使“哥伦比亚计划”未能减少毒品流入美国，但它以土著和当地人的利益为代价开创了一种有效的新型美国干涉模式，而且“墨西哥梅里达计划”（Plan Merida for Mexico）紧随其后。“梅里达计划”的重点不在于禁毒，而在于让外商与当地电信、银行与能源大亨竞争，尤其是国有石油大亨——墨西哥石油公司（Pemex）。2013年12月，墨西哥国会通过一项法案，结束了国有垄断。

伴随私有化与放松管制的需求强化，以及外商直接投资的增加，“梅里达计划”持续存在，它主要依赖佩利所说的为资本服务的“准军事化”，主要形式为组织敢死队，搬迁社区居民（尤其是投机者感兴趣的以集体土地所有权形式存在的土著社区），让工会组织“失去信心”，排挤小企业（仅2011年，墨西哥就有16万家小企业因“惶恐不安”而倒闭），随后这些空白都被跨国公司分支机构所取代。佩利提供了准军事组织与美国或跨国公司之间的共谋及其金融联系的证据（法律审判“金吉达”品牌公司案件中就有证据展示），延伸出来的现象是有些公司利用“泽塔斯”（Zetas）准军事组织从得克萨斯州非法进口石油，以及恐吓竞争对手。

20世纪30年代对大麻和剑麻生产的反对和1937年通过的《大麻转让税法案》（*the marijuana Transfer Tex Act of 1937*），都与产业工人的利益息息相关，他们担心大麻生产会威胁木材与尼龙工人及其代言人的利益，这些代言人包括出版商伦道夫·赫斯特（Randolph Hearst）与财政部长安德鲁·梅隆（Andrew Mellon）。时至今日，美国的执法
77 与监狱行业都合法地提高了私有化程度，这威胁到了行业工人的利益。2008年，150万美国人因贩卖毒品罪被逮捕，50万美国人被监禁（威尔，2009）。遭指控为毒品犯罪以及被送入监狱的人大多是非裔美国人，与其在美国人口中所占比例极不相称，因此，这其中还存在种族主义问题。

在哥伦比亚镇压叛乱与推广烟熏消毒计划中，美国国防业、直升机业与制药行业（尤其是孟山都公司）赚取了巨额利润（高夫，2003；安哲门与布朗奇，2003）。虽然可卡因种植者将种植地转移到了偏远地区，甚至有的转移到了邻国（2012年，秘鲁超过哥伦比亚成为世界第一大可卡因生产国），但是，许多不种植可卡因的农民依然被迫迁离自己的土地，因为，政府推广的烟熏消毒法对他们的身体健康与农作物都有负面影响。可卡因的生产与消费合法化后，整个安第斯山脉的人都不再会因此而被判有罪。

禁毒经费还被这些国家用于镇压工会，支持右翼准军事组织（常与军队重要人物有关）的暴行，以及暗杀政治、工会或社区领袖。自2000年到2006年，可卡因生产总量并未受到禁毒战争的影响。美国提供的禁毒经费，或者被美国代理机构直接使用，或者被受益的海外军事组织和准军事组织，用于镇压暴动、驱逐有潜在石油价值土地上的农民，由此一来，获益的是石油和商业利益集团。在禁毒战争中，或许最重要的利益集团是那些躲在美国背后或美国支持的镇压暴动的组织，比如，在哥伦比亚、墨西哥与秘鲁，禁毒战争的经费主要被用在对抗哥伦比亚革命武装力量等军事行动上。这些造反组织，像准军事组织一样，也参与毒品贸易。

❖ 以人道主义干涉为借口

始于1999年3月的美国/北约轰炸科索沃是一项长达78天的协作行动，由19个北约成员国中的13个国家的空军联合发起。北约宣称为所谓的“人道主义”而战，是北约在南斯拉夫战争进程中发起的第二次重大空袭行动。另一起事件（1994—1995年）发生在波斯尼亚分离战争中，其主要轰炸目标为波黑塞族人。1999年，美国国务卿玛德琳·奥尔布赖特（Madeleine Albright）宣称波黑塞族人在科索沃犯有“种族灭绝”罪行。1994年，即与波斯尼亚分离战争同一时期，美国政府对80万卢旺达图西人惨遭大屠杀一事，却在措辞上隐晦歪曲表达，避免使用“种族灭绝”这个词汇（《前线》，2004）。
克林顿总统公然将塞尔维亚人的行动与纳粹对犹太人的大屠杀相提并论。科索沃 78
的塞尔维亚省的紧张局势为时已久。1996年诞生的科索沃解放军（Kosovo Liberation Army，KLA），在1998年与美国对话之前，一直被塞尔维亚、南斯拉夫和美国视为恐怖组织。至1999年，科索沃解放军被并入科索沃保护部队（Kosovo Protection Corps，KPC）。在此之后，科索沃解放军经常从事犯罪活动，这种行为部分与1992年阿尔巴尼亚共产主义垮台后的骚乱有关。阿尔巴尼亚共产主义的垮台使阿尔巴尼亚人与阿尔巴尼亚科索沃人之间的关系更为密切。科索沃解放军的罪行包括人体器官交易（部分取自1999年被捕的塞尔维亚人囚犯的身体）、毒品交易、敲诈勒索。有迹象显示，哈希姆·塔奇（Hashim Thaci）也涉身其中，他于2008年成为科索沃独立后的第一位总理（泽佩尔，1999；德尔庞特，2008）。

❖ 伊拉克战争中夹杂的民主借口

正如1989年美国入侵巴拿马时一样，声称促进民主的论调经常与其他借口相伴而行。美国主流媒体程式化地将民主作为正经八百的借口，甚至无视其最为明显的特征：民主在西方工业国家即使不是闹剧，也已被认为是很难持续存在的（瑞克斯，2006）。2004年的伊拉克战争中，美国最初的主要借口被证实为子虚乌有，即萨达姆根本没有大规模杀伤性武器，小布什旋即将“民主”作为新的借口引入大众视线。但是，民主既不是杰伊·加纳（Jay Garner）中将的最重要事项（他在美国于2003年入侵后被任命为“伊拉克重建与人道救援办公室”主任），也不是保罗·布雷默（Paul Bremer）的最优先事项（他是杰伊·加纳的继任者，是前“北约盟国驻伊拉克临时管理局”的最高民事管理者，负责向美国国防部和美国总统汇报工作，该机构依据相关法令拥有统治权）。在民主到来之时，如果可以说民主已经到来的话，它也是经由美国人的枪到来的，主要听命于美国占领军。布雷默委派那些支持这次入侵的人或团体组成“伊拉克临时管理委员会”（Iraqi Intrim Governing Council），其中包括易卜拉辛·贾法里（Ibrahim Al-Jaafari）、努里·马利基（Nuri Al-Maliki）与伊亚德·阿拉维（Ayad Allawi），他们都在后期担任过伊拉克总理职务。彼时，他们负责布雷默推行的“去复兴党化”、国家基础设施私有化与矿产资源私有化等政策。2004年，“北约盟国驻伊拉克临时管理局”向伊拉克临时政府移交了部分主权。同年，在美国方面的压力下，联合国特使拉赫达尔·卜拉希米（Lakhdar Brahimi）勉强支持伊亚德·阿拉维经“伊拉克临时管理委员会”选举成为伊拉克临时
79 政府总理。在美国中央情报局的建议下，阿拉维参与组建了“伊拉克国家情报局”，而且，阿拉维支持对纳杰夫与费卢杰地区的野蛮军事入侵。易卜拉辛·贾法里是美国侵略并占领伊拉克之后的第一任正式总理，在任时间自2005年至2006年。马利基于2006年顺利接任贾法里的总理职位，当时美国特别迫切地想否决掉每个亲近伊朗的候选人。

❖ 阿富汗战争中夹杂的民主借口

无独有偶，美国在2001年入侵阿富汗后也使用了“民主”作为出兵的借口。哈米德·卡尔扎伊（Hamid Karzai）在20世纪80年代做过中央情报局承包商，他有几个兄弟姐妹都在美国，与美国的盟友、由艾哈迈德·沙阿·马苏德（Ahmad Shah Massoud）领导的北方联盟有着密切关系。在美国入侵之后，在联合国支持下召开了一次不具有代表性的少数阿富汗领导人参加的会议，卡尔扎伊被任命为阿富汗临时政府主席。在美国的帮助下，紧急“支尔格大会”（Loya Jirga），即阿富汗大国民议会于2002年召开，选举美国力挺的哈米德·卡尔扎伊为阿富汗过渡政府总统。在此之前，最有竞争力的总统竞选者、阿富汗前国王——穆罕默德·查希尔·沙阿（Mohammed Zahir Shah），迫于美国与联合国的压力选择退出。阿富汗前总统布尔汉努丁·拉巴尼（Burhanuddibn Rabbani），是竞争力仅次于查希尔的候选人，也选择了放弃。

北方联盟指挥官们与塔吉克军阀联手主导了哈米德·卡尔扎伊接下来的组阁进程。一些新闻报道揭示，艾哈迈德·瓦利·卡尔扎伊（Ahmed Wali Karzai）是哈米德·卡尔扎伊的同父异母的兄弟，有时他被称为“阿富汗南部的政治领袖”或“坎大哈的统治者”，他是向中央情报局提供信息的告密者，与毒品交易和塔利班组织均有染。2011年，瓦利·卡尔扎伊被暗杀。伍德沃德（2010）声称，瓦利·卡尔扎伊在“9·11”事件之前被中央情报局招募，后来他仍通过哥哥哈米德·卡尔扎伊接受中央情报局的资助。《纽约时报》有一篇报道（费尔金斯，2010），其中引用的信息来源显示，尽管哈米德·卡尔扎伊的弟弟正在被指控，但阿富汗与美国官员商定让其留任原位。这其中存在一些内幕，例如，他协助中央情报局管理名为“坎大哈突击队”（Kandahar Strike Force）的准军事组织；在坎大哈地区，将一大片建筑出租给中央情报局；监视坎大哈的几个武装团伙；在2009年大选中，为了兄长的利益，协助组织了大规模的伪造选票活动。

记者菲尔金斯的信源中提到，中央情报局一直在秘密给卡尔扎伊政府的多名职员支付薪资。毒枭朱马·汗（Juma Khan）就是其中之一，他长期为塔利班组织供货，并为中央情报局提供线报。在2001年被美方短暂拘留释放后，他发展起了自己的毒品帝国，甚至一度与瓦利·卡尔扎伊联合起来掌控毒品贩售网络，占领了他的竞争对手、毒枭“努尔扎伊先生”被美国逮捕之后留下的空间。2006年，朱马·汗与中央情报局和美国缉毒局的高层在华盛顿有过会面。根据菲尔金斯的消息，朱马·汗在2008年被美国再次逮捕之前，从中央情报局和美军方面总计收到的款项超过200万美元。

整个卡尔扎伊政府每月收到中央情报局的现金报酬长达数年之久。不过，款项并没有直接给到总统账户，而是付给了“阿富汗国家安全委员会”（吉拉尔迪，2013；罗森伯格，2013），数额高达数千万美元。《纽约时报》编辑部推断，美国的目的，“一方面是买到总统府的影响力，另一方面是买到军阀和政治家的忠诚，掩盖掉这些不显示在账面上的费用，他们中的很多人都涉及毒品交易，甚至在某些情况下是与塔利班做交易”。吉拉尔迪（2013）还推断了这笔款项也许已经帮助中央情报局在2014年后用自己的民兵来组织镇压反叛乱行动。

以如此“民主”为由引入美国干涉的政府，完全可以被称为“傀儡”政府。然而，美国主流媒体坚持将此类政府报道为长期存在的、具有独立性的政府。在这个语境下，新闻报道使用“民主”一词，通常是模糊性的，毫不关心运行的是何种民主，也避而不谈其包容性或有效性如何，只是不加批判地认为是“民主”的。通常，为两党效命的精英体制或财阀体制的国家，在侵略与占领行为中，都声称自己是在代表民主。

❖ “颜色革命”的民主借口

苏联解体之后，以“民主”为名的干涉，在中欧、东欧与中亚地区众多所谓的“颜色”革命中成为一大特色。其典型特征是，此类干涉被激活或表现，总在反独裁政府或
81 反对美国政府认定的独裁政府的街头抗议之时。这包括2003年格鲁吉亚的“玫瑰革命”、2004年乌克兰的“橙色革命”以及失败的2009年伊朗的“绿色革命”。

在这些情境中，尽管进行干涉的可能不是非政府组织，但是不排除此类团体或掩护组织，其资金皆来源于美国国务院、美国国际开发署、国际事务全国民主研究所、国际共和研究所、非政府组织“自由之家”与乔治·索罗斯的开放社会研究所等机构。美国国家民主基金会（National Endowment for Democracy）是由美国政府支持的基金会，例如，从1988年起在乌克兰支持非政府性质的民主政治建设（迪克［Diuk］，2004）。2000年，它还给塞尔维亚“奥特波抵抗组织”（Otpor[①]）提供过资金。“奥特波抵抗组

① 奥特波抵抗组织，1998年成立于贝尔格莱德大学，在科索沃战争中，反对塞尔维亚的米洛舍维奇。——译者注

织”模式（卡塔卢奇，2011）被“非暴力行动与战略应用中心”[1]（Center for Applied Non-Violent Action and Strategies，CANVAS）所采纳。埃及的“4·16”青年运动组织，在2011年的埃及街头抗议中发挥了重要作用，曾于2008年在纽约参加美国国务院会议，还于2009年会见了“非暴力行动与战略应用中心”的领导人。“非暴力行动与战略应用中心”的合作伙伴，包括“艾尔伯特·爱因斯坦研究所”（the Albert Einstein Institution）与“自由之家”（Freedom House），两者都曾介入过格鲁吉亚的“玫瑰革命”和乌克兰的“橙色革命”，并与其他至少50个国家的类似行动有关系。梅桑（Meyssan，2012）援引社会科学家吉恩·夏普[2]（Gene Sharp）（《让欧洲不可战胜》一书的作者）与以色列部队的心理学家鲁文·加（Reuven Gal）的观点，认为不管是个别发动，还是集体组织，青年激进行动者的扰动行为并不总是成功的，比如，在20世纪90年代的俄罗斯与波罗的海诸国，在1998年的塞尔维亚，都是如此。美国的掩护性组织包括“艾尔伯特·爱因斯坦研究所”、“非暴力行动与战略应用中心”与“变革研究院”（the Academy of Change）。这些掩护组织的目的通常是，让一个国家在没有社会变革的情况下进行政权更迭（正如2011年埃及的“莲花革命”）。乌克兰的“橙色革命”是20世纪90年代最广为人知的、最终被认为是失败的一个案例。这场革命的起因，是在2004年时任总统维克托·亚努科维奇（Viktor Yanukovych）与另一位候选人维克托·尤先科（Viktor Yushchenko）的竞选中出现了欺诈性选举结果，由此引发了广泛的骚乱。在依据法庭判决进行的第二次选举中，维克托·尤先科成为总统。但是，尤先科和他的总理尤利娅·季莫申科（Yulia Tymoshenko）之间不合时宜的政争，造成乌克兰的政治建设失去了社会信用，使得亚努科维奇在2010年大选中重新执政。如果说亚努科维奇重返政坛，使得“颜色革命”的品牌破产，那么，由西方民意调查专家与专业顾问资助与培训，由西方政府与非政府机构提供资金的抗议运动，2014年初由西方支持推翻亚努科维奇，则另有一番意味。 82

---

① “非暴力行动与战略应用中心”是一个非营利性、非政府的国际网络，旨在教育非暴力行动的参与人员。——译者注

② 吉恩·夏普（1928年1月21日至2018年1月28日），“艾尔伯特·爱因斯坦研究所”的创建人，马萨诸塞达特茅斯大学（University of Massachussets Dartmouth）政治学退休教授。他在非暴力抗争方面的作品具有广泛影响力，影响了世界上很多国家的反政府运动。“艾尔伯特·爱因斯坦研究所”是一个非营利性组织，致力于提升有关非暴力行动的研究。——译者注

❖ 小　结

在本书中，我想说的是帝国主义自始至终都不只是领土占有的问题。同样重要的是，建立帝国的那些人的欲望是控制资源和人民的欲望，越多越好。资本主义帝国主义的基本经济学，是企业竞争、国内市场整合与寡头垄断，以及由此导致的不断下降的利润率。控制扩张进程与扩张手段，对帝国政府及其服务的精英群体而言，有一种潜在的羞耻与难堪，因为，为了控制帝国国内民众，为了保持帝国战斗力量（必须让他们的战斗激情尽可能高昂），他们不得不宣称坚持与依赖基本价值体系、宗教信仰和社会世俗，而他们的作为却与此有着深深的矛盾。但是，这些精英人士也明白，一方面，按照国内的价值体系加以考量，他们的战略与策略都应该被质疑；另一方面，在帝国抢劫而来的财富中，国内民众虽说不至于完全分不到，但的确也分不到多少，主要都是被大型企业和富豪阶层所占有。帝国主义的扩张，必须一边努力维护资本主义和保持资本主义经济增长，一边在推进过程中尽最大可能小心谨慎地让其行为看起来是合乎道德的。因此，处于统治地位的精英群体需要各种借口，顺从的主流媒体要避免诋毁这些借口，
83 从而为帝国主义扩张做好准备。

第六章

利比亚和叙利亚战争中的媒体与混杂借口

❖ 作为侵略利比亚借口的民主、人道主义干涉与“反恐战争”

我将在本章中考察西方国家对利比亚（2011年）和叙利亚（2011—2014年）的干涉。前面章节提及的阿拉伯国家的反抗行动——截至2014年本书写作之时，在这些行动中看起来只有突尼斯获得了明显改善，镇压之下依然获得了持续解放——让国际受众习惯了积极的媒体报道框架，即年轻的“反抗者”抗议各种专制政权，包括西方世界热情支持了数十年的埃及穆巴拉克政权。类似的这些抗议活动在西方国家，或者直接说，自2005年以来在法国城镇中发生的穆斯林青年反抗，主流媒体更愿意认为法国总统萨科齐的表达是正当的，贬称这些抗议者是街头盲流。然而，在中东，这样的青年抗议者就成了西方国家违反国际法、制造与激化流血事件的充分理由？

近来伊拉克战争的经验充分证明，暴力推翻像萨达姆·侯赛因这类被妖魔化的独裁者，会迅速造成可能更加糟糕的流血事件、社会动荡与社会崩溃，比所谓独裁者治下的类似情况要持续更长时间。更多量化研究表明，独裁者有时会恰到好处地隐忍，因为，他们已经学会如何将极具冲击力的内容包含到社会管理之中，这些管理经验都是由19世纪和20世纪的西方帝国主义者所创制的，其效用远比西方国家所能想象的更大。在利比亚和叙利亚将要发生动乱之前，西方国家都纷纷现身，与穆阿迈尔·卡扎菲（Muommar Gaddafi）政权和巴沙尔·阿萨德（Bashir Assad）政权进行相关调停。一旦阿拉伯国家的叛乱运动成燎原之势（如果说其他是分散的与小范围的运动），占据优势的西方主流媒体开展富于“同情心”的报道（以及半岛电视台英文频道的报道，该电视台体现的是其主要投资者卡塔尔的埃米尔的利益，卡塔尔的埃米尔与西方国家是紧密联盟），那么，美国、北约甚至像沙特阿拉伯这样的独裁政权，都将通过不同渠道支持反叛运动，特别是“政权更迭”中的极端血腥的行动。在反叛队伍中，逊尼派教徒和其他伊斯兰教宗教激进主义者，都与“基地组织”有联系，或者，如西方媒体所说，他们都受到了“基地组织”的“煽动”，西方国家试图对“基地组织”极欲处之而后快，一直将他们（在阿富汗、伊拉克与巴基斯坦）称为“恐怖分子”。

在苏联解体之后，卡扎菲一反长期以来的反西方政策，选择更靠近西方。为此，他不得不进行谈判，讨论西方国家认为是利比亚人制造了1988年泛美航空公司103航班“洛克比空难”（Lockerbie bombing）的有罪推定。在1990年第一次海湾战争期间，在美国的支持下，西方情报部门谴责伊朗与叙利亚，而不是利比亚。在立场转向西方的同时，卡扎菲选择承担“洛克比空难”的责任。1999年，他将西方国家指控的应对空难事件负责的两名利比亚人移交过去接受审讯，并最终同意支付20多亿美元的赔偿金。2001年，苏格兰法庭判定被告之一——阿里·艾尔-迈格拉希（Ali Al-Megrahi）有罪，2009年因同情他身患重病而将其释放。卡扎菲之所以承认负有责任，可能是因为他渴望能结束联合国自1996年对利比亚强制实施的制裁。这些制裁在2001年被解除。在有利益交换的情况下，对艾尔—迈格拉希做出的判决是否恰当遭到了广泛质疑。尽管这在北约入侵利比亚之时尽人皆知，但西方主流媒体仍然坚称艾尔—迈格拉希应对该事件负责，认为这是事实（帕里，2012）。后来，《纽约时报》在2012年关于艾尔—迈格拉希的讣闻报道中承认，对他的定罪非常值得怀疑。

2003年，卡扎菲同意取消大规模杀伤性武器计划，允许联合国武器核查人员进驻利比亚。他没有特别引人瞩目的兵工厂——实际上没有什么可取消的计划。柯蒂斯（2012）认为，卡扎菲玩了个花招，他看上去比实际上更危险，因为，他迎合了英国首相托尼·布莱尔（Tony Blair）和其他西方领导人的需要，间接证明了西方国家对伊拉克的行动是无罪的。布什政府在2006年给予利比亚的回报是，将其从美国开列的政治支持恐怖活动的国家黑名单中移除。理由是，利比亚自20世纪90年代以来一直遭到伊斯兰宗教激进主义者的袭击，卡扎菲反对基地组织。确实，1998年，卡扎菲签发了第一张对奥萨马·本·拉登的逮捕令；2001年之后，他又与中央情报局和英国军情六处（MI6）合作，甚至给中情局的引渡和虐囚计划提供帮助，以换取关于利比亚异见人士的情报。2004年，卡扎菲与前英国首相托尼·布莱尔会晤。布莱尔称赞卡扎菲在“反恐战争”中 85
发挥的作用，并进而与卡扎菲达成有利于壳牌石油公司在利比亚利益的协议。卡扎菲还在2008年和2009年分别会见了美国国务卿康多莉扎·赖斯（Condoleezza Rice）与总统奥巴马。

大概是在2008年，卡扎菲威胁减少石油生产，驱逐美国石油公司，西方国家开始收回对他的友好态度。弗兰克·劳滕伯格（Frank R. Lautenberg）议员推进立法，让“洛克比空难”的遇难者家属可以更容易地从利比亚的隐性商业资产中获得补偿，这激怒了卡扎菲。此外，在高盛集团（Goldman Sachs）发起与管理的一个项目中，让利比亚投资局的主权财富基金的价值损失了98%，这让卡扎菲备感痛心。紧接着，2008年9月，雷曼兄弟公司（Lehman Brothers）的破产，使得利比亚投资局的损失进一步扩大。高盛集团与利比亚投资局在后来的讨论中没有取得成果（瓦赫特尔，2011）。

2011年3月，利比亚内战爆发后仅一个月，北约以保护平民为名、暗地支持反叛者为实入侵利比亚，探究入侵背后全部动机的报道很难在主流媒体上看到。北约根据联合国安理会决议的授权，使用“一切必要手段”保护利比亚平民。凡·奥肯（Van Auken，2011）认为，从利比亚政权更替的角度讲，联合国明确让北约不要在利比亚内战中选边站队（更不用说，北约还将鼓励内战放在首要位置）。他指出，《纽约时报》甚至发表社论支持北约使用AC-130和A-10武装直升机，这些“杀伤面积”超过3/4英里的武器在屠杀高密度人群区域的平民时臭名昭著——准确地讲，《纽约时报》正是看到了这些武器的威力才鼓励北约使用。北约对阿拉伯国家的反抗行动精神表现出来的热情，使其在表面上具有可信的光环，但更重要的事实是，利比亚拥有非洲最大的已探明石油储量和第三大天然气储量。

维基解密后来公布的机密文件，包括外交电报，更透明地揭示了石油在北约行动中的地位（《媒体棱镜》，2011），披露出美国和美国石油公司有多么憎恨卡扎菲，因为在给利比亚合资公司大开绿灯之前，他坚持要达成十亿美元数量以上的交易，这表明利比亚对他们的自然资源有了更多保护。英国主流媒体对于战争与石油之间的关系较之美国主流媒体更加沉默：2011年6月，《媒体棱镜》发表报道，“我们发现在英国的全
86 国性报纸上没有一条报道”显示维基解密所揭露的石油与利比亚战争的真相。美国的康菲石油公司和马拉松石油公司在前6年内已分别在利比亚投资约7亿美元，而且兴致有增无减。在反卡扎菲行动中，美国的欧洲合作者在利益方面的考虑是，希望能借此将俄罗斯天然气公司赶出利比亚，以有利于法国和意大利的石油公司。结果表明，北约支持的“利比亚全国过渡委员会”（Transitional National Council）组建的新利比亚石油公司，允许法国道达尔公司和意大利埃尼集团有机会在“更有需要的”埃克森美孚公司、美国雪佛龙公司、英国石油公司和壳牌石油公司之后，获取石油勘探和生产的新合同。罗伯特·尼特（Robert Neate）在《卫报》中援引利比亚石油公司（Libyan Oil Company）董事长努里·贝鲁恩（Nuri Berruien）所说，政府将在开发利比亚油气储量中“让我们的朋友能够受益”。

主流媒体大力鼓吹保罗·沃尔夫威茨（Paul Wolfowitz，2003年入侵并占领伊拉克的总设计师）在利比亚实施“禁飞区”的提议，这让北约可以毫无阻碍地自由轰炸（格里格，2011）。媒体对没收利比亚海外资金的要求表示同情性支持，尽管在埃及、突尼斯、巴林和也门等国的整个起义过程中，始终都没有出现过这样的呼声。在这五个国家中，只有利比亚有巨大的石油存款。奥巴马总统未经国会同意就发动战争的行为涉嫌违反了《战争权力法》（*The War Powers Act*），但媒体对此几乎从不关注；北约指挥官戴维·理查德（David Richard）将军无视国际法，要求轰炸利比亚包括基础设施在内的所有目标，媒体对此也从不表达任何愤慨（鲍尔斯，2011）。在BBC的网站上，没有任何内容质疑“奥德赛黎明行动”①（Operation Odyssey Dawn）的合法性和正当性。

媒体全盘呈现疑点重重的暴行，比如声称卡扎菲下令实施集体强奸，并给他的部队发放“伟哥”（公正与精确报道组织②，2011a）。公共媒体甚至不愿给那些反战人士、美国外交政策批评者或持批评意见的法律专家提供发声的机会（公正与精确报

---

① 2011年3月19日，美军开始实施“奥德赛黎明行动”，位于地中海的导弹驱逐舰“巴里号”向利比亚发射战斧式巡航导弹，美军在这次行动共发射了110多枚战斧导弹。——译者注

② “公正与精确报道组织”（Fairness&Accuracy in Reporting，FAIR）是一个从事媒体监督的非营利性组织，按照其官网（www.fair.org）介绍，它是一个依据《美国宪法第一修正案》对媒体及其审查行为是否边缘化了公共利益、少数族群和不同观点进行监督的组织。——译者注

道组织，2011b）。他们无视卡扎菲计划终止“石油换美元”对以黄金为基础的第纳尔（Dinar）的重大意义。哈里发·哈夫特（Khalifa Hafter）被任命为利比亚叛军最高军事指挥官，美国中央情报局与他联系，由此获得叛乱行动的控制权，媒体对此普遍保持缄默。即便“全国过渡委员会”（the Transitiona national Council）在班加西公开宣布了他的名字，媒体仍避免提及（马丁，2011）。他们小心翼翼地报道伊斯兰极端主义者卷入反叛甚至基地组织支持叛军力量——显然，这是一个恶势力联盟（不管在伊斯兰与非伊斯兰叛军力量之间，还是在西方情报机关与伊斯兰叛军力量之间，都是如此），这使得西方国家在2011年至2013年支持叙利亚叛乱的行为很有问题。 87

利比亚新领导人穆斯塔法·阿卜杜勒·贾利勒（Mustafa Abdul Jalil）号召实施伊斯兰教法，这在宣扬西方“文明”的媒体战士中激起最为难堪的涟漪。《时代》周刊杂志确实报道了萨拉菲派（Salafis）的存在，这个教派宣称正在很多社区实施严苛的伊斯兰教义，特别是在接近于突尼斯交界的地区（Sotloff，2011）。很少有人注意到利比亚叛乱指挥官阿卜杜勒—哈基姆·贝拉德杰（Abdel-Hakim Belhadj）的历史，他曾领导过一支美国中央情报局支持的反卡扎菲的伊斯兰教军队（麦克唐纳与迪里安，2011）。贝拉德杰在中情局的支持下，在1988年创建了前反卡扎菲“利比亚国民军”（马丁，2011）。西蒙·詹金斯（Simon Jenkins，2012）在《卫报》上援引BBC的《全景》（*Panorama*）调查，回顾了贝拉德杰夫妇在泰国被英国军情六处绑架，又被军情六处的马克·艾伦（Mark Allen，反恐怖主义作战单位的领导）释放，作为交换条件，在托尼·布莱尔2004年去卡扎菲的帐篷中访问之时，有利于英国石油公司的交易得以最终敲定。

就像在伊拉克一样，被设定的选举结果无法令人信服此类“民主”。这种民主以选举形式在十分恶劣的情形下预演——赫尔曼与鲍得海德（Herman and Bodhead，1984）称其为“示范选举”，它的主要功能是在帝国主义力量下操纵公共舆论，证明他们的政府干涉正在取得成效。事实上，伊拉克和利比亚的选举都是以生命和苦难为巨大代价的。在伊拉克和阿富汗，只有得到帝国占领势力的认可，方能成为候选人。在利比亚，北约建立的“全国过渡委员会”将候选人严格限制在一个被“选举委员会”认可的小圈子之内。

进行投票的条件非常恶劣。克伦威尔（Cromwell，2012）指出，西方媒体并没有在评估选举的公正性是否合理方面认真地做出努力。这些选举在大赦国际2011年报告

《利比亚战争：杀戮、灭绝与酷刑》（*The Battle for Libya: Killings, Disappearences and Torture*）发表仅一年、2012年报告《利比亚：依法治国还是依国民军治国？》（*Libya: Rule of Law or Rule of Militias?*）研究开展仅一个月之后举行。这些报告证实利比亚国民军无法无天、随心所欲，时常发生虐待行为，包括拘禁和酷刑，而国民军很享受这种罪行斑斑却能免受惩罚的状态，公众普遍惧怕其残忍报复而不愿意发表意见。此外，整个社会都变得分崩离析。美联社在2012年2月的一篇报道中进一步指出，利比亚正在分裂成为大部分城市都在实行自治的国家。巴卡城（Barca，属于昔兰尼加[1]）周围的石
88 油富裕区域，甚至正在谋求封建自治政权。

战争宣传的一项功能是压制同情，《媒体棱镜》指出，这也许可以解释媒体在面对骇人听闻的战争罪行时是多么明显的麻木不仁——只要是他们所喜欢的“叛乱分子”所犯下的罪行。叛乱活动的暴行包括轰炸利比亚国家电视台；对苏尔特（Sirte）长达数周的围攻；对撒哈拉以南非洲黑人残忍的种族迫害；对卡扎菲以及当时与他在一起或具有亲密关系的人的处决，即使没有几百人也有几十人。与此相反，《媒体棱镜》还在回顾中指出，广播媒体如何急于证明这些西方支持的“勇士领袖”是正确的。西方媒体忽略或淡化卡扎菲提出的和平倡议的重要性，反而支持“全国过渡委员会”否决这些和平倡议。对媒体而言，联合国安理会1973年强调并呼吁以“停火”而不是政权更替的方式解决内战问题的决议，看起来无足轻重，卡扎菲的停火倡议被“全国过渡委员会”一概否决了。有关卡扎菲计划在班加西（Benghazi）对反叛者进行大屠杀的证据缺失，或者以失去生命为代价的所有战争损失，媒体都表现得泰然自若。

西方媒体的典型做法是，忽视先前公众支持这些政权的证据，或者，夸大公众对这些政权不满的证据。高恩斯（Gowans，2012）指出，例如叙利亚，类似于西方变更政权的大多数行动目标，因为，这个国家表明了“偏爱独立，自我管理，经济发展……实行重要产业国有制，补贴国内企业，控制外国投资，补助日常生活用品”，而所有这些措施能给西方公司带来的利润都低于西方政府的期待。尽管卡扎菲支持过非洲一些臭名昭著的残暴领导人，其中有乌干达的伊迪·阿明（Idi Amin）和塞拉利昂的查尔斯·泰勒（Charles Taylor），但他仍然获得了民众的广泛欢迎。他反对种族隔离，是纳尔逊·曼

---

① 昔兰尼加（Cyrenacia）是指利比亚东部地区，范围从利比亚中部往东至埃及边境，南部至利比亚与乍得和苏丹交界处，约占全国面积的48%，首要城市是班加西。巴卡城（Barca）是希腊曾经在昔兰尼加殖民时的城市。——译者注

德拉（Nelson Mandela）的亲密朋友。西方主流媒体毫不关心利比亚的财富重新分配政策——卡扎菲于2009年提议将利比亚的石油财富直接分配给人民——以及全民就业（女性和少数民族拥有平等权利）、教育（识字率达到90%）、免费社会保障和医疗保健（预期寿命达到77岁）、住房补贴、人均财富最高国家（尽管东部省份仍持续贫困）。所有这些，使利比亚达到前所未有的繁荣程度，不是在西方强加的新自由主义“自由”市场条件下快速重建的结果。在卡扎菲的领导下，利比亚在一个较长时期内体验了直接民主，虽然并非一直奏效但有些意义非凡，这种民主主要通过“国民大会”（Peoples Congresses）与“革命委员会”（Revolutionary Committees）来实现。 89

❖ 叙利亚战争的借口：民主、人道主义干涉、“反恐战争”与大规模杀伤性武器

所谓“阿拉伯之春”根本就不是自发的民众起义——自发的民众起义是西方媒体为其编造的脚本——中东地区不稳定的根源至少可以追溯到2001年。在那一年，韦斯利·克拉克（Wesley Clark）将军，后来的美国总统竞选候选人，接到五角大楼内部人员的消息，称出台了一项拿下伊拉克、伊朗、黎巴嫩、利比亚、索马里、苏丹和叙利亚等7个国家的行动计划（克拉克，2007）。这是对新保守派智库“新美国世纪计划”及其2000年报告《重建美国防御：新世纪战略、军力与资源》（*Rebuilding America's Defensens: Strategy, Forces and Resources for a New Century*）的延伸。令人震惊的地方是，克拉克的谈话记录表明，美国存在区域转型的长期规划，乃至为全球霸权而发动战争的规划，这些在西方主流媒体上几乎没有被关注过。一年之后，美国副国务卿约翰·博尔顿（John Bolton）将叙利亚、利比亚和古巴加入布什政府指定的“邪恶轴心国”（axis of evil）中，这是在来年（与入侵和占领伊拉克在同一时间）转变为如斯蒂芬·高恩斯（Stephen Gowans，2012）所说的对叙利亚发起经济战争的序曲。

正如维基解密发布的美国外交电报中所披露并被布卢姆（2012）引用的信息，在2005年，美国开始强化“把钱流向反对派以动员让政权更替的力量”。接受美国国务院援助的包括叙利亚反对派团体，由叙利亚流亡人士运营、基地位于伦敦的反对派卫星电视频道巴拉达电视（Barada TV）。戴维斯（2012）援引前中情局官员菲利普·吉拉尔

迪（Philip Giraldi）的说法，早在2011年12月，北约就在未被察觉的情况下，有计划地从利比亚向土耳其的空军基地运送武器和士兵，该基地濒临叛军“叙利亚自由军”（Free Syrian Army, FSA）总部伊斯坎德鲁（Iskanderum）附近。“叙利亚自由军”接受英国、法国与美国情报机关的训练、装备和情报。高恩斯指出，对西方国家而言，开列恐怖主义组织名单，已经成为运作政权更替时“计划与实施的中心支柱”。布卢姆 （2012）援引斯特拉福战略预测公司（STRATFOR）分析主管雷瓦·布哈拉（Reva Bhalla）在2011年12月的一封电子邮件，称来自五角大楼的情报表明“特种部队”（Special Operation Forces）
90 “已经到达现场，正在执行侦察任务，以及训练叛乱武装力量”。点燃2011年3月17日暴乱的导火索——不明身份的狙击手在叙利亚南部城市德拉开火杀死数名警察和无辜的抗议者——加拿大经济学家米歇尔·塞多夫斯基（Michel Chossudovsky）（《媒体棱镜》，2012）的判断是，“所有卷入其中的阶段性事件一齐出现，很有可能是想掩盖摩萨德和/或西方情报机构对伊斯兰恐怖分子的支持”。即便有包括霰弹枪、机关枪、冲锋枪和便携式火箭筒在内的精良武器的证据，西方媒体也仍然避免使用“武装暴动”这样的字眼，而坚称看见的仅仅是“抗议活动”，正如塞多夫斯基所预测的，这种做法将使叙利亚发生国家分裂，以及西方干涉正当化。

西方主流媒体虽然很晚才知道叙利亚人的抵抗，但对此超乎寻常地赞成，如果叙利亚不是被伊斯兰激进分子包括一些“基地组织”同盟所控制，似乎会更加受到西方主流媒体的欢迎。美国甚至帮忙从突尼斯、埃及、叙利亚和黎巴嫩招募和训练积极分子（卡塔卢奇，2012），以阿卜杜尔·贝尔哈兹（Abdul Belhaz）为领导人的“利比亚伊斯兰战斗组织”保证了“叙利亚自由军”由北约提供武器和金钱，使其数量得以急速增长。

“叙利亚自由军”总是提供媒体喜爱的战地报道叙事，并帮助提供伤亡概数——不仅提供给媒体，还提供给联合国。2011年11月，联合国发布了一份关于叙利亚的人权报告，这份编纂于日内瓦的报告，完全采用了“叙利亚自由军”及其盟友——总部设在华盛顿的“中东政策委员会”的说辞。《媒体棱镜》（2012）指出，BBC新闻（我们还能看到很多其他媒体的报道）的信息长期来自设在英国的“叙利亚人权观察组织”（Syrian Observatory of Human Rights），并援引艾思林·伯恩（Aisling Byrne, 2012）在《亚洲时报》（*Asian Times*）上的文章片段：

> 抗议者死亡的数字、参与示威游行的人数等新闻报道所有核心数据的三个主要信源，都是“政权更替”的盟友。尤其是“叙利亚人权观察组织”，据说是从在迪拜募集资金的“西方—海湾”(Western-Gulf)联合基金会那里获得资助……这个设于英国的“叙利亚人权观察组织”看上去不伦不类，但它却是持续提供故事的关键组织。它用言过其实的数据、“事实”来描述和平抗议者遭遇的大规模伤亡，常常夸大其词地称之为“大屠杀”，近来甚至开始使用“种族灭绝”这样的词汇了。

在《卫报》上，查理·斯凯尔顿(Charlie Skelton)追查到声名赫赫的“叙利亚人权观察组织”属于拉米·阿卜杜尔—拉赫曼(Rami Abdul-Rahman)夫妇——英国考文垂一家服饰店的老板。斯凯尔顿以专业人员的身份，批评新闻界在对待叙利亚反对 91
派的消息来源上过于消极，不去探究他们的背景和政治关联。有些人物是媒体惯常称道的“叙利亚国民议会”（这是一个西方政府和媒体偏爱的流亡机构，是崇尚和平主义并具有左倾性质的“全国民主变革协调委员会”的内在机构——这个委员会坚持无宗派和反对外国干涉）的“发言人”。斯凯尔顿着手调查人物背景时发现，这些“发言人”都是“英美民主促进产业会”的高级成员。巴斯马·柯德曼尼(Bassma Kodmani)是“叙利亚国民议会”的最资深的发言人，她曾在开罗为“福特基金会”工作，主要负责管理以及国际合作项目。2005年，她被任命为“阿拉伯改革倡议委员会”(Arab Reform Initiative)执行主任，该委员会由美国外交关系委员会的议会游说团体发起，目标是让美国把援助从叙利亚政府转移至反叛组织。柯德曼尼同时兼任“国际外交研究学会”(Academie Diplomatique Internationale)的研究主任，该学会的主席是前法国海外情报部部长。奥萨马·蒙纳杰德(Ausama Monajed)，“叙利亚国民议会”的另一名成员，担任委员会主席的顾问，也是支持叛乱、总部设在伦敦的巴拉达电视台(Barada Television)的创始人和总监，以及“正义与发展运动”(Movement for Justice and Development)公共关系主任。“正义与发展运动”始于2006年，它从美国国务院拿到600万美元，用于支持叙利亚的叛乱活动，也包括巴拉达电视台的经费。蒙纳杰德的“战略研究和传播中心”(Strategic Research and Communication Center)位于伦敦的霍尔本(Holborn)，是一间虚拟办公室，与很多其他组织共享。

❖ 使用化学武器的案例

在美国反复对2003年入侵伊拉克因其拥有大规模杀伤性武器的伪造理由进行正当性辩护的同时，美国媒体迅速在2012年12月聚焦美国匿名线人，称叙利亚军队使用化学武器对付民众。如此一来，他们为将要在2013年因叙利亚实际使用化学武器而发动攻击准备好了世界舆论。其中，引起国际社会和媒体巨大兴趣的是两个引人入胜的故事：3月发生在阿勒颇（Aleppo）的袭击；8月发生在大马士革附近的东古塔（East Ghouta）的袭击。

阿勒颇袭击

为反击2012年西方对阿萨德政府意图使用化学武器的指控，爱德华兹（Edwards，
92 2012）援引“公正与精确报道组织”的说法，该机构问道：

> 所有这些新信息从何而来？令人熟悉的、可以预见的回答是：不愿意透露姓名的政府工作人员对《纽约时报》等媒体说……

《纽约时报》的报道有些出自首席军事记者迈克尔·戈登（Michael Gordon）之手。在2002年至2003年间，戈登与朱迪思·米勒合写了《纽约时报》关于伊拉克大规模杀伤性武器的一些报道，并在此后在报纸上为发动对伊朗的战争竭力鼓吹，伪造伊朗正在制造核武器的虚假借口。爱德华兹批评《卫报》记者马特·威廉姆斯（Matt Williams）和马丁·丘洛夫（Martin Chulov）危言耸听地报道叙利亚政府正“考虑对反对力量释放化学武器”，对此提供佐证时，仅仅引用了CNN的一篇报道，而这篇报道的“新闻来源是一位不愿透露姓名的美国官员”。

截至2013年4月，美国与西方其他国家已经发出一年多的警告，称巴沙尔·阿萨德（Bashar al-Assad）政权开始“垮台”时（到2014年写作本书时，仍然远未达到垮台程度）会危险加剧，在其不顾一切的行动中，可能诉诸化学武器。菲斯克（Fisk，2013）报道了四起没有确切证据的在2003年4月末发生的所谓化学攻击，分别在阿勒颇、霍姆斯（Homs）、大马士革以及北部黎巴嫩人居住的城市——的黎波里（Tripoli）。

指控阿萨德政府已经使用化学武器的依据是，“以色列国防军”（Israeli Defense Forces）的情报部门（这也是下文将要提及的8月份攻击的消息来源）在2013年3月拦截到的情报，这份被信以为真的情报说在阿勒颇附近的阿萨尔镇（Khan al-Assal）的袭击造成大概30人死亡。对阿萨德政府的这个指控，白宫和五角大楼方面的说辞有矛盾之处。5月，美国立法者呼吁对已使用化学武器的叙利亚军队实施全面打击。卡拉德尔·蓬特（Carla del Ponte）显然更了解情况的新闻来源，他代表“联合国叙利亚独立调查委员会”（UN Independent Commission of Inquiry on Syria，不是联合国秘书长指派的阿勒颇袭击调查组）告诉媒体，虽然没有确凿的证据，但是有强烈的、非常具体的怀疑，是西方支持的叛乱势力而不是叙利亚军队使用了化学武器。

叙利亚政府邀请联合国调查组到阿勒颇查验证据。调查组最终在8月抵达，恰巧遇到了东古塔发生更严重的袭击，而且临近调查组下榻之处。调查中止了四个月之久，因为一些西方国家坚持要进行更为彻底的调查。中间夹杂着叙利亚于12月份在霍姆斯使用化学武器的指控。调查人员希望能够进入叙利亚军事设施，但联合国称大马士革对此严厉禁止（这并非不合理，因为这可能会危害叙利亚的国家安全）。此外，联合国 93
将俄罗斯和中国专家排除在外，到达现场的调查人员全部来自北约国家。莫斯科反对这种延迟告知，警告联合国安理会（UNSC）的伙伴，称调查全部结束之前不能得出结论，尽管美国和英国声称对阿萨德军队使用化学武器“有不同程度的信心”（即在完全有信心到完全没有信心之间）。8月，俄罗斯披露它已于7月向联合国提交了一份100页的报告，谴责叙利亚叛军使用沙林毒气攻击阿勒颇。“联合国叙利亚调查委员会”在9月9日发布了关于阿勒颇袭击的调查报告。报告显示，“关于化学制剂的使用、发射系统或作恶者，均没有可能发现什么”。绝大多数伤亡都是常规武器所致。报告指出，施暴者既有效忠于巴沙尔·阿萨德总统的，也有反政府团体的。

依据CNN在2012年12月的一篇报道，叛军在美国承包商交付化学武器之时获得了训练。叛军士兵将其测试化学武器及其材料的视频上传到了YouTube。5月30日，土耳其地方媒体和“今日俄罗斯新闻”（RT News）也有报道，土耳其安全部队在搜索“基地组织”在叙利亚直属分支“努斯拉阵线”（Al-Nusra Front）的军事房屋时，发现了一个装有两公斤沙林毒气的气缸。报道称这个毒气将被装备于炸弹（爱德华兹，2013）。凡·奥肯（2013b）注意到，这个发现“几乎被美国媒体集体封锁了”。在土耳其，媒体甚至不顾总理埃尔多安（Erdogan）的政府正在广泛审查证据，还是报道了两周前发生在边境城市雷罕里（Reyhanli）的一次袭击，那正是叙利亚反对武装的杰作（凡·奥肯，2013a）。2013年9月14日，土耳其共和党检察官在阿达纳（Adana）发布了一份132页的起诉书，宣称“基地组织”分支“努斯拉阵线”和“自由沙姆人伊斯兰运动”（Ahrar ash-Sham）的6名成员——1名叙利亚人和5名土耳其人——曾经千方百计地获得化学制品以制造化学武器沙林毒气弹（比斯特雷克，2013）。

5月，《纽约时报》报道，美国、英国与法国正“秘密”讨论空中协同攻击，目的是强加给叙利亚一个禁飞区（这获得了《华尔街日报》5月7日社评的支持），并透露美国军队计划进攻叙利亚已有数月之久（盖斯特，2013）。纳尔瓦尼（Narwani，2013）援引查尔斯·布莱尔（Charles Blair）在《外交政策》（*Foreign Policy*）上的文章称，如果阿萨德已经使用化学武器，他的“政权将面临失去俄罗斯和中国支持的风险，使得外国军事干预正当化，最终加速灭亡。正如一位叙利亚官员所说‘我们不会自取灭亡
94 的’”。

纳尔瓦尼还援引了英国《泰晤士报》（*The Times*）提及的一段视频，采访了一名被认为是阿勒颇沙林毒气袭击受害者的民众。欧盟安全问题研究所（European Union Institute for Security Studies）的高级研究员接受“麦克拉奇新闻”（McClatchey News）采访时表示，这段视频非常可疑。《泰晤士报》还提到，这场发生在午夜的所谓袭击，其“直接后果”非常奇怪，是由“美国医疗机构”取样，在美国“实验室”检验，整个事件的真实性倍受质疑。

CNN的受访者，以色列情报机关摩萨德（Mossad）遍布叙利亚，像是关于此次所谓化学武器事件的信息来源，而联合国官员反复陈述，经过叙利亚的内部调查，证实是叛军而不是阿萨德政权需要对之前的化学袭击负责。“公正与精确报道组织”引用《环球邮报》记者特雷西·谢尔顿（Tracey Shelton）和彼得·盖尔林（Peter Gelling）的报道说，“在尤内斯（Younes）家中发现的罐筒以及受害者表现出来的症状，与沙林毒气等化学武器造成的后果并不一致，这些武器据说储存在叙利亚兵工厂”（公正与精确报道组织，2013a）。“公正与精确报道组织”还援引路透社的报道说，联合国调查组已从受害者和医护人员那里听说，使用沙林毒气的是反政府的叛军。察觉到《纽约时报》不遗余力地支持以色列/白宫的各种声明，公正与精确报道组织（2013b）一周之后得出结论：“很显然，《纽约时报》推动了故事情节发展，在对待化学武器的声明上，较之以前更为肯定，但却无意报道此后的证据披露。”

东古塔袭击

2013年8月21日的袭击，涉及两枚携带毒气的火箭导弹，据称是发射自政府控制的大马士革的郊区斗玛（Douma，后来成为必争之地），为了对付反叛武装控制的郊区东古塔。考虑到4月份阿勒颇袭击中那些令人生疑的证据，政府与媒体的消息来源在对事件归责上作出任何确定性判断时都高度谨慎。

美国没有等待导致死亡（人数在300到1,300人之间）应归责于谁的独立证据，而是从一开始就断言阿萨德有罪［正如在3页《美国政府关于2013年8月21日叙利亚政府使用化学武器的评估》，*U.S.Government Assessment of the Syrian Government's Use of Chemical Weapons on August 21, 2013,* 中所显示的］。美国公布的证据远不足以令人满意。它当然不包括只有土地、血液与环境样本才能提供的证据品质。据波特（2013）所 95
言，不管是什么样本，美国确实都会先于联合国的调查，而且援引叛军在叛乱活动过程中提供的消息。英国、德国和法国情报机关也没能在认定阿萨德应该对袭击负责上做得更好。美国的证据基于视频、受害者的医生报告，以及整体依然完整的导弹（也就是说，并未爆破）。从表面现象来看，叙利亚政府应该对袭击负责，显然令人难以置信。袭击就发生在联合国武器调查人员应阿萨德总统之邀进驻大马士革开始工作的当天。而阿萨德根本不需要这样一次袭击，因为彼时他即将赢得对抗叛乱武装的胜利。最重要的是，他非常明白这样的袭击会给美国/北约的正式干涉提供借口。

使用化学武器就应该在发动战争的邪恶等级中得到特别对待吗？美国中央情报局已经将大量武器和信奉伊斯兰教义的外国士兵运入叙利亚，通过发动宗教性质的内战，达到其更换政权的目的。中情局已经在约旦武装和训练了叙利亚反政府军事力量，然后将他们送回叙利亚，有效执行美国命令，进行蓄意破坏（凡·奥肯，2013a）。

美国对叙利亚可能使用化学武器的官方反应充满了伪善，这基于美国在部署使用化学武器方面的历史，包括在越南使用凝固汽油弹和有毒橙剂（Agent Orange），在伊拉克的费卢杰（Fallujah）抛下磷弹，在萨达姆·侯赛因治下与其共谋如何使用化学武器对付伊朗。美国还常常胡乱指责其他国家使用化学武器。1998年，克林顿政府甚至炸毁了苏丹的一个所谓的化学武器工厂，但结果证明那不过是一家制药厂。

鉴于叙利亚将联合国立即进入作为第一要务，美国8月24日曾试图在阿萨德邀请联合国进行调查时加以阻止。美国称现在调查并无必要，因为：（1）已经具有充分证据；(2)阿萨德应该已经清理掉一切不利于他的证据；(3)调查将持续太长时间。奥巴马称联合国的调查“毫无意义”。实际上，这个机构的立场是，因为美国无论如何都会指责阿萨德，所以证据并不重要（迪特兹，2013b）。此后，美国进一步加强它在这个区域已经非常强大的军事力量，即便没有联合国安理会支持的任何一次袭击都违反了国际法（鉴于俄罗斯和中国都将反对，美国不太可能得到安理会的支持）。美联社报道的是，美国情报机构称与阿萨德相关的证据“没有重大收获”（多齐尔与阿普佐，2013）。但不管怎样，在法国、北约一些成员国与保守的阿拉伯国家的支持下，美国仍然坚称阿萨德需要对本次袭击负责，争取联合国安理会依据《联合国宪章》第七章授权对叙利
96 亚采取军事行动，当然，这没有获得批准。

美国递交给联合国安理会的杂乱证据软弱无力。卓艾斯特（Draitser，2013）从五个主要方面质疑了美国的证据。“人类智慧”“目击者证词”等类似词汇表明美国的信源来自叛乱组织与“激进分子”。美国官方精挑细选了目击证人的证词。“社交媒体报道”建构的可信性，由于战争而大打折扣，因为美国和其他情报机关能用他们觉得合适的方式来操纵推特（Twitter）、脸书（Facebook）及其他社交媒体。视频图像很容易被操控，而且，即使是受害者留下的原初视频，也不能判定由谁负责。视频只能显示能够看到的东西，并不能看到潜藏的动机、手段与时机。以“高度可信的评判”之念使用新闻记者的报道，同样非常值得怀疑，因为大多数西方媒体对叙利亚纷争的报道都来源于国外记者或本就同情叛乱的记者。

美联社的报道指出，即使一些美国情报官员的话也不可信。有些人认为，叛军实施这次袭击可能是为了无情地、蓄意地将西方拖入战争。俄罗斯驻联合国安理会大使维塔利·丘尔金（Vitaly Churkin）展示了证据——基于相关文件与俄罗斯卫星图像——两枚装载有毒化学品的火箭弹从叙利亚叛军控制区域射出（卡塔卢奇，2013）。戴尔·加夫拉克（Dale Gavlak）和叶海亚·阿巴涅（Yahya Ababneh）为地方新闻机构“薄荷新闻”（Mint Press News）工作，他们采访了很多医生、东古塔居民、叛军士兵及其家庭成员，这些人证实某些反叛武装接收的化学武器来自沙特情报局局长班达尔王子，他应对发动毒气袭击负责。叛乱武装发现使用化学武器会带来的惨烈后果，是自己错误操作武器造成的事故。十数名叛乱者报告他们的薪金来源于沙特政府。沙特阿拉伯与卡塔尔都是阿拉伯独裁国家，也都支持叙利亚的叛乱武装。沙特阿拉伯的逊尼派政府（Sunni），是叙利亚以阿拉维什叶派（Shia-dorninated）为基础的地方势力和以什叶派

为主的同盟伊朗的敌手。一些报道显示，沙特阿拉伯试图贿赂和威胁俄罗斯放弃支持阿萨德 （斯奈德，2013）。卡塔尔投资于波斯湾之外的天然气传输管道将穿越叙利亚进入欧洲。

“薄荷新闻”的采访获得印证的另一个来源是，曾被叛军挟持达五个月之久的比利时人质，他在报道中说，绑架者认为巴沙尔·阿萨德总统不应对东古塔屠杀事件负责
（巴基，2013）。在乌姆博托·巴基（Umberto Bacchi，2013）的一篇报道中，皮埃尔·皮 97
奇宁（Pierre Piccinin）说，他与同被挟持的人质，一名意大利战地记者多米尼克·奎里科（Domenico Quirico），听看守的狱卒谈及化学武器袭击，并说不应指责阿萨德。9月，俄罗斯情报人员模样的人告诉俄罗斯国际文传电讯社（Interfax News Agency，2013），8月在叙利亚首都郊外发生的化学武器袭击，是沙特阿拉伯的黑色行动组干的。在《独立报》（*Independent*）上，罗伯特·菲斯克（Robert Fisk，2013）的报道认为，当阿萨德已经拥有很多其他致命武器，又是在自己的士兵和管理者所在的区域，而且明明知道会招致西方反应的情况下，阿萨德政权依然使用毒气，这很值得怀疑。菲斯克在报道中还对阿萨德军队向联合国和非政府组织所在区域发射导弹提出疑问。特别值得怀疑的是，阿萨德完全可以等到联合国调查人员在大马士革的一家宾馆安顿下来再行动武，这家宾馆在东古塔四英里之外。

亚当·恩图斯（Adam Entous）在美国新闻节目《民主来了》（*Democracy Now! 2013*）中称，沙特阿拉伯、卡塔尔与土耳其（“以及在某种程度上超出观察者身份的中情局”）从2012年起，就开始武装土耳其境外的反叛力量，但在武器交给谁这个问题上，武器提供者之间有冲突——是给“温和的”伊斯兰教主义者还是其他被认为更极端的团体？沙特阿拉伯尤其关注给“穆斯林兄弟会”（Muslim Brotherhood）提供武器的情况，在美国中央情报局的大力支持下，它将基地从土耳其转移到约旦，空运购自东欧和利比亚的武器，并为此提供大量培训。

英国议会投票否决了政府获得战争授权的企图，确定无疑的是，首相卡梅伦自己承认对断定阿萨德负有责任没有“100%的把握”，议会没有采纳“联合情报委员会”提交的像美国那样的信息杂乱、缺乏决定性证据的报告。在美国国会，奥巴马总统会寻求（但并非必需）国会的批准，但这个批准不太可能得到。这种困局被俄罗斯将废除叙利亚所有化学武器的计划所遮蔽（一年后，俄罗斯在西方支持的乌克兰亲西方的骚动中得到惩罚）。

起初，美国声称（波特，2013）指控的关键性证据是它自己拦截到的叙利亚军方通信，但是，据后来以色列走漏的风声表明，这个情报事实上是以色列国防军的情报单位拦截到的，认为可能是叙利亚政府官员之间的交流。美国在声明中既未提供情报的抄
98 本，也未解释拦截到的这个情报是如何被翻译出来的。后来的报道，包括《华尔街日报》的文章在内，都表明抄本确实是由以色列情报机关摩萨德提供给中情局的，或者更具体一点说，就像德国杂志《焦点》（*Focus*）所报道的，抄本是由以色列国防军编号为8200的情报单位提供的。摩萨德和中情局这两个情报部门相互牵连，彼此为了准备即将开战的叙利亚战争而深度妥协。鲍尔斯（2013）认为，以色列的情报来源声名狼藉，很不可靠，正如它过去散播伊朗打算启动核武器计划的恐怖言辞，如今在叙利亚问题上旧戏重演。普利策新闻奖获奖记者西摩·赫什（Seymour Hersh）在《纽约客》（*New Yorker*）上发表文章《重新定向：政府新政是在让我们反恐战争中的敌人受益吗？》（*The Reorientation: Is the Administration's new policy benifiting our enemies in the war on terrorism?*），很早就指出了美国正计划资助推翻叙利亚政府的恐怖分子。

没有情报拦截的音频资料可以使用。公正与精确报道组织的吉姆·瑙雷卡思（Jim Naureckas，2013）抱怨，这些证据非常模糊。被拦截的对话中有哪些叙利亚官员也无法确认。对话中所说的“已确定”使用化学武器的品种究竟是什么并不清楚，既没有证据可以断言叙利亚化学武器有人正在操控，也没有证据表明他们制造沙林毒气。美国的证据恰恰表明，彼时这些活动不能被看成超出寻常范围。国际新闻社（Inter Press Service）的加雷斯·波特（Gareth Porter，2013）所做的调查同样充满疑问。他说，对那些电话交流的描述并没有回答最明显的也是最重要的问题，即传说中的叙利亚官员是否真的说过政府已经使用了化学武器。反而，他认为，被拦截到的情报的重要意义在于，没能确证使用了化学武器，可以理解为叙利亚官员希望联合国调查人员能查明叙利亚军队在东古塔没有使用化学武器。

8月24日，联合国特使安吉拉·凯恩（Angela Kane）提出的第一个正式要求，即无障碍地进入东古塔，阿萨德政府在24小时内就表示了同意。波特惊讶地发现，在美国的情报总结中，没有试图解释为何阿萨德政府立即同意调查人员进入东古塔这个事实，也无视了另一个事实，即联合国调查人员已经抵达大马士革，业已收到阿萨德政府的请求，着手调查4月份发生在阿勒颇的毒气袭击事件。当情报机构称叙利亚政府可能已经准备好一次化学武器袭击时，并没有表明是叙利亚政府自身准备做一次袭击，还

是准备应对可能由叛乱武装发起的一次袭击。报告的言辞看上去显得“高度可信”（因此，不需要证据），好像确实发生了化学武器袭击，但对于是否使用了神经性毒剂毫无自信。尽管美国提供了大量视频转弯抹角地指出这些视频都支持它的指控，但波特注 99
意到，网络视频中出现的绝大多数所谓的受害者，并未表现出暴露在神经性毒剂状态下的症状。

“今日俄罗斯”（2013）报道了当地一名天主教修女的怀疑。她发现，路透社是在8月21日早晨6：05就发布了视频，而化学武器袭击据称发生在凌晨3：00–5：00之间，所以她的疑问是，收集十几条不同的镜头片段，将数百名遇难或幸存的年轻人集合到一个地方，分发第一批援助物品，用摄像机进行采访，所有这些事情怎么可能在不到3个小时的时间之内就能完成？这些年轻人的父母在哪里？遇难女人的尸体在哪里？有些尸体出现在位于不同地点的不同视频中。

化学、生物和放射性武器方面的专家丹·卡泽塔（Dan Kaszeta，波特曾引用过他的话，2013），也是白宫的顾问，他认为，神经性毒气袭击应该伴随的症状并未在网络上发布的视频中出现。比如，应该或多或少有一般性呕吐，但是在他看到的视频中，没有人在呕吐，或者，没有在衣服或地上的呕吐证据。视频显示，处理受害者时，没有人穿戴特别的防护性衣服，他们自身也没有什么症状。接受治疗的幸存者远远超过遇难者的数量，这与神经性毒气袭击之后应该出现的情况相反。没有症状或许可以用“小剂量”袭击来解释，但在沙林袭击的情况，非致命剂量与致命剂量之间，没有充分解释的空间。

美国估算的死亡人数也很奇怪——1,429人——远高于诸如“医生无国界”（Doctors Without Borders）等人道主义组织估计的300至400人（尽管如“麦克拉奇新闻”的记者马克·塞贝尔所指出的，都没有第一手的观测结果）。化学武器专家让·帕斯卡（Jean Pascal）指出，美国的数据与叛乱分子的引用数据，范围一致（怀斯，2013）。波特（2013）补充道，按照常理，需要有一系列数字反映不同的数据来源与假定，但美国情报没有提供任何材料表明分析师的估算为何如此精确。甚至一家英国的媒体报道也指出，叙利亚化学武器袭击的最高死亡人数不会过350人（桑格与施密特，2013）。既然在袭击发生之前已经截获一些情报，那么问题来了，美国在截获这些证据后，做了什么去阻止袭击的发生，或者，以色列为什么没有早些警告全世界？

国会议员艾伦·格雷森（Alan Grayson）抱怨说，美国国会缺乏足够证据，而且参考
100 的报告是以色列提供的已被篡改的拦截情报。他要求政府提供抄本，声称国会议员无法知晓情报机关没能写在报告中的任何潜在的信息，并且国会议员之间不能讨论机密情报，除非他们在美国国会大厦访客中心（Capitol Visitor Center）楼下的一间经批准的阅读室，才能质询官方的事件陈述。他说，往往是“非常积极地不鼓励质询”（纳尔逊，2013）。

一些评论员认为，美国破坏叙利亚稳定的终极目标是削弱伊朗，它是叙利亚的同盟者。伊朗与以色列存在利益矛盾，这在1996年的一份政策文件中做过概述。这份文件是给日后成为以色列总理的本杰明·内塔尼亚胡（Benjamin Netanyahu）准备的，该文件由美国一个包括由理查德·珀尔（Richard Perle）和道格拉斯·菲斯（Douglas Feith）在内的新保守主义势力领导的研究团队完成。回顾两年前希拉里·克林顿（Hilary Clinton）说“阿萨德必须走”，麦戈文（McGovern，2013）描述了以色列的政策如何迫使该地区的敌对国家进行政权更替，孤立与以色列进行战争的可能对手。这个设想在土耳其与约旦的协助下实施，通过积极参与代理人战争，并以宣称叙利亚拥有大规模杀伤武器为借口，围堵叙利亚。

联合国调查人员关于8月21日袭击的报告于9月19日发布，称发现了使用化学武器的“清楚的和令人信服的证据”。但是，它并没有指明是谁的罪责。它甚至不能确定受害者人数。这份报告出现于华盛顿和莫斯科达成交易之后。交易内容是让叙利亚去除库存的化学武器，表明西方无论在其之前宣称的不利于叙利亚的证据上，还是在反对阿萨德行动获得民众支持上，信心都在下降。联合国在叙利亚的人权调查负责人保罗·塞尔吉奥·平吉奥（Paulo Sergio Pinherio）提醒联合国人权委员会，“绝大多数冲突造成的人员伤亡（自2011年3月以来已有10万人）是在非法袭击中使用如枪、迫击炮等常规武器造成的”，而非化学武器。

联合国报告中的发现，马上被西方政府解读为支持了他们的说法。纳尔瓦尼（Narwani）与莫塔达（Mortada，2013）根据报告的图表做了一个类似的实验，显示东古塔与西古塔在实验室得到的结果存在巨大差异。古塔区的穆达阿米亚（Moadamiyah）环境样本没有检测出有沙林毒气的丝毫阳性结果，但声称在穆达阿米亚遭受化学武器袭击的受害者却检测出暴露在沙林毒气下的最高阳性检测结果——93%与100%。在古塔区的萨玛卡（Zamalka）的检测结果是85%与91%。作者得出结论说，从科学角度来

讲，幸存者能被检测出暴露于沙林毒气下如此之高的阳性结果，却在环境证据中没有化学毒气呈阳性结果的蛛丝马迹，这是不太可能的。这份材料指出，联合国调查组仅集中于叛乱武装；几乎所有被采访者都经过反对派的事先筛选。 101

“麦克拉奇新闻”的记者马修·斯科菲尔德（Mathew Schofield, 2014）报道，安全与武器专家召开的一次会议中得出的结论是，在2013年8月21日夜间最大的一次袭击中，发射沙林毒气的火箭炮的射程太短了，引爆地点离叙利亚政府所在地太近，但奥巴马政府却坚称这枚火箭炮是从叙利亚政府那里发射出来的。斯科菲尔德引用了题为《美国技术情报错误导致的可能影响》（*Possible Implications of Faulty U.S. Technical Intelligence*）的报告，报告的作者是联合国前武器调查员理查德·劳埃德（Richard Lloyd）和麻省理工学院科技与国家安全政策方面的教授西奥多·博斯托尔（Theodore Postol），报告指出，“关于火箭炮射程的问题，显示了奥巴马政府官员起初强行军事行动的最大弱点”。

❖ 小　结

迪马吉奥（Dimaggio, 2009）认为，至少在他们的社评中，较弱国家或边缘国家的媒体没有与主要国家的外交政策沆瀣一气，而是更倾向于质疑华盛顿造成的舆论。但是，这些国家的媒体无力在远距离报道资源上像发达国家那样投入资金。较弱国家的媒体可能有其他观点和意见，但事实上，它们不得不依赖传统的向全球发布信息或发布虚假信息的机构，纽约、伦敦与巴黎的新闻机构在全球仍占支配地位。考察利比亚、叙利亚以及本书下一章将要论述的有关伊朗的报道历史，我们可以看到，西方媒体的叙述超乎寻常地简单化、官方化，直到它们站不住脚为止。它们宁愿过于依赖变幻无常的官方外交政策，也不愿放弃不可信的或缺乏力度的叙事。媒体高管们数十年来成长在充满间谍活动、特务秘籍和言不符实的大众文化环境中，尽管如此，他们还是想让他们的受众相信在“真实世界”中，当权者敏锐察觉到的每一件事，几乎与当权者告诉受众的一模一样。 102

第七章

西方媒体宣传与子虚乌有的伊朗核武器

❖ 帝国战争宣传运动

许多人（迪马吉奥，2009；波特，2014）都曾撰文详细探讨过，西方国家让伊朗烦恼不已的是制造虚假借口，说有确切的可行性制造核武器计划，将对其他国家构成真正的威胁。格拉泽（Glaser，2012）对此正确地评价道："尽管伊朗官方的立场是，它们没有核武器项目，也没有意图去建造核武器，但是西方的政治、军事和媒体精英都持续地反复呼吁阻止'伊朗'获得'核武器'。"波特（2014）将精英们的共谋行为嘲笑为"制造危机"，这言之有理，因为"制造危机"是西方媒体屈从权力的最佳体现。

伊朗是1968年《不扩散核武器条约》（*The Non Proliferation Treaty*, *NPT*，简称《条约》）的自愿签约国。该条约允许五个国家（美国、苏联、英国、法国和中国）拥有核武器，但上述五国不得向其他国家转移核材料，并且在最终消除核武器方面取得谅解，而其他签约国（截至2007年有190个国家）重申不会拥有核武器。未签署该协议的国家有：以色列、印度、巴基斯坦和南苏丹。印度和巴基斯坦都开启了核武器试验。印度最早进行核试验的时间是1974年。在印度1998年进行第二次核试验之后，巴基斯坦就立刻进行了核试验。作为回应，美国和日本对印度进行了制裁，后来又都解除了制裁。朝鲜作为无核国家在1985年签署了《不扩散核武器条约》，直到1992年签署《不扩散核武器条约安全保障协定》(*The NPT Agreement Safeguards*，简称《核安保协定》)，但该国在1994年退出了国际原子能机构（该机构负责维持上述《核安保协定》)，并于2003年彻
底退出《不扩散核武器条约》，这是《条约》所允许的（柯吉斯，2003）。 103

伊朗的核计划（是核能，而非核武器）在美国和西欧国家的帮助下，于20世纪50年代启动，直至1979年。在阿亚图拉·鲁赫拉·霍梅尼（Ayatollah Ruhollah Khomeini）去世后不久，伊朗宣布重新启动核计划，但正如伊朗一直所宣称的那样，是为了和平的目的而使用核能。普拉瑟（Prather, 2007）注意到，国际原子能机构一直在证实，没有任何证据表明伊朗核计划中有《不扩散核武器条约》所禁止的材料从和平使用转移到军事用途。国际原子能机构和美国的情报机构合作，也证实了这一结论。在2003年之前，最多只有几次伊朗核科学界介入核武器的相关研究，或者说，这些研究的透明度不够，无法证明研究浓缩铀用于和平目的，即便如此，这都是在《不扩散核武器条约》条款中的正常行为，是为了保证自身供应不受美国制裁的影响。波特（2014）对伊朗政府拥有某些元素表示理解，即采取合法步骤获得生产核武器的潜在能力（比如，生产低浓缩铀），同时，伊朗没有其他行为或意图转向实际生产，这种行为本身只是起到震慑作用，成为与美国谈判中进行讨价还价的筹码。

伊朗有少量浓缩铀的丰度在20%（丰度达90%时能用以制造核武器），用来生产医用放射性同位素，以治疗近百万名伊朗癌症患者。关于允许伊朗从其他国家购买浓缩铀，西方国家几度拒绝谈判；关于允许伊朗把自己的铀送往第三国，比如俄罗斯或巴西，将其浓缩到20%，然后再送到法国生产为燃料，西方国家也推迟了这个谈判；伊朗因此于2010年2月启动了生产浓缩铀（施瓦茨，2013）。2012年年初，伊朗在国际原子能机构的监督下，将法尔多（Fardow）的铀矿石浓缩到丰度20%，但是，在2013年，伊朗计划将逐步淘汰丰度20%的铀。

西方政客、专家与媒体评论员持续制造恐慌，试图煽动这种看法，即伊朗能够在很短的时间内生产出核炸弹（尽管霍梅尼及其接班人始终认为，核武器与伊斯兰教义相抵触）。《基督教科学箴言报》(*Christian Science Monitor*)的斯科特·彼得森（Scott Peterson, 2011）甚至提供了在1979年至1984年间伊朗制造武器的预期时间表。1992

年，以色列国会议员本杰明·内塔尼亚胡（Benjamin Netanyahu）、外交部长西蒙·佩雷斯（Shimon Peres）和前摩萨德官员约瑟夫·阿尔法（Joseph Alpher）都预测，在未来3到7年的时间内，伊朗将拥有核弹头。

主流媒体经常提及伊朗与西方发达国家间的“对话”和“协商”，认为伊朗是意愿
104 勉强的、坏脾气的谈判对象。任何持中的观点都会考虑伊朗在过去（这是一个非常长的帝国主义侵略历史，限于篇幅，在此不赘述）和现在都遭到了西方国家的侵略。当代的西方侵略包括挑起长达八年的“两伊战争”，以及在战争中对双方所提供的军事支持。最近的事情是，西方国家需要为之负责的死亡事件，具体来讲，就是在2010年之前，至少有三名作为摩萨德代理人的伊朗核科学家，可能也涉及美国中央情报局和英国军情六处（布罗德等，2011），被西方国家所暗杀，他们并且将目标转向了第四名。具有等效作用的是，西方国家试图采用计算机“蠕虫病毒”（Stuxnet）破坏伊朗的核项目，大家都认为“蠕虫病毒”是由美国和以色列生产的。在整个2008年，美国反复拒绝排除使用核武器攻击伊朗，2002年的《美国核武态势评估》（*Nuclear Posture Review*）展望，对抗非核武国家使用核武器先发制人的可能性仍然存在（这违反了“联合国安理会第984号决议”），这可能会被适用于伊朗，到2010年的《美国核武态势评估》，态度就温和多了。

伊朗就发展核能“问题”数次提出可行的解决方案，而这些“问题”主要是由美国、联合国安理会的其他西方国家和以色列加以定义的。伊朗的建议都被美国或代表美国的其他西方国家无一例外地拒绝了，这些国家坚持要求伊朗放弃任何目的的铀浓缩活动。这种坚持是站不住脚的，是对伊朗主权的侵犯，明显违反了《不扩散核武器条约》。同时这也是差别对待，因为这种限制并没有被适用于一些严重蔑视《条约》的国家（比如，巴西和日本），或者用于对抗那些从未签署《条约》的国家，它们在发展核武器方面的量级和威胁比伊朗大得多（比如，以色列、印度和巴基斯坦）。

美国是战争中曾经使用过核武器的唯一国家（美国于1945年向日本的广岛和长崎投放了原子弹，至少有12万人丧命），由于美国未能实现核裁军，近期还让自身的核武库更为现代化，或许可以认为美国违反了《不扩散核武器条约》。《条约》第六章规定了有核国家进行核裁军的专门义务。相反，美国在2002年采取了先发制人的策略，坚持不排除对无核国家进行核打击（沙阿，2004）。2001年，美国退出了于1972年签署的《反弹道导弹协议》，该协议禁止使用可能给核对峙的一方增加优势的防御系统。

布什政府表示，美国将开发类似“掩体核炸弹”（bunker-buster）版本的新一代核武器（凡·奥肯，2009）。 106

伊朗意欲生产核能（实际上是从2011年开始的），有几个很好的理由。伊朗虽然拥有大量的石油，但其炼油能力欠缺，甚至缺乏足够的炼油厂（韦布，2007）冶炼石油以满足本国的交通需求。通过扩建精炼石油工程来满足日益增长的需求很不容易，因为国际制裁阻碍或吓跑了海外对伊朗的石油天然气投资。美国坚持认为，伊朗的石油精炼不足，让美国拥有了控制其核工业的手段。因此，伊朗高度依赖海外的石油加工公司为之提供石油。伊朗清楚地知道总有一天石油会枯竭，所以最明智的办法是提前准备以应对不测。伊朗国内石油消耗得越少，它就越可能做大国际市场，提高出口收入。

❖ 宣传策略

接下来，我将集合在2006—2012年这段时间内西方媒体最流行的宣传和批评性报道的案例。宣传的首要目的是，通过虚假指控伊朗有建造核武器的野心，将其宣传为始终存在的对世界的威胁。通过对公共舆论的操控，让民众支持西方国家试图破坏伊朗稳定、打开经济封闭以及剥削伊朗资源。

加强宣传机器

2006年2月，国务卿康多莉扎·赖斯向国会申请7,500万美元用于反伊朗宣传，这些资金主要用于向伊朗进行广播和电视宣传，资助煽动伊朗国内的宗教反对派领导人，以及赴美留学的伊朗学生。其中，5,000万美元拟用于提升美国对伊朗境内的波斯语广播和用美国资金建立的法尔达电台（Radio Farda），形成全天候对伊朗广播的能力。其余资金将通过非政府组织和“美国国家民主基金会”等“民主”团体，资助伊朗工会和人权激进分子，以及“独立的”、使用波斯语的互联网、广播与电视。 106

伊朗是个“专制国家”

西方主流媒体将伊朗描绘成独裁国家或神权国家，或者两者的混合体。今天（从1979年开始）的伊朗其实是一个正常运转的民主国家，甚至是个充满活力的民主国家，只是，神职人员有着制度上的特权，有些人住在戒备森严的地方，就像在美国，那些军工复合体、大企业主和大富豪居住的区域（厄尔文德，2008；巴拉吉，2013）。赫尔曼与彼得森（Herman and Peterson，2009）指出，比如，就像美国在审核共和党与民主党提名人时那样，是“未经选举的金钱专政”（相比较而言，虽然不够透明，但伊斯兰国民卫队委员会在伊朗能够施加的外部影响有限），结果是美国公民在选举中可供选择的只有两位候选人，“他们谁都不能改变美帝国体制的国外或国内权力”。半岛电视台（2009）把伊朗描述为一种神权政治与民主政治的混合体，是委任与直选的平衡政权。

歪曲报道伊朗民主进程

2009年的选举结果是再次选举穆罕默德·艾哈迈迪—内贾德（Mahmoud Ahmadingad）——一位被西方媒体以各种伪造辞藻进行妖魔化的领导人，他曾经呼吁把以色列从地图上抹除——这个结果引发了激烈的街头抗议，西方媒体对此振奋不已。西方的一般推定是，落选的候选人代表（将选举结果看作是舞弊的结果）会提出异议，赫尔曼与彼得森（2009）做了进一步分析，得出的结论是，伊朗的街头抗议不是“本国自发的”，而直接与国外破坏伊朗稳定的势力有关。《纽约时报》援引了误导性的声明，进行了错误的报道，比如，报道引用伊朗国民卫队委员会的言论说，有五十座城市的投票数超过了那里的合格选民300万。帕里（Parry，2009）评论说，当反对阵营的侯赛因·穆萨维（Hossein Mousavi）捕捉到“天鹅绒革命”（Velvet revolution）可能出现之时，在投票结果尚未统计出来之前就宣布了胜利；当发现选举结果相反，则开始组织大规模游行示威，“美国新闻界嘲笑内贾德政府认为有外国特工在伊朗制造混乱的一切暗示”。

赫尔曼与彼得森指出，首先，“在5月11日至20日，伊朗再次选举之前，相对科学的、无党派的伊朗民意调查显示，内贾德（33.8%）遥遥领先于对手穆萨维（13.6%）、卡鲁比（1.7%）和里泽尔（0.9%）”。帕里（2009）讨论了穆萨维在其家乡阿齐兹（Azeri）丢掉了选举，存在舞弊可能。但是，“新美国基金会”（New America Foundation）在再次选举前的民意测验显示，内贾德在阿齐兹地区以2比1领先，削弱了阿齐兹人将确定支持本地区一位选举人的假定（在内贾德执政期间，该地区获得了巨额投资，受益
107 颇大）。

假定官方消息源讲真话之一：伊朗在伊拉克

2007年年初，美国官方向全世界散布消息，称伊朗为支持什叶派军事组织，参与了对美国驻伊拉克军队的袭击。“公正与精确报道组织”发现，大多数媒体的报道都采纳了这种说法（2007年2月2日）。这些新闻报道的问题，并非仅仅过分依靠官方消息源和匿名消息源，而且都缺乏来自第三方专家的审查。这些报道忽略了可能有损上述说法的重要语境：比如，伊朗实际上鼓励什叶派参与选举政治，与伊朗关系密切的两个势力很大的伊拉克什叶派派系，都支持美国作为后台的伊拉克政府，与此同时，伊朗政府就贸易、外交和军事训练等广泛议题与伊拉克政府总理努里·马利基（Nuri al-Maliki）展开谈判。胡安·科尔（Juan Cole）指出，恐怖组织“美索不达米亚基地组织”曾宣布其政策是，尽可能多杀死什叶派人，从而使伊朗对什叶派的支持变得极不可能。此外，正如加雷斯·波特（Gareth Porter）在2月14日的《挖掘真相》（被《媒体棱镜》引用，2007）中论述的，大多数武器都能“通过中东的中介商购买到”。波特引用的证据是，伊拉克很容易就能制造出路边爆炸装置。需要表扬的是，《洛杉矶时报》指出，美国与英国的军官都没有证据支持武器走私的指控，美国也没有出示它宣称已有的证据。

尽管围绕这些指控有很多怀疑之处，《每日电讯报》（*Daily Telegraph*）还是在2007年1月16日发表社论称，“虽然国际社会的所有努力都在试图维持伊拉克的秩序，但很明显，几个月来，伊朗积极卷入了伊拉克的叛乱活动：提供武器和人力给当地军事组织，攻击美英军事人员，煽动宗派暴力，使得伊拉克持续处于失序动荡之中”（《媒体棱镜》，2007年2月21日）。因此，《每日电讯报》将伊拉克的恐怖化责任全部归咎于伊 108
朗——与美国的入侵没有任何关系。正如《媒体棱镜》所统计的，在12个月的时间内，《每日电讯报》发表了16篇对伊朗具有相似指控的文章。

假定官方消息源讲真话之二：伊朗在叙利亚

2012年，《纽约时报》发表署名文章，作者为迈克尔·戈登（Michael Gordon）、艾瑞克·施密特（Eric Schmitt）和蒂姆·阿朗戈（Tim Arango）。文章指出，“美国致力于阻止伊朗的武器流向叙利亚的努力开始有所动摇，原因是伊拉克不愿检查飞越其领空的飞机是否载有武器”。这则故事的宣传价值在于链接各种“负面”信息：伊朗、叙利亚，以及与伊朗有联系的、美国所憎恨的“黎巴嫩真主党伊斯兰运动”。消息来源是“美国官员”，在检查“想象中的武器”流入到阿萨德政权这个问题上，美国支持的伊拉克傀儡政府有着明显缺陷——在《纽约时报》发表报道之前的三个月，伊拉克竟以其外交部长个人的命令执行对飞行器检查。事实上，在伊朗和叙利亚的两国航空往来中，只有两架飞机被检查，其中一架还是从叙利亚返回伊朗的：没有发现武器。这则报道还提到了一架接受检查的飞机，运送的是人道主义援助物资——这个结果对指控说伊朗和伊拉克特工勾结自然不利——但是，报道没有说清楚的是，这架飞机是否被包括在接受检查的两架飞机之内。不加批判地接受消息的前提是，确实有伊朗的武器被运送到了叙利亚，尽管没有任何迹象证明这一点，尽管这仅仅是美国匿名消息源放出的烟幕弹。这篇报道的最大问题是，所有对伊朗、伊拉克和叙利亚的指控都来自匿名消息源：美国官员、西方情报人员、美国高级官员、美国情报分析师、伊拉克官员、前伊拉克官员、美国情报评估部门以及“美国、欧洲与以色列官员”，等等。

“仿佛”新闻：假装读者不会注意

“仿佛”新闻（“as though” journalism，博伊德-巴雷特为其命名，2007）这个策略的目标是说服读者，读者们一直在做白日梦，他们曾经被告知的不是实情，现在告知的事情会使他们意识到“为什么一直在做白日梦”。《媒体棱镜》注意到2006年1月蒂莫西·加顿·阿什（Timothy Garton Ash）发表在《卫报》上的一篇文章，称“现在，我们面临着对西方的下一个大考验：伊拉克之后的伊朗”，“仿佛”伊拉克已经是一个过去时的“考验”，伊朗是一个不相上下的“考验”（注意用的是具有诱惑性的“我们”）。阿什与《卫报》的波利·汤因比（Polly Toynbee）“不知害臊地加以推定，然后告诉我们，伊朗
109 （或者不如说，‘疯狂的毛拉’）很快就有（核）炸弹了”。

最恶意的假定

至少在2014年西方国家与伊朗达成了可能的解决方案之前，西方主流媒体默认的假定是，伊朗的很多行为都与穷凶极恶地发展核武器相关。历经这么多年，没有证据表明伊朗拥有核武器或确实有能力制造核武器——国际原子能机构、美国国家情报评估中心、美国中央情报局、西方其他情报机构的报告和发言人，都反复证实没有证据——但是，许多西方媒体的作者和记者要么直接声称，要么让读者间接得出结论：伊朗事实上已经拥有核武器，或者很快就会拥有，或者急需核武器并将不择手段

地获取。

迈克·惠特尼（Mike Whitney, 2006）引用了《泰晤士报》在2006年2月8日的社论，该社论断言伊朗正在发展核武器。贾斯汀·雷蒙多（Justin Raimondo）在2008年11月末的文章中指出，西方主流媒体为联合国的一份报告激动不已，报告称伊朗计划建造3,000台新离心机（要想和平利用核能，就需要低丰度浓缩铀，离心机是必需的设备），而且预测伊朗将会在一年内拥有核炸弹（实际上，到2013年，伊朗的3,000台高级离心机中，只有700台可以运转）。

在2003年之前，主流媒体无法预测核炸弹的情况，因为在国际原子能机构与伊朗之间缺乏沟通，所以，主流媒体展示的证据文件，很可能是伪造的，是美国从恐怖主义组织"人民圣战者组织"（Mujahideen-e-Khalq）那里获得的。美国曾经完全拒绝向国际原子能机构透露细节，更不可能向伊朗透露详情。根据萨希米（Sahimi, 2009）的说法，拿到的存放文件的笔记本电脑，"从未做过关于已有的数字链条的分析，从而获得这些文件的存储时间"。里特尔（Ritter, 2006）认为这台电脑是"以色列情报机构和德国同行之间的合作产物"。国际原子能机构总干事艾尔·巴拉迪（El Baradi）告诉《印度教徒报》（*The Hindu*），这些文件的真实性是一个重大问题（西蒙兹，2009）。波特（2014）认为，这些文件最多能够表明的是，要么是伪造的东西，要么是未经官方授权的科学研究，不存在付诸实施的筹备工作。

编　造

即使存在相反的证据，恶意的假定也确定无疑地要存在。"公正与精确报道组织"
（2012）吁请注意2012年5月1日《纽约时报》刊登的一篇误导性文章。在报纸的头版， 110
斯蒂文·厄兰格（Steven Erlanger）的报道说，"伊朗的威胁目标是西方和以色列。国际原子能机构最近所做的评估，确定伊朗的核计划具有军事目的……""公正与精确报道组织"正确地指出，国际原子能机构没有这样的评估报告。国际原子能机构提出的问题是，有关伊朗核计划的状态，展示原有的旧证据，与2003年之前可能存在或可能不存在的情况有关，而证据的真实性颇为可疑。《媒体棱镜》（2012）注意到BBC"十点钟新闻"公告的标题是"伊朗对核项目的最新进展感到非常高兴"。但是，相关新闻报道介绍"核项目"时却奇迹般地变成了"核武器项目"。

2006年5月，加拿大《国家邮报》（*National Post*）、《纽约邮报》（*New York Post*）和

《耶路撒冷邮报》(*Jerusalem Post*)刊载的文章,错误地报道了伊朗新立法要求犹太人和其他宗教少数族裔佩戴标识明显的彩色徽章。这篇文章的作者是美国新保守主义分子、伊朗裔美国人阿米尔·塔赫里(Amir Taheri),他经常为《华尔街日报》撰稿(娄泊,2006年5月23日)。塔赫里也是法文出版物《国际政治报》(*Political International*)的长期编辑,是亚里克里斯·德巴特(Alexis Debat)的故事出版商,此人写出的故事都是建立在虚构对美国政客的采访上。

2010年2月,美联社发表了相似的耸人听闻的报道(迪特兹,2010),称伊朗已经接近拥有“核弹头制造能力”,而“事实上,伊朗只是告知国际原子能机构,伊朗将开始生产丰度低于20%的浓缩铀”。美联社宣称,这是“高度浓缩铀的临界值正下方”。事实上,这离制造核武器需要的丰度在90%以上的浓缩铀还差很远。伊朗的目的是,为美国建造的德黑兰核反应堆生产燃料棒,满足癌症患者对医疗同位素的需要。

2010年3月,福克斯新闻(Fox News)报道称,美国中央情报局断定,尽管伊朗遭遇了技术挫折,但仍在努力制造核武器,而且,五角大楼依然在关注着伊朗的意图。正如葛林·格林伍德(Glenn Greenwald)援引乔治·马施克(George Maschkc)所指出的,福克斯新闻的报道绝对是错误的:事实上,中央情报局的报告根本没有这样说,而是相反。路透社也发表了类似的欺骗性报道,声称国际原子能机构说伊朗会继续发展核导弹,而胡安·科尔(同样援引自格林伍德,2010)观察发现,国际原子能机构试图继续证明的是,伊朗核材料没有转变为军事用途,尽管由于没有获得完全的核查权限而不能
111 百分百地肯定。

煽动战争情绪,谴责伊朗,宣扬西方战争计划

美国主流媒体心甘情愿地配合美国官方的宣传目的。所罗门(Solomon,2006)记述了当年9月25日《时代》杂志铺陈整整五页的报道:“审视美国以战争反对伊朗”,封面新闻是采访伊朗总统穆罕默德·艾哈迈迪—内贾德,标题为“与危险头脑的相会”(*A Date with a Dangerous Minds*)。

2007年年初,媒体言之凿凿地报道称,伊朗使用先进武器击落了驻伊拉克美军的直升机,伊朗要为此负责。在白宫新闻发布会上,拉丽莎·亚历山大洛夫娜(Larisa Alexandrovna)抱怨没有一个专家和分析师能“提供他们的姓名、背景,或身份信息,删除的记录……换句话说,消息源无法被核实,我们无从知晓”。此外,很多指控都

是根据一些不知道来源的、不知道时间和日期的照片，或者根据在其他信息环境中不能被证实或证伪的信息。也就是说，该新闻报道是没有事实支撑的，无法以任何方式继续探究。

美国主流媒体不遗余力地盛赞自己的国家和其他国家正雄心勃勃地对抗伊朗。这包括暗杀伊朗核科学家和发布恶意软件（"蠕虫病毒"），所有这些报道的鲜明意图都是给伊朗发展核武器制造障碍。这款病毒软件也感染了世界各地的计算机，激发了伊朗对抗网络攻击的行为。《媒体棱镜》(2012d)观察发现，下一个被暗杀的伊朗科学家是"在媒体中产生最小愤慨的"。《星期天时报》(*Sunday Times*)明察秋毫地发布了暗杀是隐蔽在伊朗的以色列特工所为。《媒体棱镜》发现，只有一家媒体将暗杀行为指向恐怖行动。但是，这些媒体毫无疑问地会把伊朗特工暗杀沙特驻美国大使（即使这件事情完全不是真的）描述成"恐怖主义"。

正如我们所看到的，新闻记者的例行假设是，伊朗有核武器计划，尽管它没有。在这种既定假设的基础上，媒体记者很容易不加批判地报道美国和/或以色列的攻击方案，这些方案针对伊朗已有的或在未来某个时间点上能够发展出来的核武器。在这种情况下，军事记者乔纳森·马尔库斯（Jonathan Marcus, 2012）年为英国广播公司撰写了一篇文章，该文被《媒体棱镜》(2012a)发现。在这篇文章中，马尔库斯认为，以色列 112
空军将卷入到可能即将到来的攻击伊朗的战争中，并识别了潜在的攻击目标。他为每种以色列攻击武器系统都分配了"任务"(task)，在谈及与伊朗防御相关的问题时，他选择了"威胁"(threat)一词。他还断言，在纳坦兹(Natanz)的铀浓缩工厂将是一个明确的目标，原因在于它是位于地下的"掩体核炸弹"弹药库（它既可以是常规武器，也可以是核武器），是个至关重要的打击目标。

毋庸置疑，国际原子能机构的报告一直以来都没能提供证据表明伊朗正在制造核武器使用的高浓缩铀。《媒体棱镜》评论说，文章既没有讨论以色列发起攻击的法律问题，也没有考虑产生平民重大伤亡的可能性。帕尔钦(Parchin)军事基地是以色列攻击的最大的可能性目标，原因是当月"国际原子能机构核查人员未被允许进入"。加雷斯·波特的调查纠正了打击帕尔钦基地的观点，伊朗并不是要反对国际原子能机构核查人员进入，当时拒绝进入是因为还没有与国际原子能机构达成合作协议（波特，2012d）。波特援引伊朗驻国际原子能机构大使的话：

苏尔坦尼(Soltanieh)大使提到国际原子能机构的两位核查人员要在2005年1月和12月到帕尔钦访问，并表示伊朗需要国际原子能机构“保证”不会“重复相同的痛苦经历，即他们一到当地，就要求进入”。应该有一种“形式”与“参考框架，即他们究竟在寻找什么，他们必须提供文件和他们想去哪里的确切信息，”他说。

❖ 可疑新闻的可疑消息源

个别新闻记者与特殊消息源之间的邪恶联盟，在新闻记者与消息源合作宣传之时总会出现。当主流媒体的最高编辑群体或老板们批准这些“假消息”的报道时，这些“假消息”就取得了“三位一体”的宣传模式。

乔治·贾恩(George Jahn)是美联社的奥地利和东欧分社社长，因其在伊朗问题上经常发表危言耸听的报道而招致批评，有些报道采用的是匿名消息源，可能代表的是以色列方面。尼玛·施瓦茨(Nima Shirazi, 2012)将贾恩描述为“美联社最愿意同情的以色列的垃圾信息发布者”。他以贾恩的作品为例(扬，2012b)，标题是“图片显示伊朗正在研制核武器”。施瓦茨批评说，图片由不知道是哪个反对伊朗核计划的国家的匿名
113 机构有意放出，意图明显是将该图传给美联社以做宣传。贾恩的主要具名消息源：一位是反伊朗核计划的著名危言耸听者，名叫大卫·奥尔布赖特(David Albright)，供职于科学与国际安全研究所(Institute for Science and International Security)；另一位是与奥尔布赖特共事过的前国际原子能机构核查员奥利·海诺宁(Olli Heinonen)(萨希米，2009)，他在2009年是国际原子能机构负责伊朗核查的安保副主任，二人关系密切，他很可能是奥尔布赖特的主要消息来源。施瓦茨揭穿了图片的假象：

……图片不仅是古怪粗糙的，而且没有时间，没有来源，也没有任何解释。图片底部的波斯语，是美联社翻译的，没有提及任何与核武器有关或核炸弹有关的信息。上面只是写着：“单位时间内电子脉冲的输出变化与能量释放。”仅仅认为这幅图片“令人怀疑”，显然是过于大度了；将其吹捧为“证据”，是非常稚嫩的窘迫行为。除了在数学上可能有所意义外，在字面上什么也看不出来。这幅图片不过是显示了密度的概率函数之类的意思而已，是描述一个随机变量在给定值中的理

论表现时的可视化辅助图。

理论物理学博士、教授侯赛因·帕尔托维(M. Hossein Partovi),他在萨克拉门托州立大学讲授热力学和量子力学等课程。他的说法是,除了是微秒级绘制图之外,这张图什么都说明不了。他解释道,“报道中的图片是不明确的电力/能量图,也是无能的造假者的主要证据:迅速浏览能量图,就会发现,总能量不超过4个数量级(一万倍),小于应当等于的总集成电量!”帕尔托维补充说,实际误差应该小了近4万倍。

很多媒体对贾恩的图片报道经过仔细分析后都提出了批评。其中,包括理查德·希尔弗斯坦(Richard Silverstein, 2012)在迪肯·奥兰姆网站(Tikun Olam[①])发表的批评,他认为这幅图片实际上是以色列摩萨德伪造的;格伦·格林沃尔德(Glen Greenwald)在《卫报》的文章中写道:

……完全是美联社轻率地展示这幅幼稚的、错误百出的图片,将一幅十分普通的图片当作伊朗建造核武器的秘密而强有力的证据,美联社知道上交图片的国家,而这个国家试图向世界警告伊朗的核武器危险。这比速记新闻更为糟糕。因为,美联社竟然满怀热切和感激地以其信用向全世界传播一个不仅具有破坏性而且极为荒唐的骗局。

加雷斯·波特引用了前国际原子能机构高级核查员罗伯特·凯利(Robert Kelly)的说法,“这幅图片与核炸弹明显无关”(波特, 2012a)。波特 (2012b)在后来的文章中提到,这幅图片看起来改编自学术期刊的一篇文章,文章发表于2009年,在互联网上可以查到。他同时引用了约翰·格拉泽(John Glaser)在“反战网”(Antiwar.com)、核物理学家尤萨夫·巴特(Yousaff Butt)与费伦茨·达伦吉—沃塞思(Ferenc Dalnoki-Veress)在《原子能科学家会刊》(*Bulletin of the Atomic Scientists*)上做出的结论,图片“完全是粗制滥造的分析或者一场非常业余的骗局。”贾恩自己承认,来自提供图片的消息 114
源(几乎可以肯定是以色列)所做的解释有诸多缺陷,看起来不像是所声称的那样,即

① 迪肯·奥兰姆网站,建于2003年,是一家位于西雅图的政治博客网站,专注于报道以色列安全事务,特别是以色列与阿拉伯之间的冲突。——译者注

为了伊朗利益而专门做的简化解释。贾恩告诉我们，“图片的提供者中，一位外交官来自批评伊朗核计划的国家，另一位来自持中立态度的国家，两者都耗时良久去刺探伊朗的核活动”。我们可以假定，第一位外交官来自以色列，第二位外交官来自美国或者美国的盟友——换言之，一点也不“中立”。贾恩声称，消息源要求匿名，因为他们没有被授权讨论国际原子能机构的机密信息。这让人记起格林沃尔德在一年之前的观察所言，当这样的消息来源赤裸裸地为宣传目的，以及提供的消息被高度怀疑之时，媒体没有任何义务让他们匿名，相反，媒体有义务为公众利益而让他们实名。

贾恩的图片报道中具名的消息源，是再次出现的大卫·奥尔布赖特——私立“科学与国家安全研究所”的创立者。他提示专家马克·希伯斯（Mark Hibbs）在《外交政策》（*Foreign Policy*）杂志中曾提出一个议题，即国际原子能机构是否过分依赖他者提供的证据，就像现在这幅臭名昭著的图片一样，具有高度欺骗性。尤萨夫·巴特（Yousaff Butt）在《基督教科学箴言报》（*Christian Science Monitor*）中表达了担忧：

> ……美联社报道的这幅业余的、有诸多技术错误的图片，甚至进入了国际原子能机构的官方报告中，其中一份报告是2011年11月的，援引这幅图片说明伊朗正试图计算潜在的核武器爆炸当量。这引出了另一个有趣的议题：如果伊朗确实正在做计算，当伊朗说国际原子能机构使用的是伪造图片时，该机构如何应对？如果图片是一场骗局，伊朗该如何自证清白？

这幅图片显然不是一名真正的伊朗科学家的作品——只有极少数人在高度机密的核武器研究项目中工作——而是业余人士，至少他是非专业人士，试图仿造一幅使其看起来像是科学家绘制的图片。贾恩谈及的另一项证据，来自伊朗官方的消息源，即伊朗核能主席费伦登·阿巴西（Fereidun Abbasi），他的话也被伊朗半官方的法尔斯新闻通讯社所引用。他说有超过3,000台高科技离心机已经被生产出来，将很快淘汰在纳坦
115 兹（Natanz）的12,000台老一代铀浓缩设备。这番言辞意味着泄露了伊朗的“秘密”，但被贾恩拿来用作伊朗“逃避”制裁的证据。更可能的是，面对美国的破坏活动，伊朗在表明自给自足的决心。新离心机据说浓缩速度更快，而贾恩及其消息提供者的想法，是把新离心机与浓缩更高丰度的铀搅和在一起——这根本不是一回事。

贾恩依然我行我素，在2013年的一篇美联社新闻中，他基本上完全依赖匿名消息

源。这篇报道意图大肆宣扬伊朗的“威胁”，因为伊朗安装了三倍数量的“高级的”离心机，数量将近600台。正如大家所看到的，伊朗核机构透露的是伊朗生产了3,000台新离心机（不是600台），用来替换12,000台旧离心机。而且，贾恩的报道中充满似是而非的消息，“高级离心机尚未用于生产浓缩铀，可能只是部分完成了安装”。新闻报道的所有这些活动，恰恰都是伊朗在持续和平利用浓缩铀，包括丰度4%的浓缩铀用于电力供应，或者，丰度20%的浓缩铀用于医用同位素生产。西方在伊朗需要的同位素方面坚持不妥协，坚持不与伊朗达成协议，让其减少使用本国浓缩铀，所有这些，看上去迫使伊朗具有了更高的独立性和自给自足的能力。

❖ 小　结

关于伊朗的西方公共舆论，特别是与伊朗追求核能有关的议题，与西方的历史、文化和伊朗自身的政体有关，易受虚假信息的高度影响。因此，媒体与其他有权选择政治、军事和企业等强势消息源者，必须承担更大的责任。在某些情况下，这是一个困难且复杂的主题，至少要对几十年的历史有辩证性的洞见。我发现，新闻报道中关于证据方面的严重问题，并非“只是”无能。在这些报道中，不仅缺少与议题最相关的背景性事实，而且还有西方记者与特别有偏见的消息源之间的共谋。此外，我们发现，西方媒体进行宣传的各种证据，是所有学子都熟悉的赫尔曼和乔姆斯基的宣传模式中所揭示的，即都危险地来自被挑选的官员和权威消息源，暴露了根本站不住脚的所谓“告知真相”。仅仅因为冠冕堂皇的国际原子能机构或联合国安理会使用“谈
判”这个词汇，并不必然意味着谈判各方都是真实诚意。主流媒体经常将伊朗宣传 116
成为侵略者，这个视角即使不算典型，也能说明西方诸国才是侵略者。伊朗所做的能够引起西方明显愤怒的行为，如果是由其他国家（例如，巴西和印度）所为，就会很少被媒体提及，因为这些国家不是被帝国挑选出来的特别敌人。这个问题的根本，以及美国在许多领域中的外交政策，都是美国例外论的唯我独尊，美国有权在中东和世界其他地区发号施令——这种傲慢来自具有意识形态意义的公共利益动力越来越小，
来自令人憎恶的政治野心、企业贪婪和军工复合体渗透的动力就越来越大。 117

第八章

走向数字媒介帝国

❖ 亚洲崛起

媒介帝国主义传统的重新定位，与早期假设有了明显不同，因为积极主动的媒介帝国主义主体发生了变化，最新研究（例如，屠苏，2008；科汀与沙阿，2010）聚焦于南方国家和地区的强劲的媒介生产与输出活动，这些地方包括印度、韩国、中国香港。另外，媒介帝国主义的候选者包括：（1）媒介生产的次中心，位于贝鲁特、开罗、加拉加斯、迪拜、莫斯科、卡塔尔、圣保罗等地，这些媒体机构或者是地区性的（例如，南方电视台），或者是地区性与全球性兼具（例如，半岛电视台）；（2）泛亚洲媒介生产中心（例如，首尔，生产"韩流"电视剧、电脑游戏、音乐和电影；中国香港，生产资讯、娱乐电视、电影；两地的媒介产品都被广泛输出到东亚地区乃至更远）；（3）依据种族、地缘政治或类型化媒介产品生产的小中心（例如，拉各斯的录像电影——"瑙来坞电影（Nollywood）"——向整个非洲大陆和其侨民传播；巴西和墨西哥的电视肥皂剧，主要但不限于向拉丁语受众传播；莫斯科的印刷媒体和广播电视，向整个苏联地区进行传播）。

此外，强大的电子和数字巨头也从南方崛起。日本企业长期以来闻名全球，例如，索尼、松下、东芝、三洋、夏普（2013年这些公司的表现并不怎么样），反映了日本从机械制造向软件生产调整缓慢。在同美国、韩国和中国台湾进行新的竞争过程中（温菲尔德-海耶斯，2013），日本处于领先地位的软件公司，像软银公司（Softbank）做得较好，目前加入这个行列的公司，包括韩国的三星和LG公司，以及中国台湾的宏碁、富士康与HTC。许多这样的新公司得益于国家的强大支持。很多公司也采用了起源于美国的软 118
件和计算机语言（包括谷歌公司的开源软件安卓）和太阳公司的Java语言（现属于甲骨文公司）。

❖ 帝　国

我不会不重视媒介新秩序反映的中国逐步上升的权力和影响，以及与此对应的美国的权力和影响的相对下降。但是，我现在关注的主要目标是，截至21世纪初的第一个十年，全球媒体、信息和传播工业的持续权力和影响。考虑到我刚刚提及的新式帝国主义模式，我依然重视的是，全球或地区性霸权，或者只是具有地区性影响的民族国家，仍然是在美国领导下的世界经济秩序的演变形式（新自由主义世界经济秩序或者“帝国”——我发现哈特和奈格里的这个提法非常有用）。我们可以将其看作新自由主义的一种形式，公司和资本主义利益网络（并未消除内部冲突），更强烈地体现和反映在一些国家、群体和文化方面，全球各国的富豪集团紧密联盟，与民族国家形成不平等的合作关系（以及通过谈判形成的全球监管组织），其中一些我们可以认为已经彻底被新自由主义世界经济秩序（Neoliberal World Economic Order，NLWEO）所收编。

尽管“帝国”确实会出现，并在某种意义上是超越领土的存在，但它是下列力量的设计结果：具有侵略性的、传教式的宣传，20世纪80年代拥抱了芝加哥经济学派（弗里德曼经济学派或货币主义学派）的里根和撒切尔夫人的统治体制（克莱因，2008）。最近的主要表现是向国际资本完全开放本国市场，到目前为止，主要被地方财阀、少数集团或军事组织所操控或收益。这包括美国侵略并占领了阿富汗和伊拉克，进而引起巴基斯坦和中亚邻近地区的不稳定；在2010—2012年间，席卷突尼斯、埃及、利比亚和叙利亚的阿拉伯国家的反抗运动；在过去数十年里，西方反对伊朗的持续活动；在2014

年2月，北约支持示威者在基辅夺取政权和其后的反俄罗斯行动，招致俄罗斯支持克里米亚投票并与其合并。如果要看“二战”之后的美帝国主义年谱，请看布卢姆（Blum，2004）、冈萨雷斯（Gonzalez，2002）、约翰逊（Johnson，2004）和金泽（Kinzer，2007）
119 的作品。这些作品都要求再次肯定在帝国主义更广阔的历史进程中的媒体作用，可以设想它是小国或弱国从属于大国或强国意愿的一种体现（博伊德-巴雷特，赫雷拉，鲍曼，2010）。

❖ 媒介与全球化

媒介、信息和通讯产业与全球化进程在七个重要方面具有相互关联：（1）这些产业提供全球传播的物质基础（例如，陆地和海底电缆，卫星和卫星传输系统，为有线和无线通信提供基础的无线基站，包括互联网和电话通信系统）；（2）媒介和通信硬件与软件产业，这个领域是国际资本寄居的重要领域，通常以大型多媒体企业集团的形式进行国际化运作，它们是完全纯粹的公司化形式，因此，有时被称为新自由主义世界经济秩序的成员；（3）这些产业为新自由主义世界经济秩序的会员国和公司提供商品广告（很多媒介系统都严重依赖广告收入）的载体，这些国家大都是世界贸易组织的签约国；（4）通过媒介内容和生活方式的呈现，引发“示范”效应，刺激对商品和服务的持续需求；（5）许多媒体借助信息基础设施，服务于全球金融和商业秩序，这对现代资本主义的运行越来越重要，包括大量对金融、商业与企业数据库查询时的复杂的交互式工具，有时成为交易活动的电子市场；（6）媒体掌握着国内和国际层面上可以容忍的意识形态表达边界，促使内容生产越来越多地服务于新自由主义利益（主要是逐步取消国家对商品贸易和服务的限制），边缘化、压制或去除那些不能促进新自由主义利益的内容；（7）这些产业为“监视社会”提供了至关重要的支撑，或者换句话说，为集中收集更私密、更即时的情报（为极少数控制者或能够负担起费用者）提供了至关重要的支撑，某种意义上讲，这在人类历史上前所未有，而且，信息收集甚至越来越“武器
120 化”，即通过无人机和其他形式的机器人。

❖ 新 闻

尽管媒介帝国主义的重要秩序始自20世纪60年代到70年代，但其单向性、权力反映式的典型表现特征一直持续到21世纪初，甚至在全球大多数国家，突出地体现出媒介产业的所有权和控制权的大量集中。在全球新闻采集和传播的批发行业中，主流媒体无处不在地持续高度依赖着少数企业，进行大众化的或专业性的印刷出版、广播和视频新闻的生产。市场被美联社及其视频新闻机构“美联社电视新闻社”（Associated Press Television News, APTN）强势主导，当然，同样重要的，还有路透社及其附属电视机构“路透电视台”。总部设在巴黎的法新社及其视频附属机构（法新社电视台），算是明显的例外。除此之外，国际新闻报道的大本营，是总部设在北美的新闻机构（美联社、彭博社、新闻集团——拥有道琼斯新闻社与《华尔街日报》、汤森路透社）；伦敦只有美联社电视新闻社和汤森路透社的视频新闻室（博伊德-巴雷特，2010）。美国有线电视新闻网（CNN）是一家重要的电视新闻和网络新闻的批发商和零售商，以对美国友好作为生产国际新闻的框架（屠苏，2008；博伊德-巴雷特，即将出版）；与其实力相当的竞争者，是英国广播公司环球频道（BBC Worldwide），以与英国和北约利益相一致作为生产国际新闻的框架。对电视新闻的多样性做出贡献的、经常被提到的是半岛电视台，它与一个小国——卡塔尔——的利益有着直接关系，这个小国的外交政策影响着阿拉伯世界。半岛电视台在2010—2012年间，提供了大量关于埃及、利比亚与叙利亚的“叛乱”新闻，而且，在2013年的新闻中，呈现出对美国及其主要盟国的外交政策的好感，远远高于2003年（科尔纳，2011）。大多数国际电视新闻机构，包括中国的、法国的、德国的和俄罗斯的，都是典型的国家支持的软实力机构。

❖ 电 影

依据收入而言，国际电影产业一直被好莱坞六个主要的电影制作—分销商所主导，背后都是跨国企业集团。它们是新闻集团的21世纪福克斯（21st Century Fox）、维亚康姆旗下的派拉蒙（Viacom's Paramount）、索尼公司的索尼电影（Sony Pictures）、通用和康卡斯特的全国广播公司/环球公司（NBC/Universal）、沃尔特·迪士尼（Walt Disney）以及时代华纳的华纳兄弟公司（Warner Bros）。其他制作中心，如印度的孟买

（宝莱坞）和尼日利亚的拉各斯（瑙莱坞），则生产了更多的电影，甚至服务了更多的受
121 众。但是，全球电影生产与分销的近40%收入（在2012年为876亿美元）是北美洲观众贡献的，其次是欧洲的23.5%（IbisWorld，2012）。美国电影协会（MPAA）的制片公司及其附属公司在2011年的全球电影发行中，其实只占很少数（141部），但大多数电影制片人都与这些巨型公司合作，以获取投资和/或发行收入。2011年，票房收入排名居前的25部电影中，有24部来自上述六大公司。

2011年，美国和加拿大共有607部电影通过美国电影协会分类与评级管理委员会（Classification and Ratings Administration，CARA）定级后进入院线放映（包括非院线电影在内，当年被定级电影共有758部），这个市场（102亿美元）大约是全球票房收入（326亿美元）的三分之一，主要是美国电影。2012年，全球票房收入为347亿美元，美国为108亿美元，其次是中国（27亿美元），紧随其后的是日本（24亿美元）、英国（17亿美元）、法国（17亿美元）、印度（14亿美元）、德国（13亿美元）、韩国（13亿美元）、俄罗斯（12亿美元）、澳大利亚（12亿美元）和巴西（8亿美元）。在这些国家的票房收入中，大部分为销售外国电影的收入，主要是美国电影。然而，美国票房收入几乎全部来自美国电影。至于其他国家，国产电影在票房收入中的占比分别为：日本57%、英国36%、法国40%、德国51%、澳大利亚24%、巴西11%（美国电影协会，2012）。美国的票房收入在2013年攀升至109亿美元。中国在2013年增长强劲，票房收入飙升了27%，达到36亿美元，有18,000块银幕。中国电影在其票房收入位列前十的影片中占据主导地位，其中只有三部好莱坞电影——每部都有很强的亚洲元素。而且，小制作与中等制作的中国电影在市场上表现相当不俗（马尔基宁，2014）。中国政府规定了进口外国电影的配额——2013年为20部。

❖ 电　视

有个看起来合理的论断是，媒介帝国主义理论主要着眼于电视内容及消费，当然实际上并非如此，只是在20世纪60年代到70年代，确定无疑地指出了美国向世界上很多国家出口电视节目，且美国电视节目占据了进口国的电视节目黄金时间（诺顿斯特伦与瓦瑞斯，1974）。节目进口在很多国家的电视消费中具有重要意义，因为这些国家的受众只有一两个电视台可以选择，而且需要注意的是，在很多发展中国家，广播电台才

是最主要的消费媒介。在接下来的40年左右的时间，这种情境发生了翻天覆地的变化：许多国家都出现了大量的电视节目；电视消费提高很多；电视生产技术的成本下降，因此许多国家的本土节目生产量暴增——在条件相同的情况下，观众更喜欢本土节目——特别是本土节目占据了黄金时段。因此，把美国进口节目在黄金时段的占比作为标准，简单论证以美国为基础的媒介帝国主义，在大多数国家都不再具有意义（尽管将包括所有收视来源在内的电影娱乐节目考虑在内，这些来源包括地面电视、卫星电视或有线电视、录制节目、电脑或移动设备下载节目，这一比例依然很高）。一直以来，美国持续大量出口，很少进口电视节目，我们应该思考这个事实的重要性。我们依然应该注意到，全球电视市场的总体收入（从广告、订阅和公共资助获得）总额，在2009年的近2,700亿欧元中，北美占据最大份额，达到39%，其后是欧洲（31%），亚太地区（21%），拉丁美洲（8%），非洲和中东地区（2%）（国际电视专家组，2010）。 122

❖ 音乐唱片

2014年，国际唱片业由三大玩家主导。它们是索尼新索音乐（Sony BMG）、时代华纳音乐集团（Warner Music Group）与维旺迪环球音乐集团（Universal Music Group）。排在第四位的是百代公司（EMI），它在2011年被卖给了索尼公司和环球音乐集团。美国是全球最大的市场，2011年的市场总额为43.7亿美元，高于日本（40.9亿美元）和德国（14.7亿美元）（国际唱片业联合会，2012）。受数字化与盗版等因素的影响，唱片业的长期萎缩至2013年依然继续。

❖ 电子游戏

全球电子游戏产业的所有权和控制权非常集中，最明显的是日本和美国。这影响到电子游戏（固定设备和手持设备）、适用各种设备和个人电脑的电子游戏，以及在电脑、手机和平板电脑等设备上可下载的游戏。像很多媒介产业一样，电子游戏在应对数字化变迁中正经历快速转型。电子游戏盘和游戏机的销售额，在2011年下降9%之后，
2012年再次下降22%，激烈的竞争来自薄利多销的下载游戏和手机游戏。游戏开发商 123
和出版商（主要是日本、法国与美国）生产的游戏，数量越来越少，价格越来越高，他们

更专注于高投资的大型游戏生产。2012年12月，排名前十位的游戏，支出占46%（高迪奥西，2012；娱乐软件协会，2013）。

在早期电子游戏时代，游戏机市场被日本的索尼（Sony）、世嘉株式会社（Sega）和任天堂（Nintendo）这三家企业所主导；到20世纪后期，三大主导企业是索尼、任天堂和微软（世嘉株式会社在2011年依然有50亿美元销售额，还是名副其实的大公司）。美国的游戏公司，例如，娱乐艺术公司（Entertainment Arts），以及法国拥有（以美国为基地）的动视暴雪公司（Activision Blizzard）在全球取得了巨大成功。娱乐艺术公司从游戏机到个人电脑都是重要企业，这个市场后来被诸如Steam之类的下载平台所破坏。

2011年全球电子游戏销售额为600亿美元，其中，微软的Xbox 360、任天堂的Wii与索尼的PlayStation几乎占据半壁江山（270亿美元）。手持游戏占全球游戏市场的42%，其他市场的销售额，如个人电脑（120亿美元）、手机/平板电脑（100亿美元）、社交媒体/浏览器（80亿美元）和手持设备（10亿美元）。从数量上看，截至2011年年底，微软的Xbox 360以6,600万台的销量领先；索尼PlayStation3的销量与其非常接近，为6,300万台；接下来是任天堂的Wii（不知其全球销量，2011年在美国的销售量为400万台）。从地理上看，在2011年，亚太地区的市场为240亿美元；欧洲、中东和非洲为180亿美元；北美为150亿美元；拉丁美洲超过10亿美元（电子游戏销售，维基百科，2013）。

在游戏市场中，自2010年开始，亚洲新潮流非常明显，特别是“免费玩”（free-to-play）的手机游戏，其商业模式是：提供廉价或免费的游戏，然后从游戏道具、广告和其他附加品中获取收益。在2013年9月，日本和韩国的公司在谷歌游戏移动应用商店的全球收入中占到62%。作为美国公司的谷歌，其作用是作为一个传输渠道，被赋予了重要的把关权力，就像在谷歌安卓系统对智能屏幕设备的贡献，在这些设备上，许多游戏和应用程序都可以使用。

❖ 计算机硬件与软件

尽管中国与印度的增长幅度很大，但是，全球计算机硬件市场持续为美国企业所主导，如AMD、苹果、思科、戴尔、惠普、IBM、因特尔与甲骨文（这家公司现在拥有太

阳微系统和Java)。美国企业在计算机软件与互联网服务方面具有压倒性优势(包括微 124
软、亚马逊、苹果、Paypal子公司易趣、脸书、谷歌和推特),很多都是在加州圣何塞硅谷的人才和资本培育下成长起来的(博伊德-巴雷特, 2006)。

2013年, 在互联网和社交媒体领域, 中国的阿里巴巴—雅虎持股24%(此前雅虎持股40%)经营淘宝和天猫——在市场价值上对脸书形成挑战。阿里巴巴的市场估值为1,900亿美元, 脸书首次公开募股估值为1,040亿美元。两家公司每年都能赚70亿美元左右。亚马逊, 作为与阿里巴巴具有可比性的公司, 年收入610亿美元。通过这些公司的广告和营销活动展示的商品价值, 阿里巴巴达1,600亿美元, 大大超过亚马逊(860亿美元)和易趣(680亿美元)(Yu, 2014)。2013年, 阿里巴巴获得了新浪微博18%的股份。新浪微博的大部分收入都来自广告, 在2013年接近1.76亿美元(俄瑞斯科维奇与卡斯滕, 2013)。母公司新浪的收入当年近7亿美元。中国最大的互联网公司是互联网门户腾讯公司, 该公司还拥有即时信息服务——微信, 2013年的总收入达80亿美元。在搜索引擎方面, 中国的百度年收入正朝40亿美元迈进, 谷歌的年收入为600亿美元。中国互联网市场的增长速度惊人, 不过, 中国互联网公司的影响集中在中国国内市场, 美国互联网公司的影响则不只集中在美国市场。

2010年, 中国公布了世界上运行最快的超级计算机, 但是, 其中的大多数芯片和组件都来自于美国的英特尔(Intel)与英伟达(NVIDIA)——美国电脑动画公司。许多专家估计, 中国最好的芯片制造商, 仍然落后于英特尔公司两到三代时间(沈大伟, 2013: 161)。在2014年, 尽管中国是世界上最大的个人电脑生产者, 但几乎所有的中国制造商, 从源头上讲, 都是外国的。联想公司是一个重要的例外: 2010年购买了IBM全球个人电脑业务, 从而成为中国销量最大的计算机品牌(其46.4%的收入来自中国)与世界销量第三大的个人电脑公司。2010年, 联想在全球市场的份额为10.4%(2014年, 由于市场整体收缩, 跃升到17%, 惠普公司排在其后)。受2008年经济衰退的打击, 联想公司更加聚焦于发展中国家的产品需求, 以应对苹果公司的iPhone与iPod(沈大伟, 2013:
199)。 125

2012年, 全球收入位居前列的互联网服务商是: 美国的康姆卡斯特(Comcast Cable, 7.15%)、公路跑客(Road Runner, 4.58%)、美国电报电话公司(AT+T, 2.5%)与威瑞森(Verizon FiOS, 2.15%)。全球桌面浏览器市场被微软公司的IE主导(2012年的份额是55%), 其他包括火狐浏览器——属于时代华纳旗下的网景公司(Netscape,

21%）、谷歌浏览器（17%）与苹果公司的浏览器（5%）（网络市场分享公司，2012）。

❖ 信息技术商品和服务

2014年，根据弗洛特斯研究公司（Forrester Research）的预测，最大的信息技术商品与服务的国家市场（政府和商业消费，不包括企业电信服务和个人消费支出）仍然是美国，共计8772亿美元，远远将排名第二的日本甩在后面（2,114亿美元），中国排名第三（1,245亿美元），英国排名第四（1,002亿美元），德国排名第五（956亿美元）。预计中国2014年将比2013年增长10.5%，但依然排在巴西和墨西哥之后，是新兴经济体中增长速度排名第三的市场。作为一个群体，2014年，中国、印度、巴西、俄罗斯、土耳其、南非与墨西哥，在全球科技市场的份额为13%（佩雷斯，2014）。

❖ 无线通信

很长时间以来，微软控制着90%以上的全球个人电脑的桌面操作系统（2012年为91.5%），其次是 Mac（7.3%）与Linux（1.25%）（网络市场分享公司，2012）。在手机/平板电脑市场，操作系统是苹果公司的iOS在主导，份额为61%，然后是谷歌的安卓操作系统（28%）与甲骨文公司的Java ME系统（7%）。谷歌在桌面搜索引擎市场的份额是84%，其后是雅虎（8%）和微软的必应（Bing，5%）。谷歌的领导地位在移动/平板电脑搜索市场甚至高达91%，其后为雅虎（6%）与必应（2%）。在更为多样化的移动电话市场，2012年是诺基亚、三星、LG电子与苹果公司在主导，智能手机制造方面与此类似，主导公司是诺基亚（2013年被微软吞并）、苹果、移动研究公司[1]（RIM，加拿大）与宏
126 达国际（HTC，中国台湾）。在全球十大移动运营商中，五家是亚洲的公司，四家是美国和西欧的公司。但是，移动电话操作系统却是谷歌的安卓系统一家主导（市场份额72%，安卓是一个开源软件，其大量收入来自基于安卓系统的各种应用），其后是苹果（14%）与诺基亚的塞班系统（Symbian，3%）（mobithinking.com）。

---

① 移动研究公司（Research in Motion Lt.d.，RIM），加拿大公司，黑莓手机生产商。——译者注

❖ 广　告

广告至关重要，因为它给媒介活动提供资金支持：例如，美国报纸3/4的收入来自广告，广播电视网超过90%的收入来自广告，而且在有线电视的收入中占比接近50%。此外，电影和电视等视觉娱乐，植入广告在不断增加，有助于拿到更多经费。解除媒介管制和全球私有化的一个后果是，电视频道的扩散与电视对广告收入来源依赖性的增强。在新媒体中，网站存续也越来越依赖其代理经纪人获得广告的能力——该市场为谷歌所主导——或者，促销其产品与服务。互联网使用的主要驱动器之一是搜索引擎，其收入几乎完全基于各种形式的广告。谷歌是全球市场中首屈一指的搜索引擎供应商。谷歌的电视、YouTube（2013年的收入为500亿美元）越来越重要，寻求在视频播放前或播放中建立商业广告销售模式。其他的重要互联网服务商，比如，亚马逊和易趣，其商业模式是销售商品与服务。

广告能够给生产内容的媒介机构提供资金。在广告整体支出上占据重要份额的国家和企业，获得了在市场与资本积累方面的优势，但它们需要打赢获取受众与消费者注意力的战争。广告决定着哪些媒介繁荣兴旺，决定着哪些声音会被听到，以及这些声音会有多大。广告直接影响着媒介内容。富裕国家的报纸内容，本质上追逐的是中产阶层的家庭市场，这些人有足够的可支配收入购买消费品。报纸让它们的内容跟上时尚，在市场上吸引有兴趣的广告主。它们寻求创造一种阅读环境，具体而言，就是有利于销售的环境；整体而言，就是有利于资本主义。对于所有在媒介产业中工作的人来讲，这就是包裹着他们的意识形态，也是他们赖以生存的意识形态。 127

特别是近几十年来针对特定的细分市场，就人口统计学上的特定群体而言（例如，女人喜欢时尚和购物，男士偏爱体育和财经，家庭则是财富和旅行），一直在让创新车轮滚滚向前，从而吸引着广告主的需求。电视剧的创作者通常都会与广告主协商——或者，甚至在创作剧本之前就有协商——电视剧在拍摄时，甚至允许广告商参与情节发展的进程，提高电视剧成功的希望，增加对广告主的有效性。许多企业在洛杉矶建立了办公室，方便与电影公司和发行商进行迅速而有效的协商，这些电影人也在寻求提高广告植入的收入，从而有助于他们的创新。广告在具体方面和更普遍的方面影响内容。媒介内容承载的广告越多，其自身被销售收编的目的性越强。

媒介与广告的共生关系是美国的发明。因此，美国的广告收入高于世界上任何一个国家并不奇怪。2012年，美国各种形式的广告费用为1,541亿美元，是全球第一大广告市场。美国是全球第二大广告市场日本的三倍，日本的广告费用为499亿美元，并大幅度领先于中国的323亿美元、德国的256亿美元、英国的192亿美元、巴西的168亿美元、法国的138亿美元、澳大利亚的128亿美元、加拿大的110亿美元、韩国的102亿美元（实力传媒，Zenithoptimedia）。预计2014年的排名不会有太大变化，美国将会增加到1740亿美元，日本将会增加到530亿美元。与日本相关的美国广告市场价值将从1042亿美元增长到1210亿美元。尽管中国作为一个经济体和广告市场正在崛起，但直到2010年的情况是，美国占世界5%的人口和全球20%的国内生产总值，吸引了34%的世界广告，而中国拥有世界20%的人口和全球13%的国内生产总值，却只吸引了5%的世界广告（广告时代网，AdAge.com）。就地区来看，北美在2011年仍旧以1,650亿美元的广告额度领先，然后是亚太地区的1,322亿美元和西欧的1,087亿美元。美国预计在2014年会增长到1,863亿美元，亚太地区为1,572亿美元，西欧为1,126亿美元。美国领先亚太地区的优势将下降11.6%，数额从329亿美元下降到291亿美元。然而，与西欧相比，美国的领先优势预计将增长30.7%，数额从564亿美元增加到737亿美元（实力传媒）。2011年，全球媒介从广告中获利最多的是电视（40%），然后是报纸（20.2%，2014年预计下降到16.8%），互联网（16%，2014年预计将增加到21.4%），杂志（9.4%，2014年预计下降到7.9%），广播（7.1%，2014年预计下降到6.7%），户外广告（6.6%，2014年预计下降到
128 6.3%）和电影（0.5%）。

在娱乐业与媒体的细分市场，根据麦肯锡公司的数据（2013），到2013年年底，全球广告花费将达到4,730亿美元，其中，北美贡献了1,680亿美元，然后是亚太地区（1,490亿美元），欧洲、中东和非洲（1,270亿美元）与拉丁美洲（320亿美元）。预计2017年总额将达6,170亿美元，其中，美国将贡献2070亿美元，然后是亚太地区的2,140亿美元，以及欧洲、中东和非洲（1,480亿美元）与拉丁美洲（470亿美元）。麦肯锡提到，2013年至2017年间，全球广告增长的63%来自拉丁美洲、亚太地区、中欧和东欧，不过，有两个地区的基数很低。

就消费者的媒介消费而言，扁平化过程更为明显。2013年，北美的消费者媒介支出（2,711亿美元），落后于亚太地区（3,690亿美元），欧洲、中东和非洲（3,570亿美元），不过，拉丁美洲依然排在末尾（630亿美元）。至2017年，消费者媒介支出的差距将会进

一步拉大，亚太地区领先（4,840亿美元），然后是欧洲、中东和非洲（4,300亿美元），北美（3,250亿美元）。宽带预计将是全球消费者媒介支出的最主要的增长点。2013年，在总额高达万亿美元的支出中，麦肯锡预计有3,900亿美元将花费在宽带上，然后是家庭视频（2,690亿美元）、书籍（1,090亿美元）、报纸（750亿美元）、广播（660亿美元）、电子游戏（640亿美元）、杂志（400亿美元）、电影（350亿美元）。至2017年，全球消费者媒介支出将达到13,000亿美元，其中，宽带支出为5,580亿美元，然后是家庭视频（3,450亿美元）、书籍（1,080亿美元）、电子游戏（855亿美元）、报纸（790亿美元）、广播（750亿美元）、电影（420亿美元）、杂志（400亿美元）。

哪些产业提高了这些广告支出呢？2009年，在全球广告支出中，个人护理行业占24.4%，汽车产品20.3%，食品15.9%，娱乐业8.5%。所有其他类型的产品，占27.8%。在美国，这部分支出的比例，从个人护理的22.4%到药品的68.6%。

这些数字显示了美国市场对产品制造商的持续重要性，而美国市场也容易影响到这些产品如何促销。全球顶尖的广告主在美国依然保持39%的媒介预算（广告时代全球营销者，Ad Age Global Marketers）。2009年，全球前100名广告主中有46家在美国， 129
只有12家在美国以外的广告开支超过一半。在54家非美国企业中，有6家公司在美国的营销预算超过一半。2011年，前30位广告主基本都是美国、西欧和日本的企业：宝洁、联合利华、欧莱雅、通用汽车、雀巢、可口可乐、丰田、大众、麦当劳、利洁时、菲亚特、卡夫和玛氏食品、强生、福特、康卡斯特、百事可乐、索尼、辉瑞、日产、标致/雪铁龙、时代华纳、葛兰素史克、本田、迪士尼、百胜餐饮（拥有包括肯德基在内的很多产品）、费列罗、达能、德国电信、比斯多特/智宝（Bierrsdort/Tchibo，该公司生产包括妮维雅在内的很多产品）（全品牌网，Allbrands.com）。它们的广告主要通过五家广告、营销与公关控股公司投放：电通（日本），2012年收入为140亿美元，50%来自北美地区；WPP集团（英国），2012年收入为160亿美元，33%来自北美地区；阳狮集团（法国），2012年收入为90亿美元，34%来自北美地区；哈瓦斯（法国），2012年收入为20亿美元；埃培智集团（美国），2012年收入为70亿美元，57%来自北美地区。

❖ 版权和专利

米伦（Millien，2010）指出，由于“在美国（和绝大多数国家）缺少法律要求，目前没有可靠的国家数据或国际数据能够充分知晓知识产权市场规模，”但国际货币基金组织的调查报告认为，2009年全球知识产权市场价值为1,734亿美元，美国全球知识产权价值为844亿美元——约占全球市场的一半。1997年，特许权使用费占美国服务贸易顺差的29%，在美国整个国际贸易中，服务贸易出口占14%，服务贸易进口只有6%（美国国际贸易委员会，1999）。

2007年，知识产权贸易在美国出口额（总额为9,000亿美元）中占到60%，美国当年的国内生产总值接近14万亿美元。2008年，全球信息通信技术贸易总额是4万亿美元（斯莱特，2011）。2010年，互联网经济在G20国内生产总值中所占比重为4.1%（2.3万亿美元）。斯莱特（2011）的记载还显示了那些密集使用信息技术的产业在国内生产总值和经济增长中占比均为25%，而信息技术生产企业（半导体、计算机、通信业和软件）占国内生产总值的3%和经济增长的25%。2007年，美国用于研发方面的费用为3,741亿美元，占国内生产总值的2.67%。

咨询公司艾比斯世界（IBISWorld）预计，2010年，美国国内知识产权许可与特许经
130 营权市场价值为275亿美元，在专利和商标授权收入中（共计558亿美元）占比20.3%。
米伦（2010）引用《经济学家》（*Economist*，2005年10月22日）的数据表明，技术许可权的广阔市场估计每年为450亿美元；在全球范围内，这一数字约为1000亿美元。2009年，在标普500指数包含的公司中，大约81%的公司市值来自无形资产——其中最大的部分是知识产权（大洋托莫公司，米伦援引，2010）。2005年，仅IBM一家就拥有2,941项美国专利，2007年从其专利组合中赚到10亿美元增值。

❖ 信息通信技术产业

2009年，美国出版业、电影与录音业、电信业和互联网产业的整体收入超过1万亿美元。其中，电信业几乎占据半壁江山（4,940亿美元）；出版业占1/4（2,640亿美元），互联网服务、网站服务与数据处理不足1/10（1,030亿美元），广播电视只是一小部分（990亿美元），电影和录音更低（910亿美元），剩余的是互联网出版与广播电视（200亿美元）以及其他各类小项（70亿美元）（美国人口统计局，美国统计摘要，2012：710）。

2010年，全球“知识和技术密集型”产业附加值共计18.2万亿美元，占全球国内

生产总值的30%。2010年的全球信息通信技术产业附加值(包括半导体、电信设备、计算机、通讯、计算机程序和数据处理)是1995年的两倍还多,从1.2万亿美元增加到2.8万亿美元(美国贡献不低于一半),到2012年,信息通信产业占全球国内生产总值的6%(美国国家科学委员会,2012)。在全球信息通信产业中,仅美国一国就占据26%。亚洲作为一个整体,包括日本、中国与“亚洲八国”,占33%;欧洲占22%。在世界最大的经合组织经济体中,美国在信息通信技术中的固定资本投资占比最高(26%),英国紧随其后,排在第二位。美国是信息通信技术产业的领导者。2013年,在金融、知识产业、制造业和人员的全球流动中,其中半数价值来自知识产业,而这些都高度集中于发达经济体(麦肯锡,2014)。

❖ 与全球资本整合

传统思维断言,美国的媒介帝国主义很长时间以前就已达到顶峰,但证据表明,它
在近数十年间有了相当程度的强化。在许多国家,包括英国或法国那样的社会民主国 131
家,主流电视要么是高度宣传性的,要么是受国家规制的或国家管理的公共广播服务。但是,大多数国家都经历过电视节目的飞速发展,通常都是由广告所驱动,或者,被有线电视频道的订阅收入或卫星传输所驱动(ITVE在2010年预计,到2013年,订阅收入将超过全球电视广告收入),飞速发展之时有着激烈的商业化竞争。商业化影响的频道表面上仍受制于公共服务的逻辑,但它们必须展示自己有能力竞争大量受众,以证明它们所获得的国家补贴或国家批准的许可费是合理的。

在印度,自从独立之后,特别是20世纪80年代后期和90年代初期在国际货币基金组织资助下实行新自由主义的解除管制、私有化和商业化之后,媒体的本土化控制大量涌现(托马斯,2010)。这掩盖了国内与国外资本的联盟,增加了印度对变幻莫测的全球经济尤其是美国经济的依赖。托马斯指出,虽然自由主义者欢呼“融合文化”时代带来了媒介权力的扁平化,但证据显示,印度在国内娱乐和媒介市场上与全球企业有了更多联系的同时,也带来了更高的市场集中度和分层所有权。印度的娱乐与信息媒介产业已经被集中到大企业集团,例如:班内特·科尔曼(Bennett Coleman),时代集团所有者;阿娜达市场报业(Ananda Bazar Patrika);新闻集团星空网络——同时拥有20%的塔塔天空台(Tata Sky)股份;印孚瑟斯公司(Infosys)——印度最大的软件出口商;

太阳电视网络(Sun TV Network)——印度南部泰米尔党地区德拉维达进步联盟党的支持者;罗摩吉·拉奥(Ramoji Rao)——安得拉邦泰卢固之乡党的支持者;电视网络18(Network 18);印度时报电视台(HT Media);紫伊电视台(Zee);信实集团(Reliance Adlabs)。这些媒体或集团与财阀家族(包括塔塔斯、伯拉斯、格恩卡斯)、房地产商(包括信实集团、哈撒韦集团、麦塔斯财富集团)、政党、政客,甚至犯罪分子,都有着各种各样的密切联系。

托马斯对媒介权力"扁平化"质量的怀疑理由是既存事实:"……国际经济与政治的结构,仍然是理解全球和地方传播政治经济的关键。"例如,印度动画产业基本上是好莱坞动画产业在国外的离岸展现,印度电影的生产成本只有美国的七分之一。就电信业而言,印度的主要企业都面临着大量问题,比如,手机服务劣质化、频率管理不善、
132 增值服务缺乏投资、规制僵化,等等,所以,它们正在努力将股权卖给外国投资者。印度软件外包仅仅是加强了世界经济结构的中心与边缘之间的联系,只是在出口市场中成为软件枢纽。

重要的是,进入电视时代之后,全球扩散的却是20世纪30年代美国起草并批准的广播管理模式。其主要特征是,给资本主义企业免费分发公共电波资源,这些企业很好地展示了它们有方法和意愿利用电波、通过销售广告来赚钱。对于这种模式,大家的共识是,会在娱乐驱动下生产廉价电视节目,或者在面对新闻与现实世界事件的时候,去追逐娱乐而不是发布信息(或者将信息娱乐化)。对国家和资本宣传而言,这是一种公式化的、品位不高的、不断重复而且容易操控的模式。它的主要目标是持续吸引受众的注意力,以便尽可能将其销售给广告商。

这种模式的全球推广几乎不只是学术上的兴趣问题。因为,纵观整个时期,广播电视是大众信息的最重要的媒体来源,然而,如果从与社会行为的适用性来看,这些信息的质量和实质——与适当的民主功能需求——几乎是糟糕透顶的。2010年,付费订阅的电视市场(主要是有线电视和卫星电视),已经开始与基于广告的市场等量齐观。但是,这也是一种主要发端于美国的电视形式,受到美国电信与电视产业的利润驱动,包括美国电话电报公司、康卡斯特和时代华纳等大公司的驱动。

付费电视与广告业之间并不对立:在美国,收视率最高的付费电视频道,都是播出大量广告的主要电视网及其附属台,这些电视网和许多专门为有线和卫星广播制作的频道(包括购物频道)一样,都提供丰富的广告。付费电视的天才生意经是,说服消

费者在付费电视台提供的服务这里花费更多时间，会比在其他多个频道上获得更多回报（尽管使用了压缩技术，但如果需要，这些频道也可以在地面传输）——2008年平均为118个频道——即使许多观众只看很少的内容（平均为16%或13%）。这导致美国成人电视观众从1988年每天收看大概4小时增加到2011年的5小时——超过了其他任何一个国家（电视广告管理署，2012），这还不包括手机与电脑上的电视观看。这反过来提升了广告的播出。数字电视的到来，在美国比世界上其他任何地方普及的速度都快 133
（2010年为83%），不过，这只是放大了上述特征，增加了观看电视节目的灵活性。

媒介帝国主义批评者的惯常路线是，以早期媒介帝国主义倡议者的观点作为靶子，即过分地害怕美国对全球电视的单一霸权。而这恰恰还是发生了，但不是从美国进口电视节目（尽管到目前为止，全球最强的电视节目销售国是英国和美国，然后是荷兰）。问题是，全球采用的电视形式是美国媒介公司的发明，甚至很多国家的电视看上去就是美国电视——肥皂剧、名人坊、真人秀、游戏节目、美国新闻报道标准、全球品牌广告的重点展示等。

对早期媒介帝国主义倡议者的批评同样严厉，涉及基于美国电视全球化的文化恐惧及其他后果。批评者论证了以民族志为基础进行接收信息研究的荒谬，在很大程度上，确实没有诸如皮下注射论那样的媒介“效果”模型，人们的信息接收过程包括选择性注意、理解与保留等（克拉珀，1960），电视更像是强化了人们的已有态度，而不是改变了它。这是一个重要且复杂的争论，然而，我们不应忽视正是美国和西方国家主导的信息传播硬件与软件，从一开始就压缩了全球的时间与空间，而且，世界大经济体的价值观（主要是美国，其后是欧洲、苏联、印度、中国、巴西、印度尼西亚）看上去越来越相似，也更像是美国精英及其新自由主义哲学理念所推动的价值观：一种不受管制的垄断或寡头垄断资本主义的生产与交换、消费主义以及个人主义的“自由”市场哲学。这些价值致使至关重要的基本标准——可持续发展——变得毫无意义，加速了生态破坏，造成全球变暖、地球资源枯竭，以及土地、森林、河流和海洋的污染，还有大量生物物种的实质性灭绝。我们需要略加注意在竞争中青睐垄断和寡头垄断的资本家所宣扬价值的虚伪性，以及他们的丑闻、犯罪和无能（2008年全球金融和银行系统爆发的危机，造成持续衰退，甚至进入2014年后有所加剧）被由他们控制的政府所掩盖，政府以惊人的慷慨对富人实行社会主义。他们反复宣扬资本的自由流动，但却抵制国 134
际劳务的自由流动，并对小国采取高压政策，逼迫其开放市场，而对本国的农业生产者以及其他特定领域进行保护。最为重要和最具象征意味的是，世界上主要经济体的主人们，每天伴随着“自由主义”的音乐而翩翩起舞，却对他们的人民加强了监视与控制，聚集在“自由”市场的意识形态下的同时，却在实践中继续坚持贸易保护主义者的伪善。

❖ 小 结

一些媒介帝国主义的批评者，似乎忘记了由学者们确认的媒介帝国主义要素间的最初关系，即新媒介的出现与崛起在形塑和巩固帝国时的作用，这些学者包括哈罗德·英尼斯（2007[1950]）、马歇尔·麦克卢汉（1967）与赫伯特·席勒（1992[1969]）（尽管他们的意识形态不同），而达雅·屠苏（2006）在他的教科书《国际传播》（*International Communication*）中重新对这一问题做了叙述。席勒（1992[1969]）是综合分析媒介硬件（包括卫星）与软件（无论是显在的内容还是广告）的首批开拓者之一，两者的发展都是美国经济与政治的需要，为本国工业增长服务，渗透到国外市场，巩固美国作为超级大国的现状。虽然没有经常探究诸如媒介帝国主义这样具体的概念，但许多学者都持续探索了很类似的问题，即世界的媒体呈现与国家的对外政策之间的关系。也有一些学者考察全球媒体的案例，比如国际新闻报道机构或国际24小时电视新闻频道，构成了解除全球资本主义规制的新自由主义意识形态的全球化传播背景。此外，国有性质的媒体也在很大程度上愿意效仿国际媒体，以作为服务于本国政府的宣传渠道，或者在更多时候传播的不具有普遍性的新自由主义商业、企业与金融世界秩序。

议程设置理论（韦弗等，1997）、框架理论（恩特曼，2003）、指数理论（班尼特等，2008）、影响层级理论（休梅克与里斯，1995）、“宣传模式”（赫尔曼和乔姆斯基，2002[1998]）在相关性上具有显著融合，即使他们互不参照。媒介学者面临的挑战是寻找将主流媒体和另类媒体拆分研究的路径和方法。纵观所有媒体模式或媒体平台，
135 “框架故事”的讲述与特定的利益总是相一致的。大部分“框架故事”在言之凿凿中落入了帝国主义话语的情境中，特别是在某些国家或地区，比如，中美洲和南美洲、伊拉克、伊朗、利比亚、北非、巴基斯坦或巴勒斯坦，这些地方长期以来一直受到霸权国家和野心帝国的掠夺、恐吓与操控。

有几位学者的研究焦点集中在思考跨文化之间的媒介流动，不太依赖权力关系这种变量，而考虑的是地理、文化和语言的相似性、文化折扣等中间变量（辛克莱尔等，1996）。最终这些研究确认：媒介影响在区域和地方中心虽然有生命力，但是它们并没能削弱来自帝国或前帝国权力的媒介影响。卡斯特（Castell，2000）的命题是，新世界秩序是根据各种网络来进行界定的。与此相关，斯特劳哈尔（Straubhaar，2007）的研究，为我们理解媒介流动的复杂性做出了贡献。他认为几种不同的媒介流动处于共存状态，包括经典的从强国流向弱国的单向媒介流动。斯特劳哈尔的理论也重申了对媒介帝国主义理论的批评，即相对缺乏成熟的受众/接收研究，以及"主动的"收视或阅读所产生的作用。虽然这是一个关键性的指责，但是，媒介的重要性并不只是因为它们可能有或可能没有说服力，产生说服力的方式是媒介生产者有意愿或阐释者有担心或怀疑，而引起受众的关注。媒体也是"媒介空间"（media space）的一种资源。当媒体被一小部分人的声音所霸占，为他人发出声音或者倾听他人声音的空间、时间和机会就会更少。这是一种帝国主义的形式在起作用。人们可以质疑，批评者能否对自己的假定保持乐观，即假定与生俱来的个体"意义制造"的民主。媒介效果、接收、使用满足研究的更新迭代，表现出强大的主流媒体文本的影响力，以及现实的建构在任何社会都是以假定媒介"权威"与"客观"为基础，通过权力的普遍结合来获得社会认可。

作为曾经启发了媒介与文化帝国主义理论的社会正义之激情，目前已经被所谓的全球化进程作为评判标准的后殖民主义所包围。有些学者为我们理解文化理念与正规的意识形态之间的关系做出了贡献，这种意识形态与民族国家、种族、身份等要素相关（阿帕杜莱，1992）。他们揭示了全球、国家与地方之间的关系复杂性（有时是对民族国家的不成熟理解，或者甚至认为是民族国家的"消亡"，见斯巴克斯，2007），通过诸如对全球本土化（glocalization）（罗伯逊，1992）和本土化间性（inter-localization）（萨尔瓦伊，2009）的概念使用，论证了文化变迁的易变性与媒介流动之间的互动
关系，以及媒介产品、流动、受众与个人身份之间的混合特征。近期文献中关于杂交 136
（hybridity）的观念（例如，科雷迪，2005；陈与冯，2011）提醒大家不要忽视结构化杂交状态下的权力关系。在文化如何被影响、在哪里影响、受谁影响、被什么资本影响，以及生产其他资源性产品等方面，某些利益集团更具有影响力，就像这些"文化"将会被确切地呈现，以及这些呈现将在多大程度上会被纳入媒介空间不曾存在但却真实存

在的文化形态中。

全球正面临着令人震惊的一系列相互关联的重要危机，包括：气候变化；环境退化与空气、土地、淡水污染；陆生和水生物种的大规模消亡；貌似无法控制的企业与金融家的贪婪；“寡头”与其他所有人之间持续恶化的不平等；民主制度的公司化；在阿富汗、刚果、伊拉克、伊朗、利比亚、叙利亚与世界其他地方存在的富有侵略性的新殖民战争。不管是上述单个危机，还是全部危机，都可以更全面地理解为“帝国主义”的当代需要，以及更全面地理解服务于帝国与“君权”的媒介角色。每一种危机首先被主流媒体企业所建构框架和调解。如何才能最好地提炼“媒介帝国主义”这个概念，以便更好地把握当代帝国行为的复杂性和数字时代媒体的复杂性，以回应我们人类所面临
137 的严重的多重困境？

第九章

其他媒介帝国主义

❖ 宽广的视角

我在上文中特别强调了美式帝国的生长，提请大家一定要注意不同帝国主义之间的区别：一种是以获得对领土的政治控制为中心，一种是以不平等的贸易关系战略为中心，有时这种战略亦可能导致对某些领土享有特权和/或控制这些领土。这本书聚焦于美国的案例，步后尘于赫伯特·席勒（1992［1969］），他将注意力唯一放在美国身上，我在其他著作中批评过他的这种唯一性（博伊德-巴雷特，1982）；其他很多案例来自论述过媒介帝国主义的学者，比如阿芒·马特拉以及部分南美学者，他们是在20世纪70年代就沿着这个方向探索的先行者。然而，国家间政治权力的不平等，并不是一个、两个或者三个大国与其余国家对抗的问题。根据经济、文化或政治活动的特定领域的差别，存在着很多微妙的权力等级与变量。若以年度军费开支为评判标准，全世界公认迄今为止，美国拥有远超他国的最强大的军事力量，尤其是如果将其主要盟国的军费开支也考虑在内的话，更是如此。但是，如果从多个方面综合衡量，经济优势并非美国独领风骚，其他一些大国（如中国）或国家集团（如欧盟）同样占有一席之地。经济最强大的国家位居核心，环绕在外的是关系亲密的盟国，它们与其享有几乎同等程度的经济和政治特权；亲密盟国的圈子之外是普通盟国或附庸国，与它们各自追随的帝国中心相比，这些国家或经济财富较好，或政治地位较低，抑或二者兼而有之，而它们依附帝国中心的原因也大多不言自明，即迫于帝国的高压与霸权。

我集中探讨了媒介帝国主义的两种主要形式。一种与这些帝国中心及其亲密盟国的主流媒体的报道方式有关，也包括一些附庸国的主流媒体，它们通过故意疏漏或专
138 门夸大的报道方式，来支持帝国权力的地位与战略。另一种与前一种不无关系，涉及不同民族国家媒介体系之间的不平等，以及某些国家的媒介体系对更强大国家的媒介体系之利益与策略的百般顺从。关于第二种形式，我曾援引强国媒介对弱国进行市场渗透的例子，双方媒介对彼此的影响不成比例，最强国的某些媒介在影响力上占据绝对优势，在某些甚至是大部分国家的议题上，能够建构媒介框架，掌控主动权。正如我在第8章中所列出的，这些例子包括北美和西欧的全球性通讯社、“好莱坞”、唱片业、广告业、新兴信息与通信技术的很多领域，从硬件（比如卫星、计算机服务器、有线桌面机顶盒）到软件（比如互联网搜索引擎与浏览器、社交媒体），不一而足。对于地方或区域公司的媒介市场活动来说，这些影响看起来似乎已经有所下降，但是，美国在2014年仍然一家独大，是全球传播领域资本最集中的国家。这一点，已被美国广泛应用于谋求政治、经济和军事方面的监视、控制与利益。

媒介权力的等级不仅存在于大国与小国之间，也存在于中等国家与小国之间。滕斯托尔（2007）指出，这一点在人口小国表现得尤为突出，小国的媒介市场根本没有足够的市场容量支撑它们与国外大公司竞争，因为后者的产品成本已由其国内市场分摊，这种规模经济带来的好处，小国本土的媒介公司可望而不可即。这种不公平的优势在地理位置和/或文化/语言接近的国家之间，可能表现得更为强烈。

谈到“其他媒介帝国主义”问题，我发现了多种不同的表现形式，它们虽不相互排斥，但亦非相互包容。媒介帝国的发展既可以是进攻型的，也可以是防守型的，兼而有之者亦不罕见。“其他媒介帝国主义”与努力抵制的全球或地区霸权国家的媒介帝国
139 主义之间，界限并不总是那么清晰。

❖ 后帝国模式

这种模式存在于很多国家，以英国、法国、西班牙，当然还有美国为代表，它们不仅在其原殖民地国家的媒介市场上占有举足轻重的地位，在地区乃至全球市场上亦是如此。这些国家拥有世界上许多主要的全球媒体集团。作为前帝国强国，日本也应位列其中，在1945年战败后，日本经济在美国的指导下得以振兴，如今坐拥全球媒体巨擘——索尼公司。

英国是一个重要的媒介生产和出口中心，尤其是在电影、广播电视娱乐与新闻、报纸、杂志、图书出版等领域，数字内容领域也后来居上。这使得英国制作者有机会介入很多其他国家的媒介体系与文化之中。在某些情况下，这一点非常重要，英国因此在传播空间中获得了发出"声音"的特权。英国媒介产品出口业的成功，一方面有赖于其前帝国强权的地位（英国一度是世界头号帝国），使其与全世界很多国家都保持着广泛的、持续的政治、文化与经济联系；另一方面也与其大部分媒介产品都使用英语密不可分，英语是国际外交和商业的通用语言，同时也是其他几大媒介消费中心的官方语言
或官方语言之一，这包括美国、印度、澳大利亚与新西兰。总体而言，英国媒介生产的 140
主要动机与经济利益直接相关——通过产品销售和广告获利，但人们普遍认为，这种经济利益还具有政治或"软实力"的价值，有助于英国在世界各地营造其正面形象，宣扬其政治体系和文化，及其自我宣称的客观报道新闻的能力。

以路透社为例，这个以营利为目的的全球性通讯社，为世界各地的印刷媒体、电视和网络新闻机构批量提供综合性新闻，为公司、经纪人、银行和投资者提供财经新闻。路透社创立于1850年，总部位于伦敦，迄今仍是杰出的新闻机构，2008年被汤姆森集团并购，更名汤森路透社（Thomson Reuters），成为一家总部设在纽约的加拿大公司，在多伦多和纽约证券交易所挂牌交易。放眼全球，能与路透社一较高下的只有彭博社（Bloomberg），总部位于纽约，也是一家经济与综合性新闻机构。在财经新闻方面，相较于美联社（AP）与法新社（AFP）这两大国际通讯社，汤森路透社和彭博社要强大得多。借助于路透社，英国塑造了何为重要新闻的全球观念。尽管在战时（包括"一战"和"二战"）与战后危机时，路透社被以各种方式指派去服务于大英帝国的宣传战略，但几十年来，路透社首先是一家具有企业精神的公司，只是偶尔屈从于英国的"软实力"宣传。在有些情况下，这种关系也可能是相反的，BBC就是典型：BBC的对外或海外机

构原本都是为英国利益发挥“软实力”功能，政治上和经济上均是如此，但这种软实力上的成功促进了BBC环球的盈利，使其与CNN平分秋色，成为全世界最强的两家国际广播电视公司之一。

❖ “强—弱”式媒介市场模式（英国与爱尔兰）

长期以来，“强—弱”式（Strong-Weak）的媒介市场关系，正是英国与爱尔兰的真实写照，后者一度是前者的殖民地，北爱尔兰至今仍在英国治下。这种模式是任
141 意两国之间不平等媒介关系的典型案例，但至少需要在三个方面予以提炼完善。首先，“入侵”弱国的媒介系统不仅在原产国非常活跃，而且在世界各地亦是如此——它们跻身于全球媒介巨头之列，或许本身就被视为称霸全球的媒介帝国主义者。就爱尔兰的情况而言，即便作为“被入侵”的一方，也可以自夸拥有这样的媒介集团。其次，这种模式凸显了本国媒介体系依赖他国媒介体系的共生特征，但“入侵国”和“被入侵国”或许也依赖从其他国家的媒介进口。例如，在英国和爱尔兰，好莱坞电影的票房收入均远超本国电影，在两国的电视市场上，海量的美国电视节目大行其道，计算机与网络市场则因苹果、易趣、脸书、谷歌和微软等公司而被严重地美国化。最后，媒介不平等的跨国特征，不应被视为具有内生性，或必然就比国内媒介帝国主义现象（这适用于世界上大多数国家）更重要，只要国内媒介市场显露出垄断、寡头或严重的所有权集中的迹象，就表明发生了国内媒介帝国主义。在一个全球化的世界里，媒介帝国主义是对意识的殖民化，不管是发生在一国之内还是跨越国界，均是媒介帝国主义。

爱尔兰独立战争后，爱尔兰自由邦（1922—1937）实行有限地方自治，一位早期爱尔兰媒介史学家（布朗，1937）评论说，“英国媒体在爱尔兰的广泛传播对这个国家构成永久的威胁”。在21世纪初期，爱尔兰市面上的日报有三分之一是英国报纸。这些报纸主要由以下几个大公司控制：（1）新闻国际集团（the News International group），拥有《爱尔兰星报》（*Irish Star*）、《爱尔兰世界新闻报》（*Irish News of the world*）和《星期日泰晤士报》（*Sunday Times*）；（2）联合新闻集团（Associated News），拥有《星期日爱尔兰报》（*Irish Star*）和《爱尔兰地铁报》（*Metro Ireland*）；（3）三一镜报集团（Trinity Mirror），拥有《爱尔兰每日镜报》（*Irish Daily Mirror*）、《爱尔兰星期日镜报》（*Irish

Sunday Mirror）和《人民报》（*People*）。此外，英格兰或苏格兰的地区报业集团在爱尔兰也有所经营，包括约翰斯顿出版社（the Johnston Press）、苏格兰广播控股集团、丹弗姆林出版社（Dunfermline Press）与阿尔法报业集团（Alpha Goup Newspaper）。英国报纸掌控的爱尔兰读者数量快速增长，在某种情况下，爱尔兰报纸无力应对英国报纸的价格战，加剧了这种势头。爱尔兰报纸的市场份额远远小于其英国竞争对手，价格也通常更高一些。英国报业的影响不仅限于媒介所有权，更是延伸到商业模式与报纸风格，至今仍令英、爱两国报业备受困扰的媚俗化报道就是例证。这种趋势非常强大，迫使爱尔兰的“高品质”报纸在发行量上非常有限。

爱尔兰的案例表明，如果仅仅依据本国媒体的自主状况和国外媒体的入侵状况就认定媒介帝国主义，具有危险性。对媒介帝国主义本质的忧虑在于，它会限制媒介声音的潜在多样性。国外媒体并非唯一的威胁。就像很多国家一样，爱尔兰也曾采取措施 142
加强所有权和加紧对国内外媒体的控制：2000年初期，爱尔兰60%的日报销售额把持在默多克的新闻集团和爱尔兰媒介巨头托尼·奥莱利（Tony O' Reilly）的手中，前者拥有《爱尔兰太阳报》（*Irish Sun*），后者与新闻集团一样，也是全球媒介巨擘，拥有独立报业集团和《贝尔法斯特电讯报》（*Belfast Telegraph*）。

国内媒介的所有权集中对多样性的挑战不亚于国外媒介的影响。尽管爱尔兰在1960年建立了国家广播公司RTE，但从英格兰和北爱尔兰传来的BBC溢波信号还是给它带来了很大的影响。英国的影响至今仍未消失，但伴随着英国和爱尔兰的电视媒介私有化以及有线与卫星广播电视的引入，这种影响已经分化。爱尔兰一半以上的家庭订阅了多频道电视网的节目。如今，BBC和英国独立的地面电视与卫星电视频道，占爱尔兰总收视份额的20%。至少还有大约相等份额为其他外国媒介资源所占有（莫瑟如，2005）。

❖ “强—弱”式媒介市场模式（澳大利亚与新西兰）

从根本上讲，澳大利亚媒体对新西兰媒介市场的渗透相当严重。2011年的一份报告（麦利拉提，2011：1）总结道，随着新西兰政府逐步减少对公共服务媒介的财政支持，甚至出资帮助一家私营媒介集团“沃克斯媒介”（Media Works）摆脱困境，“新西兰媒介公司正日益被全球和泛区域媒介公司所控制……面对商业和股东的压力时弱不禁风"。这种状况同2008年的一份报告（罗森伯格，2008）所得出的结论几乎没有变化，当时，报告指出，新西兰媒体主要被四家公司所控制，而且均是国际金融机构和传媒大亨联合拥有的外资公司：APN新闻传媒集团（APN News and Media），最大股东是爱尔兰独立新闻媒介集团（Irish Independent News），与托尼·奥莱利（Tony O' Teilly）关系密切；澳大利亚费法斯传媒（Fairfax Media），澳大利亚亿万富翁吉娜·莱因哈特（Gina Rinehart）持有少量股份；沃克斯媒介为澳大利亚铁桥投资集团所有；美国的新闻集团/天空电视台，为鲁伯特·默多克所有。

新西兰保留了大量的免费收看的电视服务，目前相关业务由"免费收看频道"（Freeview）加以管理。"免费收看频道"播放新西兰电视台（Television New Zealand,
143 TVNZ）各频道的节目。新西兰电视台虽为政府所有，但其90%的资金却源于商业收入。2008年，政府免除了新西兰电视台因特许经营需要承担的义务，以鼓励电视台依靠广告收入并向政府支付红利。与此同时，政府还关闭了公共服务频道TVNZ7与TVNZ6，前者曾负责提供24小时公共电视服务，后者则被卖给一家靠广告收入营利的商业公司，名为U.Freeview，负责传输多家媒体的信号，例如新西兰电台、毛利电视台（Maori Television），以及沃克斯媒介。沃克斯媒介是澳大利亚投资集团——铁桥投资集团旗下的传媒公司，它本身就拥有TV3、C4电视台和10个广播电台。2013年，公司进入破产受管程序。澳大利亚APN新闻传媒集团的部分股权归爱尔兰独立新闻传媒集团所有，它旗下有六家新西兰报纸，包括《新西兰先驱报》（*New Zealand Herald*）与《星期天先驱报》（*Herald on Sunday*），此外还有八家广播网。广播网（The Radio Network）隶属于澳大利亚广播网，后者与美国的清晰频道（Clear Channel）和澳大利亚APN新闻传媒集团均有合作，并拥有八家新西兰广播网和100家电台。自1987年至2013年，天空电视台的主要持股人是新闻集团。2013年，新闻集团将其持有的44%股份悉数出售。天空电视台在新西兰电视订阅服务领域居于垄断地位，2011年的订阅量达到全国人口总数的53%。天空电视台旗下拥有Prime TV，还与新西兰电视台共同拥有一家收费低廉的电视服务商——冰屋电视公司（Igloo），以及通过电信服务商沃达丰（Vodafone）提供14个移动电视频道。费法斯新西兰有限公司隶属于澳大利亚费法斯传媒，在新西兰经营着70多家报纸。

新西兰报业中极为浓重的澳大利亚色彩，再加上费法斯和APN这对宿敌在报业领域的利益冲突，使得两家共同拥有的长达130年的新西兰国家通讯社——新西兰报联社

（New Zealand Press Association，NZPA）——在2011年关门停业。费法斯集团和APN集团分别拥有新西兰报联社股权的60%和40%。之所以关闭新西兰报联社，源于两大股东都将其视为自己所有的商业新闻服务的竞争对手。新西兰报联社停业之后，由三家通讯社取而代之，均为外资通讯社：APN新闻传媒集团的APNZ通讯社、新西兰新闻专线通讯社（隶属于澳大利亚联合通讯社），以及费法斯新西兰新闻通讯社（FNZN）。

❖ 泛地区模式（阿拉伯世界）

不断加剧的媒介私有化和商业化，促进了地区性的媒介生产，共享相同语言和/或相同文化的地区，可以因此充分利用规模经济。阿拉伯世界的17国市场，即是如此。 144

依据广告收入（电视广告为18亿美元），2011年阿拉伯世界的主要媒介是电视（占广告总额的40%）和纸媒（31%），与此同时，数字媒介的广告额上升至10%。居于统治地位的媒介是免费电视（其中地面电视占38%、卫星电视占63%[1]），共有540个频道，近半数电视节目来自三个国家：埃及（18%），沙特阿拉伯（17%），阿联酋（14%）。

在阿拉伯地区电视市场中，50%的观众在25岁或25岁以下，其地域特点是高度关注当地（本国）内容。但是，节目制作人却对提供泛阿拉伯的节目内容更感兴趣，即使这些节目需要做调整以适应当地市场。整个地区市场因而既包括大量的泛地区节目，也有阿拉伯地区之外的引进节目，本土制作日渐增长且逐渐集中。

2012年，《阿拉伯媒介世界》（*Arab Media World*）报告（第9页）指出，“对于观众来说，进口节目持续在阿拉伯电视版图中占主导地位，土耳其电视连续剧一如既往地受到青睐，国际才艺表演节目的本土版《阿拉伯偶像》（*Arab Idol*）大获成功。”在四大电视市场（埃及、摩洛哥、沙特、阿联酋）最受欢迎的40个电视频道中，沙特的中东广播中心[2]占有16个，卡塔尔的半岛电视台第三台和沙特的罗塔纳电影频道（Rotana Cinema）紧随其后。在沙特最受欢迎的十大电视频道中，中东广播中心占据了第一、第三、第五、第六和第九的位置；在埃及收视率最高的频道中，埃及的生活频道（Al Hayat）占据了第一、第二、第三和第五的位置。

---

① 两者相加超过了100%，原文如此。——译者注

② 中东广播中心（Middle East Broadcasting Center，MBC），1991年成立于伦敦，2002年迁至迪拜，是阿拉伯世界最早成立的免费广播电视台之一，也是中东地区最大、最受欢迎的电视网络公司。——译者注

在付费电视市场（在2011年广告收入总额中占22%）中，占据主导地位的运营商包括主要播放西方流行娱乐节目的轨道——映佳卫星电视公司（Orbit Showtime Network，OSN），由沙特轨道（Orbit）公司与美国映佳（Showtime）公司合并而成，占埃及付费电视市场的45%、阿联酋的11%、科威特的19%；半岛电视台体育频道（占埃及付费电视市场的26%、摩洛哥的64%、阿联酋的16%与科威特的57%）。体育节目在泛阿拉伯付费电视市场独占鳌头（占63%—93%）。此外，该地区的盗版率很高；50%的盗版电影来自美国各大电影公司。

在体育类电视节目中，付费人士更青睐国际体育联赛，尤其是在埃及和黎巴嫩。尽管在人口众多的埃及，本土节目更受欢迎（埃及是阿拉伯地区最强的电视节目生产国），但在阿联酋、摩洛哥和沙特几个主要电视市场的最受欢迎频道中，泛阿拉伯语电视节目一枝独秀。在杂志领域，女性杂志占销售总额的75%，大多数杂志（47%）面向泛阿拉伯读者。这份报告指出，阿拉伯地区和跨国集团之间的合资企业越来越多，包括新闻集团投资罗塔纳集团（持股15%）；BBC辩论节目《问题时间》（*Question Time*）的阿拉伯语版；阿拉伯天空新闻电视台；索尼影业电视公司推出了其颇受欢迎的美国节目的
145 阿拉伯语版本。

最显著的国际影响在阿拉伯电视方面表现为版权许可，有24%的真人秀系列节目是版权许可，以及内容译制（在土耳其播出的*Nour*尤其如此，其由中东广播中心提供，播出时用口语化的叙利亚方言配音，因此大受欢迎；特纳广播公司的阿拉伯语版——卡通阿拉伯频道，亦是如此）。在电影领域，阿拉伯地区的电影制作主要集中在埃及。配额政策有助于缓解进口好莱坞和宝莱坞电影的压力。

新媒体进一步扩大了国际渗透：有78%的沙特人购买进口笔记本电脑，68%购买进口智能手机，48%购买进口台式电脑，15%购买进口平板电脑、智能电视或网络电视。脸书注册用户占总人口的比例，在阿联酋是54%，卡塔尔38%，科威特34%，黎巴嫩33%。脸书和推特一统社交媒体的阿拉伯版图。单是这两个社交网站，就为地区性的内容网站贡献了非常可观的用户流量，这些网站是Al Arabia.Net，Vodafone Qatar，Koora.com以及Nawras。谷歌无疑是最受青睐的搜索引擎。谷歌和雅虎占据阿拉伯地区网络搜索的83%。雅虎还拥有Maktoob，后者是阿尔及利亚一家受到欢迎的门户网站。几个主要的泛地区性的门户网站，包括埃及的体育网站Koora.com，约旦支持的拍卖网站Souq.com，卡塔尔支持的Al Jazeera.nt与Maktoob.con。阿拉伯地区主流的智

能手机品牌是诺基亚、苹果、黑莓、三星和HTC。跳跃传媒（Flip Media）是阿拉伯地区最强的广告机构，目前已经被在全球三大广告和市场营销中排名第二的阳狮集团（Publicus）所收购。

❖ 泛地区主义与“韩流”

韩流（Korean Wave或Hallyu）出现于20世纪90年代后期，有时被援引为成功运用“软实力”（参见下文）的案例。“韩流”用来表示韩国流行文化产品的出口，主要出口至日本、新加坡和中国的内地、台湾、香港等其他亚洲国家和地区，也有一些出口到更远的地方（吉姆，2013），以及欧洲、北美以及其他国家的韩国人聚居区。宋（Sung，2013a：135）指出，尽管韩流的受众遍及世界，但“其主要消费者都来自东亚，他们构成了跨国消费集团，在各不相同的本土环境中传播‘韩流’时起到了重要作用”。吉姆（2013a：15）认为，“韩流”可以被视为一种“对西方文化影响的平衡”，一种与西方媒介优势地位和不平等权力关系共存的地区霸权，甚至“通过文化产品的流动，以及资本方面的合资、直接投资与项目联合”强化了美国的影响力（吉姆，2013：16）。岩渊 146
（Iwabuchi，2013：50）提出“东亚媒介文化的兴起并没有从根本上挑战以西方为中心的权力结构，而是在其框架内形成，并被纳入失衡的全球化过程”。关于电影与网络游戏，金（Jin，2013：148）认为，这两种媒介形式通过制作、叙事、特效、雇佣本土员工、适应本土文化口味等手段，“走的完全是杂交战略”。

“韩流”这个概念标志着东亚地区的电视剧和电影在区域内的多向流动和重建，包括日本、韩国以及中国的香港和台湾在内（岩渊，2013）。这些杂交文化产品为身份重构创造出新空间和新资源，在不同程度上渗透到了霸权国市场。但是，“韩流”也可以被看作文化民族主义的一种形式，“具有讽刺意味的是，它其实是一种文化帝国主义的新版本，深深植根于文化民族主义和意识形态立场，与文化多样性与软实力的魅力背道而驰”（奈与吉姆，2013：41）。岩渊（2013：50）指出：

> 每个国家推广和传播的媒介文本类型，大多在商业和意识形态上居于霸主地位，却不太可能充分代表国内处于社会文化边缘的声音（除了那些已被符号化的多元文化商品外）。

这与吉姆（2013b: 86-7）的理解一致，“全球化的西方霸权使国家边界变得日益脆弱，西方在媒介化空间中成为一种威胁性存在，亚洲国家在寻求国家文化身份的斗争中，渴望一种独立的文化力量与特定的话语地位”。金硕永（Suk-Young Kim, 2013）提出了另一种观点，他分析韩剧《流星花园》，认为“韩流”的文本符合标准化、正面化和商业化（通过广告植入）的新自由主义者和物质主义者的信条，这些信条包括取消对公司权力的约束，削减与之共存的国家权力，社会关系附属于财富的攫取，屈服于阶级和财富的不平等。

20世纪90年代，卫星广播电视的发展助力“韩流”四溢；进入21世纪后的近20年中，社交网络和视频分享网站助力“韩流”更上一层楼。美国网络巨头谷歌通过
147 YouTube视频网站已经成为传播“韩流”的核心引流者（小野与权，2013）。YouTube在音乐类别里设立了“韩国流行音乐”，这是该视频网站首次为某一个特定国家设立音乐类别。这种做法不但加强了韩国流行音乐的可视程度，而且极大地方便了受众下载，在与谷歌相互关联、易于搜索的情况下，以低成本拥有大量受众成为可能。韩国娱乐业的几大公司，比如SM与YG，都开通和运营了YouTube频道。YouTube允许用户发表评论和建立虚拟歌迷社区。

“韩流”在国内和国际市场的经济价值有望从2012年的100亿美元增长至2020年的570亿美元（吉姆，2002）。由于本国电影制作数量的增长，韩国对进口产品的依赖程度开始减轻，2006年国产电影在韩国市场的占有率达64%。不过，韩国与美国在2006年签署自由贸易协定之后，这个数字于2011年降至52%。“韩流”的主要出口商品包括：

- 韩国电视剧。2011年，出口收入为2.52亿美元。著名电视剧，比如《冬季恋歌》（2002）、《大长今》（2003）和《流星花园》（2009）。2004年，这些电视剧的主要出口市场为中国台湾（20.5%）、日本（19%）、中国内地（19%）与香港地区（3%）。
- 韩国流行音乐。2011年，出口额达1.77亿美元。这个行业被吉姆（2013: 8）描述为“从一开始便将国际受众定为目标市场、专门规划出来的产业”，通过数字传播网络进行市场营销。韩国流行歌星的音乐—视觉形象，在西方市场上符合“西方人对亚洲人在种族和性别方面的主流认知，可谓用心良苦”（吉姆，2013: 21）。

- 韩国电影。2005年，出口额为7,600万美元，但随后迅速下滑，2011年有所恢复，至1,580万美元。金（2013）注意到，韩国每年排名前十的国产电影大部分是商业片与合拍片，越来越多地从剧情片转为立足商业成功的好莱坞类型电影，更多地考虑经济回报，而不是探讨严肃的社会问题或民族价值理念，更少关注普通人的生活与奋斗。金（2013：155）总结道，“好莱坞电影就是全球电影至高无上的标准，本土电影基本上就是复制和追随好莱坞”。因此，大量韩国文化产品被称为好莱坞或西方商业化媒介文化的杂交品或模仿品。的确如此，韩国流行文化并不是真的韩国文化，而是一种旨在国际售卖、集多种影响于一身的杂交文化。吉姆（2013）援引批评意见称，尽管很多韩国制作人宣称韩国电影是“将好莱坞风格和类型与具有韩国特色的故事和主题相结合”，但其实不过是聚焦于暴力与性的好莱坞大片的简单翻版（吉姆，2013：11）。 148
- 在线游戏。这是迄今为止“韩流”在经济上最成功的项目，就文化产品来说（虽然韩国电信和电子产品公司取得了更大的成功，尤其是三星公司），也是韩国迄今为止最具全球性的项目（不仅在亚洲，而且在北美与欧洲市场也有重要的一席之地），2011年的出口额达21亿美元。2010年，在线游戏占韩国游戏业出口总额的97.6%：韩国没有加入既有的单机游戏的产业竞争之中，而是集中精力发展在线游戏，名扬于大型多人在线角色扮演游戏（MMORPGs）与休闲游戏。金（2013：156）注意到，很多大型多人在线角色扮演游戏基于传统奇幻主题，有些游戏则混杂了不同主题和类型，“将奇幻元素与剑术、巫术以及科幻融为一体……部分在线游戏采用了西方故事情节；但是，游戏发行商和开发商在制作游戏时将其与韩国精神相结合……本土游戏公司在策略上使用无国界的故事情节与背景，以便在吸引本国游戏玩家的同时也能争取西方游戏玩家”。金进一步总结道（2013：161），“杂交化并不总是带来平等的文化交流……它意味着文化产品的全球流动仍然是不均衡的，西方流行文化和文化产品具有明显的单边优势。很多国外公司在韩国游戏市场有投资，而韩国游戏开发商也在欧美等国设立游戏开发工作室，雇佣当地开发人员，以帮助其拓展欧美市场”。

奈与吉姆（2013: 39）把“韩流”描述为“文化与经济交融的典型范例，在全球化时代以新自由资本主义的路径，借助国家品牌实现文化商业化”。“韩流”的偶像经常被选为“韩国品牌的商品代言人，通过持续性的广告植入和偶像营销，帮助韩国品牌营造更时尚、更酷的产品形象”。

以为借助“韩流”产品提升对韩国的认识，了解其真实状况和社会政治问题，或者，以为其中有很多反霸权主义的文化形象，都是靠不住的，甚至是不太可能的，考虑到“韩流”产品意在争取更多的国际消费，它们甚至会强化霸权式的刻板形象。出口并
149 不一定会促进相互流动（例如，东亚邻国和地区的文化产品不一定会进入韩国）。吉姆（2013a: 39）指出，主要是韩国和日本的流行文化产品以势不可挡之势进入东亚其他国家和地区，而逆向流动却寥寥无几。而且，由此产生的重要或积极影响，也并非如政府与公司所愿。吉姆援引例证说，日本人和中国台湾人都抗议“过度”播放韩国电视剧（韩剧在东亚地区取得成功，部分原因是，与日本电视剧相比，价格相对较低）。2012年，尽管韩国歌手“鸟叔”朴载相（Psy）的音乐视频《江南Style》在YouTube上大获成功，发布六个月内观看量高达10亿次，但是，韩国流行音乐在其最受重视的美国市场上并没有表现出像视频那样的轰动（荣格，2013），韩国流行歌手也一直没能克服“大众想象中的在种族与性别上的纠结形象”（荣格，2013: 107）。

❖ 软实力模式

“软实力”（soft power）这个术语的适用范围非常广泛，媒介被普遍认为是实践软实力的一个重要领域。“软实力”由约瑟夫·奈（Joseph Nye, 1991）首创，它跟乔维特与奥唐纳（Jowett and O' Donnell, 2011）所言的“促进式宣传”（facilitative propaganda）有异曲同工之妙，旨在对他者有价值，让其对一个国家、机构或个人产生普遍好感。这种好感是一种资源，在或远或近的将来，会因某种目标而被加以利用。

奈是哈佛大学约翰·肯尼迪政府管理学院前院长，1977年他与罗伯特·基欧汉（Robert Keohane）联手创立了国际关系理论中的新自由主义学派。他担任过众多颇具声望的职位，其中包括1993年至1994年间的美国国家情报委员会主席。奈的兴趣和偏爱在于如何和平解决国际冲突，这给他打上了自由主义的印记，他的思想在不少方面都很传统，但不能说是保守。奈眼中的世界是非，主要由什么是美国利益所决定。他提出

的“软实力”概念被全世界的领导人所引用。在国际媒介研究领域，“软实力”一词也有使用。在讨论国际媒介关系时，“软实力”这样的外交辞令使人容易接受，可以避免使用“宣传”这种与负面标识相连的词汇。

奈将“软实力”看作一种不用威逼利诱就能“令己之所欲成为他之所欲”的方式，它也是在国际事务中所有行为体都可使用的一种影响力形式，包括国家、非政府组织或国际机构。它是为他者“设置议程”的一种方式，宣告何为重要之事，以及应该采取何种因应之策。“软实力”在政治学话语中表述为国家间非对称性复合相互依赖（这种说法与“帝国主义”相比，或许更精确细腻，但也更具欺骗性）。从根本上讲，它与策 150
略性地塑造国际认知有关：（1）作为生活方式的一个国家的文化吸引力；（2）同样具有吸引力的一个国家的政治价值观，这通常与民主观念、人权和个人机会相关；（3）外交政策。

“软实力”的使用引发了一些质疑，认为这不过是“宣传”或美国军方称之为“认知管理”（perception management）的时髦用语。这个理论的某些关键概念，比如“国际认知”，变量太多，难以测量，或者只能用相当粗糙的民意测验加以测知。如果考虑到聚集人群中的不同群体，可能为不同的事物所吸引或反感，那么，用这种测量方法能够得出的结论就很有限。由于无法准确掌握“软实力”的效果，它作为政府使用的一种工具，不够精确。而且，也很难将其与硬实力分开。英国和美国在软实力强国中被评为第一和第二名（由知名杂志*Monacle*评定），你会对此感到奇怪吗？重要的是，广泛运用软实力的国家本身就是拥有足够强制力的国家，在强制力缺失的情况下，这些国家的政策看起来更受欢迎。

在本书中，我对“软实力”这个概念非常警惕。一方面，它涵盖的内容远不止是媒介；另一方面，我的大部分注意力都集中在媒介与美帝国主义硬实力的共谋上，媒介主要是在拥护硬实力政策时作为一种软实力出现的。美帝国主义的逻辑已经演变为新自由主义经济全球体系领导者这种形式，这个体系代表的是大财阀和大公司的利益，软实力只是其宣传策略所需要的委婉表述，软实力本身就是宣传策略的一部分。更有意思的是，那些在全球影响力不断增强但使用硬实力又不切实际或不够明智的国家，也在使用软实力模式。

❖ 小　结

在本章中，我的探讨内容主要集中在以非对称、跨边界的媒介关系为表现形式的媒介帝国主义上。当下的许多案例，都可以追溯至欧洲和北美强国自17世纪以来建立起的帝国关系。这几个帝国掌握着与其国家数目不平衡的世界性的、国际性的或跨国媒介集团。以英国为例，直到被北美媒介巨头并购成为汤森路透社之前，路透社和英国广播公司都是英国制造。在前帝国中心与其前殖民地之间，同样呈现出不平等的媒介关系：至今仍在爱尔兰有持续影响的英国媒体，以及至今在很多苏联加盟共和国发挥影响的俄语媒体。媒介帝国主义的关系也可能产生于地理和文化相近的强—弱式媒介市场环境里，澳大利亚媒体在新西兰市场一统天下就颇具代表性。媒介帝国主义的表现形式可以演变为泛地区主义的形式，地区有影响力的媒介生产中心能够提供大量的各种媒介产品，服务于整个地区的受众，阿拉伯世界即为一例。东亚的情形与此相似，在几个颇具地区影响力的重要媒介中心，“韩流”是其中之一。最后，我考察了“软实力”的理念与实践。“软实力”也许可以被视为当代媒介影响力中更积极主动的一种形式，它与我在下一章要集中讨论的抵抗其他形式的媒介帝国主义同样重要。“软实力”是中国媒介政策的路径特征，我通过中国的全球性媒介实体，即新华社、中国新华
156 新闻电视网和中央电视台，考察了“软实力”的实际应用。

第十章

媒介抵抗帝国主义

❖ 抵抗大英帝国的武器

帝国主义国家与其所控制的国家之间，尽管相互依赖却极不平等，而利用、强化和永久保持这种关系，恰恰是帝国主义的本质。帝国权力主要存在于三点，即优越的物质财富、武力威胁以及一套令其行为正当化的意识形态体系。这套体系能够确保得到大多数帝国阶层成员与相当大一部分被压迫者的支持，尤其是由帝国指派的领导者的支持。在许多被压迫者看来，这种不平等关系是一种富有侵略性、攻击性和令人发指的掠夺，即便有时它似乎是众恶相权中比较轻的那一个（例如，在面临另一个帝国的入侵威胁之时）。帝国主义会招致公然反击或者暗中抵制。19世纪大英帝国的殖民关系尤其能说明这个问题，当时正值各种形式的大众传播兴起与繁荣，这些与现代性相关联的媒介形式有报刊（与各种印刷技术的发展，大小规模的都有）、电报、电话、无线电收音机、电影、电视和留声机。

这些媒介武器既可为帝国主义者所用，也可为被压迫阶级服务。在美国，笨拙的英国人试图控制新闻界（例如，1765年颁布的《印花税法案》[1]，没有一个殖民地遵守），

① 《印花税法案》（*Stamp Act*），1765年3月英国议会通过。该法案要求美国殖民地的所有印刷品都要使用伦敦特制的印花纸（stamp paper），上面带有浮雕印花税票，进而上缴印花纸的税费。这个短命法案的目的是收税为七年战争之后驻留北美的英国军队支付薪水。该法案遭到了美国殖民地的激烈反抗，在有些地方甚至发生了暴乱，最终在1766年3月被撤销。——译者注

而由激进人士印刷的“单面报纸”[①]与其他小册子对美国独立运动取得成功贡献颇多。当时，殖民地人民的识字率相对较高（例如，在新英格兰地区，白人男性识字率为70%，白人女性识字率为40%），因此，殖民地拥有报纸的数量比英国的还多。在1690年到1820年间，殖民地先后出现过200份左右的报纸，但大部分都没有存活下来。由本杰明·富兰克林（Benjamin Franklin）主办的《宾夕法尼亚公报》[②]是个例外，这份报纸创办于1728年。该报相对来说没有争议性，但本杰明的弟弟詹姆斯（James）在1721年创
157 立的《新英格兰报》[③]却不时挑战宗教与政治权威。1735年，《纽约周报》的印刷商彼得·曾格（Peter Zenger）辩护成功[④]，驳斥了政府对自己发表煽动性言论的指控：此后再未出现过殖民地法庭以煽动诽谤罪审判印刷商的案例（埃梅里，1984）。小册子“有利于传播论断与观点，使其构成了以后殖民地革命和政府机构的基本修辞来源”（贝林，1965）。

❖ 英属印度

帝国对于媒体的控制并非一成不变。英国人允许殖民地拥有很大的自由裁量权，但是，一旦出现公民不服从事项，这种原本为英帝国所容忍的自由就可能被迅速取消。在英属印度，总督威尔斯利勋爵（Lord Wellsley）于1799年推出的《审查法》（*Censor Act*）引入了事先审查制度，不过，随后被其继任者之一黑斯廷斯侯爵[⑤]（Marquess of Hastings）于1818年废除。这一举措或许反映了新闻界作为“第四权力”的观念已经深

---

① “单面报纸”（broadsides），是指在大张活页纸上单面印刷的新闻纸，最早出现于16世纪的英国，刊登公告、新闻、演讲词、歌谣，等等。1776年美国独立战争期间签署的《独立宣言》现存的最早版本就是以这种形式在约翰·邓拉普（John Dunlap）印刷厂印刷的，称为邓拉普单面印刷版（Dunlap broadside）。——译者注

② 《宾夕法尼亚公报》（*Pennsylvania Gazette*），由英裔美国印刷商塞缪尔·凯墨（Samuel Keimer）在1728年创办；1729年10月2日，本杰明·富兰克林和休谟·梅雷赫迪（Hugh Meredith）买下了该报纸。——译者注

③ 《新英格兰报》（*New England Courant*），是美洲殖民地出现的第二份报纸，在1726年被英国殖民者镇压。——译者注

④ 即美国言论史上著名的“曾格案”，该案的判决奠定了美国出版自由和新闻自由的基石。彼得·辛格，德裔美国人，印刷商和新闻记者，1733年创办《纽约周报》（*New York Weekly Journal*），该报所刊文章很多是批评总督威廉·科斯比（William Cosby）以及地方议会的内容。1734年，科斯比谴责报纸以“无耻中伤、恶毒谩骂、构陷和煽动”为由，对曾格提起诉讼。1735年8月法庭开审，费城著名律师安德鲁·汉密尔顿（Andrew Hamilton）和纽约律师威廉·史密斯（William Smith）为曾格辩护。最终陪审团判曾格无罪，曾格和律师成为反对暴虐统治和争取新闻自由的英雄。——译者注

⑤ 此处指弗朗西斯·罗顿—黑斯廷斯，1813年至1823年任印度总督，1817年成为第一代黑斯廷斯侯爵，与下文的沃伦·黑斯廷斯并非一人。——译者注

入人心，以及传教士在印度带来的进步影响。相比之下，《1823年执照管理法》（*The Licensing Regulation Act of 1823*）却规定政府有权取缔报纸的营业执照。该规定于1835年被查尔斯·梅特卡夫（Charles Metcalfe）废除，但1857年又被坎宁子爵（Viscount Canning）重新启用。《1878年印度本地语报刊法》（*The Vernacular Press Act of 1878*）[①]授予地方法官向出版商征收保证金的权力，以此担保让出版商不得破坏和平与安全。该法案于1881年被废除。《1908年报纸法》（*The Newspapers Act of 1908*）规定，如果报纸刊登的文章被认定有可能煽动叛乱，地方法官有权对报纸的责任编辑采取司法行动，而且，《1910年新闻法》（*The Press Act of 1910*）允许政府向任何报纸征收安全保证金。《1922年新闻法》（*Press Law of 1922*）废除了这些措施，但是为了应对公民非暴力不合作运动，《1930年印度新闻法令》（*India Press Ordinance of 1930*）又恢复了以往的做法（纳塔拉詹，1962）。

新闻法领域激烈的变动是控制与抵抗的象征。据保守估计，在1907年至1947年间，大约有2,000份印度报纸遭到审查（其中一些报纸被反复审查），有8,000份到10,000份报纸被查封（卡姆拉，2009）。贝利（Bayly，2000）指出，当局对本土媒体的创建与运营之所以相对宽容，部分缘于帝国政府亦可从中有所获益，因为可以借此得到本地生产的信息，以及可靠的情报来源，特别是有些报刊以本地语刊印，能够了解到殖民地人民的生活及其关注事项。土著首领或地方领导人学会了与英帝国为自由裁量权而讨价还价，同时也培育了帝国媒介的地方替代性媒介，虽然不少媒介多是提出商业主张，但有时它们还是愿意支持争取更多的政治自由，即使这种政治自由并非独立。

在亚洲、非洲与南美的英属殖民地国家里，很多土著领袖既是记者，又是为独立而奋斗的政治家（博伊德-巴雷特，1977b）。有些时候，他们把媒体用作甚至是主要用作发表政治诉求乃至要求独立的工具（这不可避免地会引起当局的反感），不过，如果将媒体用作塑造独特文化与民族身份的载体，当局就不会太反感。然而，国家一旦获得独立，很多领导人便会寻求控制媒体，以便巩固其在国内的权力。

---

① 该法旨在削减印度本地语报刊的新闻自由，控制“东方语言”的煽动性书写，防止它们批评英国政策，英文出版物则不受该法案限制；该法由时任印度总督莱顿勋爵（Lord Lytton）提议，于1878年3月14日议会无记名投票通过。——译者注

心怀不满的外籍人士加入的报纸也可能是反对派的来源，正如英国殖民者在印度开办的英文报纸，他们报道和评论分裂的统治阶级，激发的分歧可能引起更广泛的异见。甘地的本职虽然是律师，但他之所以能够成为圣雄，他的记者经历与其法律生涯一样重要。1903年，在南非的纳塔尔（Natal），甘地用英语、泰米尔语和古吉拉特语编辑《印度舆论》（*Indian Opinion*）周刊、《青年印度》（*Young India*）和《天民报》（*Harijan*[①]）。1922年，甘地被控利用煽动性文章传播不满。《印度舆论》周刊恰恰是印度人民释放愤懑的载体。20世纪30年代，甘地在印度用英语、古吉拉特语和印地语创办了《天民报》、《哈里真兄弟报》（*Harijanbandhu*）与《哈里亚纳志愿者报》（*Haryansevak*）等，以此作为反抗贱民制度和贫困的平台（霍夫梅尔，2013）。

除了当地领袖外，居于殖民地的一些外国侨民也加入到了抗争中，殖民主义经历使其激烈反对自己的原籍国家。印度的第一份排版印刷报纸（此前数百年都是其他的新闻传播形式）是1780年由詹姆斯·希基（James Hickey）创办的《孟加拉公报》（*Bengal Gazette*）。这份报纸敢于反抗孟加拉总督沃伦·黑斯廷斯（Warren Hastings）与首席大法官。印度的第一份孟加拉语周报《达尔巴新闻》（*Digdarshan*）诞生于1818年，创办者为英国人约翰·马士曼（John Marshman），此后相继出现了其他语言的报纸。来自伦敦的侨民罗伯特·奈特（Robert Knight），是《印度时报》（*Times of India*）的主要创办人与首任主编，他在19世纪50年代合并了四家报纸，是这份日报1860—1868年间的老板。奈特批评英国当局管理不善且贪婪无度，批评英国军队纪律松散且领导不力，认为正是这些导致了1857—1858年间的"印度兵变"（Sepoy Mutiny）。此后，奈特于1875年创建了《加尔各答政治家报》（*Calcutta Statesman*），借此支持印度独立事业，反击加尔各答英文日报的影响。奈特辛辣地批评英军在1878年入侵阿富汗，指责英帝国对印度北方边界地区的饥荒不闻不问，认为正是英帝国的疏忽才酿成饥荒悲剧（赫
159 斯曼，2008）。

---

① Harijan，"哈里真"，是圣雄甘地对印度底层"贱民"的称呼，意指"神的子民"。印度是个种姓社会，贱民是没有种姓的人，他们或是不同种姓通婚的后代，或是触犯种姓规矩被逐出的人。贱民往往从事印度最低等的工作。——译者注

❖ 通讯社抵抗：南斯拉夫通讯社、世界信息与传播新秩序和国际通讯社

现代国际新闻市场的发展始自19世纪初期到中期。日益商业化的大众报纸力图通过自己对国内和国际或是全球的新闻报道能力，给读者留下深刻印象，增加收入。只有少数特权报纸才有能力维持自己遍布全球的、数量可观的记者群体。其他报纸则共享国际新闻记者，更多的时候是依靠国际新闻通讯社提供新闻。国际新闻通讯社发展了一种“批发式”的新闻操作，先是从众多国家采集新闻，然后以商业方式把其“零售”给客户、报纸和其他机构。久而久之，这种运作模式轻而易举地就把新闻售卖扩展到了电台、电视台以及如今日益增长的网络媒体（博伊德-巴雷特，1980；2010b）。

国际新闻业务在发展过程中呈现出高度集中的特点，西方世界（尤其是美国、英国和法国）往往享有特权，西方媒体的观点通过主要的新闻细分市场广泛传播，包括综合新闻（主要针对纸媒与广播新闻媒体）、电视新闻（针对电视媒体）以及金融、经济与商品新闻（针对银行、股票经纪人和公司）。在19世纪的国际新闻市场上，占统治地位的是由三家通讯社组成的通讯社卡特尔，按照字母顺序，其主要成员包括哈瓦斯通讯社（法新社前身，总部在巴黎）；路透社，总部在伦敦；沃尔夫通讯社，总部在柏林。此外，卡特尔中还有几个重要的第二层级的通讯社，包括大陆通讯社（Continental），服务于前奥匈帝国领域；美联社，美国的通讯社龙头。两者均是被迫加入由路透社主导的通讯社卡特尔[①]。其他通讯社主要是由政府批准或控制的国家通讯社，在国际新闻方面非常依赖那些世界级大通讯社，往往与它们有着排他性的独家合作条款，作为部分交换条件，这些通讯社向世界级大通讯社提供本国新闻（博伊德-巴雷特，1980）。

至20世纪中期，通讯社卡特尔解体，但西方通讯社的优势地位依然。此时的主要竞争者是：法新社，总部在巴黎；美联社与合众国际社，总部都在纽约；路透社，总部在伦敦。能够报道重大国际活动报道的几个重要的第二层级通讯社包括：苏联的塔斯社、中国的新华社、西德的德新社与西班牙的埃菲社（博伊德-巴雷特，1980）。到21世

---

① 大陆通讯社和美联社（前身是1848年港口新闻联合社，1857年合并成为纽约新闻联合社，至1892年才改组为美国联合通讯社）兴起时，三大通讯社已把世界新闻市场基本分割完毕。1870年1月17日，欧洲三大社与纽约联合新闻社签订“连环同盟”（Ring　Combination）协定，又称“三社四边协定”，规定了各自在世界的新闻报道范围，纽约联合新闻社虽然被包括在内，但处于弱势地位，与欧洲三大社地位并不平等。——译者注

纪初期，新阵容是：法新社，总部在巴黎；美联社，总部在纽约；彭博社，总部在纽约；
160 汤森路透社（公司并购后成为加拿大公司，但新闻部的总部仍在伦敦）。几个主要的第二层级通讯社包括：中国的新华社、俄罗斯的国际文传电讯社与俄通社—塔斯社以及德国的德新社。哈瓦斯社/法新社、美联社和路透社的重要地位几乎贯穿整个世界通讯社的发展史。路透社最初的服务只是为投资群体提供金融新闻，但到20世纪70年代，服务的群体主要是订阅高级金融信息服务与如今已经实现电脑化金融数据服务的群体，尤其是在货币兑换等领域。20世纪80年代之后，路透社面临着市场新秀彭博社的激烈竞争，最终于2008年由汤姆森集团接手并购为汤森路透社。彭博社不仅仅是一家财经通讯社，而且是综合新闻的提供商。

几十年来，美联社和路透社都提供电视新闻服务——美联环球电视新闻社（APTN）与路透电视（Reuters Television）——两家机构在全球电视新闻"批发"市场上占据主导地位，并通过欧洲电视网（Eurovision）与欧洲各国的主要公共电视台进行交流合作。这些主要国际新闻通讯社提供的新闻服务包括：维持遍布世界大多数国家和地区的新闻分支机构，由其采集新闻并将之转发至地区中心或全球中心，再由这些中心分发给订户。通讯社的新闻服务主要是"硬"（hard）新闻或"现场"（spot）新闻，都是重大的政治、经济、军事与体育新闻，以及重要的环境新闻或灾难新闻（博伊德-巴雷特，1980；1998a）。

这些大的国际新闻通讯社一直都有潜在的竞争对手。竞争对手的出现，往往出于政治性动机，比如当一个大国设法摆脱对外国新闻机构的依赖时。19世纪的俄罗斯就是这种情况，它发现很难摆脱对国际新闻通讯社卡特尔的依赖，因为新闻会经由德国沃尔夫通讯社进入俄罗斯媒体（兰塔宁，1990）。这种动机也往往与意识形态有关，比如共产主义俄国（至1991年）的通讯社与中华人民共和国成立初期的通讯社就是如此。时至今日，昔日的塔斯社已被俄罗斯国家通讯社俄通社—塔斯社所取代。中国的新华社也已将触角延伸到全世界；与西方通讯社不同，新华社往往对发展中国家予以更多的关注与报道（辛，2012）。

为数不多的"另类"（alternative）西方通讯社已经对国际大通讯社的新闻议程提出了挑战。1964年，意大利独立记者罗伯特·萨维奥（Robert Savio）与阿根廷学生巴勃罗·皮亚琴蒂尼（Pablo Piacentini）创立了国际新闻社（Inter Press Service，IPS），该社为加入的记者们合作共有。国际新闻社的总部虽然设在意大利，但其报道重点却始终

集中在南半球国家。它最初服务于南美国家的媒体，后来业务逐步扩展到全球。国际 161
新闻社追求“带来全球变化的新闻与传播”，新闻与其他服务主要集中在与发展、性别以及人权相关的议题上。它以分析性的背景报道而非硬新闻见长，旨在传播另类观点与本地声音。1994年，国际新闻社成为一个国际性非营利非政府组织，由旗下的五个区域的自治中心展开业务。它的收入一半来自捐赠资助，其余来自销售新闻和项目集资。在21世纪的第一个十年，国际新闻社有417名记者，其中70%来自南方国家，每周用27种语言提供27万字的新闻报道，覆盖150个国家，每天的读者数量高达两亿人（乔伊，2010）。

20世纪70年代，不结盟运动和联合国教科文组织等国际组织发起了一系列辩论，讨论国际媒体、媒体不平等与新兴经济体的政治、经济和文化发展前景之间的相关性。在这些辩论中，通讯社的角色地位十分突出。国际新闻社因生存时间之长而堪称适应变革的典范。另一个历史更悠久的通讯社，是南斯拉夫国家通讯社——南通社。作为塞尔维亚的国家通讯社，南通社如今仍然存在，但其全球影响力因南斯拉夫解体与随后的分裂战争而大幅下降。在旗帜鲜明地反抗帝国主义列强媒介霸权方面，早期的南通社在历史上写下了浓墨重彩的一笔（乌卡索维奇与博伊德-巴雷特，2012）。

南通社是南斯拉夫的国家通讯社，也是南斯拉夫社会主义联邦共和国总统约瑟普·布罗兹·铁托（Josip Broz Tito）的智慧结晶，铁托于1943—1980年在位，曾任不结盟运动的第一任秘书长（1961—1964）。自成立开始的近70年中，南通社在全球信息市场和重大历史事件报道中扮演了重要且不同寻常的角色。至少在1990年之前，南通社都很有资格代表不结盟国家发声。

即使从西方新闻实践的传统规则来看，南通社的地位也十分重要，因为很多重大新闻都是由南通社率先报道的。例如：1961年，刚果（金）民主共和国历史上第一位民选总理帕特里斯·卢蒙巴（Patrice Lumunba）遇刺前在任的最后一天；同年发生的美国入侵古巴的“猪湾事件”；1973年，由美国支持的、反对智利人民团结阵线政府及其民选总统萨尔瓦多·阿连德（Salvador Allende）的军事政变；1986年，美国轰炸黎波里；1989年，罗马尼亚推翻尼古拉·齐奥塞斯库（Nicolae Ceausescu）领导的共产党政权（乌
卡索维奇与博伊德-巴雷特，2012）。 162

南通社的工作预示了20年之后在20世纪70年代的争论，即联合国教科文组织支持的有关“世界信息与传播新秩序”（a New World Information and Communication Order）

的争论。1955年，铁托明确提出需要建立一个不结盟新闻通讯社（比1961年在贝尔格莱德成立不结盟运动早了6年）。此后，铁托建立了南通社，作为不结盟国家新闻通讯社联盟的协调机构，如今这个联盟更名为不结盟国家新闻网（Non-Aligned News Network，NNN），总部设在吉隆坡。尽管在规模上与主要国际通讯社不可同日而语，南通社却在采集与传播原创国际新闻方面投入了巨大精力。1944—1993年间，南通社在22个欧洲国家、15个亚洲国家、6个南美国家、14个非洲国家以及美国和澳大利亚共驻有237名国际新闻记者（阿夫拉莫维奇，1993）。不同于一些另类通讯社，例如国际新闻社（成立于1964年）与双子特稿通讯社（Gemini News，1966—1988，现帕诺斯特稿通讯社），它们力图代表发展中国家或新兴经济体发声，而南通社则力图代表不结盟运动国家，尤其是在涉及社会主义国家的看法与奋斗的报道中，南通社总是抱有同情（乌卡索维奇与博伊德-巴雷特，2012）。

在1980年联合国教科文组织发表《麦克布莱德报告》（*McBride Report*）的启示下，联合国教科文组织的国际传播发展计划以多种方式帮助不结盟国家组建或加强国家通讯社，例如关税减让、新闻培训与设备供应。由于长期依赖路透社、法新社、美联社与合众国际社，其他通讯社深感挫败，在整个20世纪60年代和70年代，这些通讯社屡次通过联合国教科文组织和不结盟运动主办的会议表达不满（博伊德-巴雷特与屠苏，1992）。他们推动倡议的世界信息与传播新秩序，使人们意识到这是建立世界经济新秩序的一个必要前提。早在关于世界信息与传播新秩序的争论之前，南通社就提出了一个问题：在一个由前帝国主义强国的公司把控的全球信息环境中，新兴独立国家的新闻通讯社怎能期待获得良好服务呢？

有关这个问题的设想最终化为1954年开启进程的“不结盟国家通讯社联盟”（NANAP），当年12月23日，南斯拉夫总统铁托与印度总理尼赫鲁（Nehru）发表联合声明，概述了不结盟运动的政策 （斯坦科维奇，1967）。后来蜚声世界的不结盟运动第四次峰会（1973年在阿尔及尔举行），在关于全球经济失衡的对话中确立信息与传播议题起到了关键作用（克雷恩，2009）。控制（domination）的定义因此得以扩展，文化与社会帝国主义被纳入其中，意识形态控制对发展中国家的威胁这一理念也由此诞生
163 （拉克希米，1993）。

1975年1月，12个不结盟运动成员国的通讯社达成协议，成立不结盟国家通讯社联盟，通常简称为“联盟”，作为多边信息交流的一种方式（艾瓦齐齐，1978b）。在协调不

结盟运动成员国通讯社的新闻与信息的收集和转发中，南通社成为领导者（克雷恩，2009）。成员国的国家通讯社都派出记者到南通社参加培训。不结盟国家通讯社联盟通常被引述为世界信息与传播新秩序辩论的成果，但实际上，它是促进辩论的一个贡献者，它成为发展中国家通讯社合作的主要模式，有赖于南通社此前20年的孕育与灵感。在独特的第三世界新闻界的发展中，南通社扮演的角色非常重要，它坚持原则但经常遭到误解（乌卡索维奇与博伊德-巴雷特，2012）。但是，从世界信息与传播新秩序那里，延续而来的不结盟国家通讯社联盟的脆弱结构（博伊德-巴雷特与屠苏，1992），使其很难获得重要客户与资源。

❖ 通讯社：国际文传电讯社、俄罗斯政治与经济通讯社

根据俄罗斯的新闻通讯社编年通史，在苏联时期，媒体从依赖国外的非俄罗斯通讯社提供世界新闻，发展成依赖政府打造的、由国家控制的、中央集权式的全球新闻采集机制。在苏联解体之后，这种机制让位于更加自给自足的新闻采集系统，而且与苏联时期相比，更具有多样性。

在这种背景下，国际文传电讯社（Interfax）之所以意义重大，主要有四方面原因：（1）作为一家私营的、独立的、商业化运作的新闻通讯社，它已经超过由国家资助的俄通社—塔斯社与俄罗斯新闻社，成为俄罗斯与原苏联成员国的主要新闻供应商，提供俄罗斯新闻、原苏联成员国新闻以及全球其他地区的新闻；（2）作为俄罗斯与原苏联成员国中最重要的经济和金融新闻通讯社，国际文传电讯社顶住了彭博社与汤森路透社这两个金融信息行业全球巨擘的渗透，保住了自己的市场份额；（3）它对现代资本主义至关重要的信息基础设施建设做出了贡献，这些信息基础设施对俄罗斯与原苏联成员国融入全球资本主义新自由主义体系的进程起到了关键作用，而国际文传电讯社本身则是俄罗斯软实力强有力的体现；（4）通过与全球经济与金融信息服务业的主要参与者缔结一系列战略联盟，国际文传电讯社已经部分实现了上述目标
（博伊德-巴雷特，2014）。 164

国际文传电讯社创始人兼主席米哈伊尔·科米萨尔（Mikhail Komissar）回忆往事时（国际文传电讯社，2009：11），谈及莫斯科电台（科米萨尔时任电台对外广播部总编辑，国际文传电讯社正是以此为架构发展而来）的记者们如何学习调整信息适应国际

受众。国际文传电讯社对路透社、法新社、美联社、埃菲社等国外通讯社的报道已接触经年，知道如何将时效性、准确性、独立性、公正性和可信性这些经典新闻准则融入自己的报道中。

科米萨尔认为，20世纪80年代末，苏联的局势令人不解却意义重大，对于国际文传电讯社来说，关键且根本性的目标就是摆脱国家身份和意识形态的束缚，以通俗易懂的表述方式向外国受众特别是西方国家的受众解释形势进展。国际文传电讯社的报道赢得了西方主要媒体的高度赞扬。维持一个配置完整与完全独立的通讯社，所需费用高昂，科米萨尔评估之后了解到，通过数量有限的订阅用户（其中不少订阅用户此前已经习惯于从国家通讯社免费获得服务）扩大收益前景有限。他研究了其他通讯社的商业模式，注意到美联社是一个非营利性的会员合作组织；法新社的收入很大一部分来自政府客户；路透社和彭博社的收入都相当可观，其中绝大部分来自金融、经济及相关信息产品和服务的销售，客户遍及金融界的银行、证券经纪人、跨国公司，等等。

国际文传电讯社的演变经历了五个主要阶段，或者说提供五个业务种类：（1）新闻（综合新闻、政治新闻）——通过报道苏联向市场经济的过渡、试图推翻戈尔巴乔夫的政变、苏联解体以及后来的车臣战争等重大新闻，国际文传电讯社顺利通过生死考验，树立起了自己的品牌形象；（2）市场数据（债券与股票价格等）；（3）基本面（关于公司的信息，包括根据国家要求披露信息的大型数据库建设，以SPARK与SCAN闻名，报道范围涵盖俄罗斯和原苏联成员国的公司，以及媒体对这些公司的报道，还涉及与邓白氏公司[1]以及美国商业资讯[2]等公司的合作）；（4）信用风险（根据公司信用对公司进行评级），涉及与穆迪公司（Moody）的合作；（5）市场营销（包括投资者关系和评估商业伙伴与客户的信誉值，涉及与益博睿[3]和汤姆森集团等公司的合作关系）
165 （博伊德-巴雷特，2014）。

从创业伊始到后来涉足财经新闻服务，国际文传电讯社引入了一种全新的、以市场为导向的话语，用以讨论与报道何为“商业”以及何为“经济”。根据高级管理人员格拉西莫夫（Gerasimov）与波戈列雷（Pogorely）的讲述（国际文传电讯社，2009：50–2），20

---

① 邓白氏公司（Dun&Bradstreet），成立于1841年，世界著名的商业信息服务机构。——译者注

② 美国商业资讯（Business Wire），成立于1961年，股神巴菲特拥有的伯克希尔哈撒韦公司旗下的全资子公司，是世界上规模最大的新闻稿发布和信息披露服务提供商。——译者注

③ 益博睿（Experian）通常被称为美国三大个人征信机构之一，但其总部在爱尔兰；美国另外两大个人征信机构分别是艾贵发（Equifax）与环联（TransUnion）。——译者注

世纪90年代初期，最大的挑战之一就是“名副其实的‘商业新闻’奇货可居”，因为当时的国内信源极少习惯于从市场经济的角度考虑问题。一名苏联的工厂主任，要是被记者问到关于投入、项目或经营业绩等问题时，他很可能会反问“为什么你想知道那个？”一些必要的外汇基础知识，比如币值，不管是卢布、外汇卢布还是可转让卢布，各有不同的官方和非官方汇率，很多人都没什么概念或者能够正确理解。

1991年年初，国际文传电讯社发行了一本关于对外贸易的周刊，随后增发了一份英文版《苏维埃商业报告》(*Soviet Business Report*)每日简报，同年下半年又推出关于石油与天然气、农业以及银行业等领域的专刊，由此树立起了自己在这些领域内推出创新性产品的声誉。1998年，国际文传电讯社增加了有关电信领域的专业新闻服务。国际文传电讯社早期的新闻简报里，几乎每一期都刊有特别重要的经济新闻，这些新闻往往是在付印前才刚刚分类完毕，时效性很强。国际文传电讯社的商业与金融服务客户可以收到来自俄罗斯、乌克兰和主要国际交易大厅的实时数据与最新消息，以及关于金融市场的分析性预测、大众性预测与各种评论。2010年，国际文传电讯社宣称，从大型银行到私人投资者，有超过3万家股票市场参与者订购其新闻(博伊德-巴雷特，2014)。

在俄罗斯联邦，国际文传电讯社是第一家在经济信息服务方面系统地满足国家需要的通讯社。它从最开始对世界的看法就更接近于戈尔巴乔夫阵营，而不是所谓的共产主义“保守派”。国际文传电讯社以两种紧密的互相关联的方式，有意识地使自身的商业模式与新兴资本主义秩序的需要相一致：推进信息基础设施建设与谨慎开发产品，以满足每个行业/市场部门的新闻需求。这代表着国际文传电讯社思维模式的改进，走向对新经济持续发展和壮大需要什么支持的精确评估，后来它认识到信用评级服务是一个合适的、有需求的与有利可图的新领域。 166

❖ 全球广播电视公司：从半岛电视台到南方电视台[①]

大多数国家设有国家通讯社，作为“独立国家地位”(nationhood)的基本符号。通

① 南方电视台(Telesur)，由委内瑞拉、阿根廷、古巴和乌拉圭共同创建，总部设在委内瑞拉首都洪都拉斯，开播于2005年7月24日(拉美“独立之父”西蒙·玻利瓦尔的222周年诞辰)，是世界上第一家跨国公关电视台，致力于向全球报道“我们的美洲”。玻利维亚、厄瓜多尔和尼加拉瓜分别于2006年和2007年陆续加入。——译者注

讯社以聚合各类新闻的方式构建世界，培养了人们对各自所处地域的“国家”公共意识，因为我们所处的世界主要是由国家构成的。借助与国际通讯社的合作关系，这种构建被投射到其他国家。时至今日，出现了越来越多的、功能相近的7×24小时电视台，它们立足于国家但渴望拥有国际和全球影响力。不管是不是市场驱动，其动机通常与在国际或全球范围促进本土“国家”利益相关。不管是传统的通讯社还是新型7×24小时电视台，其所有权和控制权的模式都表现出类似的结构：非营利媒介合作模式；市场驱动的媒介合作模式（有的接纳新成员，有的不接纳）；政府所有或政府管控模式；政府间国际合作模式，非营利公共所有模式；记者所有和控制模式；单个或多个媒介公司私有模式，等等。这些通讯社的总体形态和感觉通常是西方式的，即使有些并非真的地处西方（博伊德-巴雷特与博伊德-巴雷特，2010；库申与里维斯，2010）。

大通讯社的霸权经常招致反抗。从新闻业早期开始，我们就可以发现有霸权、次霸权和反霸权通讯社的实例存在。最初，路透社、哈瓦斯社和沃尔夫社达成一系列协议，建立全球通讯社卡特尔体系，并在这些核心成员间划分势力范围，部分而不是完全依据帝国利益来划分。每个势力范围都有各自的核心通讯社或称之为霸主通讯社，它们享有特权；本土通讯社通常是国家（次级）通讯社，与它们之间是不平等关系。次级通讯社将本地新闻独家提供给核心通讯社，反过来（需要付费）它们从各自的霸主通讯社那里获得全球信息服务。次级通讯社在本地市场独家享有霸主通讯社的新闻服务，将这些新闻与自己的当地新闻一起服务于专属会员。反霸权通讯社出现后，以各种方式限制霸权制度。有些地方媒体无法得到次级通讯社的国内和全球新闻服务，因而被激发出斗志与其他客户联手，乃至与反霸权的全球通讯社合作，共同建立通讯社参与竞争（博伊德-巴雷特与博伊德-巴雷特，2010）。

21世纪初期，7×24小时全天候新闻体系的结构化程度较低，但仍存在层级。例如，相较于今日俄罗斯（俄罗斯）、德国之声（Deutsche Welle，DW）或法国国际台
167 （France24），BBC世界频道与CNN的规模更大，更具影响力。BBC和CNN分属英美传媒集团，回避了政府的直接参与，是由市场驱动的国际化运营企业。它们旗下拥有相当多的新闻采集体系。大多数国家的全天候电视台都高度依赖由美联社电视新闻和路透电视新闻传送的国际新闻素材。

半岛电视台的出现对反霸权而言具有重要性，虽然其规模与20世纪美联社对欧洲通讯社卡特尔构成的市场威胁不可同日而语。类似美联社的威胁倒是可能在中国的反

霸权结构中出现，主体是中央电视台与新华社。与众多新闻机构相比，中央电视台少有商业化或小报式报道，多是知识性的国际新闻服务。中国的政策奉行不干涉主义，因此，中央电视台没有采取今日俄罗斯的批判性编辑方针，而是采取了英美模式，其实，全天候滚动播出新闻就是西式风格。正是不干涉主义，使得中央电视台可以在2014年基辅发生由西方支持的政变后，而就乌克兰的“民主前景”进行讨论，当然，乌克兰在政变之前已经在践行民主。

尽管像半岛电视台这样的反霸权新闻机构吹嘘自己独立于霸权，但它们却往往受制于赞助方的政治与经济利益，同时对于它们矢志追求的新闻业具有“神圣性”——这一点，在反霸权新闻机构看来，被霸权通讯社刻意忽视。

于2005年7月24日开播的南方电视台（Telesur），是一个面向拉丁美洲的区域频道，资金主要来自委内瑞拉政府。其他投资者包括阿根廷、玻利维亚、古巴、厄瓜多尔、尼加拉瓜和巴拉圭等国的政府。创建者将南方电视台视为一个泛美洲地区的另类新闻机构，要取代的是由美国控制的有线新闻频道。南方电视台是一家具有美洲风格的半岛电视台，它以独特的拉美视角提供新闻，促进区域一体化与相互理解。南方电视台的新闻议程由董事会决定，董事会咨询委员会中不乏知名的拉美左派知识分子。在南方电视台的官方网站上，自称拥有数以百万计的受众，分别来自拉美、美国、欧洲、北非以及中东部分地区；所提供的新闻服务来自23个记者站，遍及大部分拉美主要城市以及纽约、华盛顿、马德里和伦敦。南方电视台主要播出的语种是西班牙语、葡萄牙语、英语和法语。南方电视台的总部位于加拉加斯，它与半岛电视台颇有几分相似，虽定位于区域性电视台，但目标却是更广泛的全球受众。有研究表明，相较于CNN西班牙语频道和哥伦比亚广播公司区域频道NTN24，南方电视台建构的新闻议程截然不同（博伊德-巴雷特与博伊德-巴雷特，2010）。在报道争议性的、突发性的南美新闻时，南方电视台 168
会发掘更广泛的新闻来源，对左翼运动也比大多数竞争同行更为友善。它的区域性和全球性报道都反映出了委内瑞拉政府的优先考虑事项。

半岛电视台自1996年在卡塔尔成立以来，因其给全球电视新闻带来了新声音而广受赞誉——这个声音遵循西方新闻业的基本准则，但从中东和穆斯林的角度出发进行报道。其英语频道成立于2006年，招募的很多记者来自西方通讯社，其中最知名的当属BBC，频道正是因这些记者的报道而著称。半岛电视台英语频道的整体风格与基调有些类似BBC世界新闻频道，但它更致力于报道南方发展中国家。来自英国的大卫·弗罗斯特[1]爵士（Sir David Frost）就是这个频道的杰出雇员。频道收入中虽有广告收入，但主要来自卡塔尔的埃米尔（Emir）。卡塔尔与地区霸主沙特阿拉伯展开竞争，在中东地区拥有重大经济利益，是美军中央司令部驻地所在。2009年，美国中央司令部在海湾地区总部由沙特迁至卡特尔的乌代德空军基地（Al Udeid Air Base）。鉴于这种盘根错节的情况与历史，半岛电视台英语频道不太可能理直气壮地宣称自己是独立电视台或是国家电视台，但毫无疑问的是，这两种要素它兼而有之（博伊德-巴雷特与谢，2008）。

21世纪初“反恐战争”刚开始时，美国认为半岛电视台相当可疑，还轰炸了其在喀布尔和巴格达的记者站，但是半岛电视台却实现了“主流化”。在阿拉伯国家的反抗运动——埃及（2011年）、利比亚（2011年）与叙利亚（始自2012年）——期间，半岛电视台的报道相当关注“叛乱分子”，其中有些人与基地组织有关。半岛电视台的“主流化”可以从两方面解释，它既符合卡塔尔的利益，又符合电视台的目标，即进入富裕的西方新闻市场，包括美国市场。截至2012年，半岛电视台在全球共设有42个记者站，拥有200名甚至更多数量的编辑人员。

半岛电视台以英美模式或者说BBC模式跻身全球市场的方式，被今日俄罗斯和其他几个全天候国际新闻机构如法炮制。今日俄罗斯（成立于2005年，拥有记者约100名）脱胎于俄罗斯新闻社（源于1941年成立的苏联新闻社），后者不但为纸媒、广播电视和网络专题提供新闻，还一度被称为国家新闻分析机构。今日俄罗斯在报道全球新闻时，明显同情俄罗斯，经常批评西方。今日俄罗斯的网站声称拥有1500家订阅客户。客户中有很多是国家机构，这个显著特点表明今日俄罗斯与法新社一样，享有大量政府
169 资助。

法国24电视台成立于2006年，由公营的法国电视集团（资金来源为执照费与广告费）与私营的法国电视一台集团合作控制，但由政府资助，从法国视角报道国际新闻。法国24电视台的网站显示，它雇有260名记者，还可调用其所控电视台的新闻资源。法国24电视台最初以英语、法语和阿拉伯语三种语言播出，2008年，法国总统萨科齐表示，他希望该台只用法语播出。成立于1992年的德国之声电视台是一家公共电视台，根据它的网站介绍，它是“德国的国际广播公司”，不过却因宣扬德国以及从欧洲视角报道国际新闻而受到指责。

---

① 英国著名记者、演员、作家与电视节目主持人，曾供职于BBC和ITV，采访过很多高层政治人物，并于2006–2012年间在半岛电视台英语频道主持周播节目*Frost Over the World*。——译者注

❖ 电影抵抗：中国和印度

有些国家通讯社和区域性通讯社将自己定位于西方大通讯社的替代性选择，为用户提供不同的新闻议程，与此相同，美国娱乐产品的全球传播，激发各国本土媒介以抵抗文化霸权之名屡屡采取行动。

鉴于好莱坞这个概念本身的知名度、品牌力量及其历史，对好莱坞的抵制往往不仅能引起特殊的共鸣，还激发了行业竞争。被称为“宝莱坞”（Bollywood）的印度电影（尤其是孟买）和“瑙莱坞”（Nollywood）的尼日利亚电影（尤其是拉各斯），长期以来在制作上与好莱坞就有竞争，但在票房收入上却无法与之匹敌，至少现在还不是对手。不过，在写作本书的2013年，中国影院着实引起了西方电影界的极大兴趣，因为好莱坞电影在中国票房高企，而且，随着中国银幕数量的成倍增长，好莱坞将来在中国的获利潜能会有巨大增长。中国国产电影的发展具有特别意义。对于每年引入好莱坞影片的数量，中国具有严格限额，国产电影在2013年占票房收入的50%以上。 170

中　国

2011年，中国媒体与娱乐业的预期支出总额（包括消费者支出和广告客户支出）为1,090亿美元（兰德雷斯，2012），位列美国（4,640亿美元）和日本（1,930亿美元）之后，排名第三（伦丁，2012）。

在全球电影生产方面，中国的排名只是中等。除了几个特例外，中国电影在全球的销售主要局限于华人聚居区。尽管如此，但中国市场自身规模大，财力也越来越强。对于好莱坞的传统优势地位而言，中国市场是潜在的未来挑战者，但有所矛盾的是，对好莱坞发行商来说，无论是着眼眼前还是长远利益，中国市场作为收入来源都非常诱人。

2011年，中国超过日本成为美国电影最大的国外市场。中国当年的银幕数量达到了10,700块，预计2017年将达到18,000块[①]。其中，包括城市综合性多厅大型连锁影院数量的增长，这些影院配备能够播放3D影片和其他巨幕电影的设施，从而带来了更高的票房收入。中国自身也越来越成为重要的电影生产商。2012年，中国影院放映的315部影片中，有231部是国产片。同年，中国占据了全球电影市场8%的份额。

---

① 根据中商产业研究院的数据，2017年中国银幕总数已达到50,776块，稳居世界电影银幕数量第一位。参见http://news.cnfol.com/chanyejingji/20180110/25883327.shtml——译者注

2012年，中国票房总收入为27亿美元，比2011年的20亿美元具有跳跃性上涨，也延续了21世纪以来的两位数增长速度。到2017年，票房总额可望达到55亿到100亿美元[①]之间（Wang, 2013）。这将使中国的票房在2020年之前达到与好莱坞相当的水平。好莱坞票房的增长速度远低于中国。在2004年至2009年间，好莱坞在北美的电影总收入（包括影院、DVD、流媒体，等等）下降了5%以上，但国际销售额增长了99%（KiPNews.org, 2011）。

中国票房收入的增长也是好莱坞电影以及好莱坞与中国联合制作的机会。2012年，进口电影占中国票房的52%（四年来首次占比超过一半）。迄今为止，在中国市场最成功的美国电影是《阿凡达》（*Avatar*, 2010），获利2.25亿美元（弗里茨，2013年）。相关收益来自主题公园（上海迪士尼乐园预计2015年开放）。到2017年，好莱坞在中国的
171 票房收入将高达34亿美元，联合制作还会带来10亿美元。有些好莱坞电影在中国比在美国更受欢迎，例如，李安的《少年派的奇幻漂流》（*Life of Pi*）与3D版《泰坦尼克号》（*Titanic*）（考夫曼，2012）。大部分讨论都没有考虑到票房收入只是电影总收入的一部分，此外还有零售、DVD销售、付费电视、流媒体、产品推广、版权费和授权许可费等收入。

中国已经成为仅次于美国的世界第二大最有价值的电影市场，令好莱坞备感压力，除了迎合中国观众外，好莱坞千方百计地让电影在中国能上映，此外还要把握电影内容。

进入中国市场的压力对好莱坞电影的内容还存在其他方面的影响。据甄特奇与兰德雷斯（2012）报道，好莱坞电影中的中国人"反面形象"正在消失，正如此前日本人"反面形象"消失了一样，因为，如今位居次席的日本当时是好莱坞电影的最大海外市场。与此类似，为了提高合拍影片成功的可能性，在电影中加入积极的中国元素、启用中国演员、突出中国产品的特色，都是大有裨益的事情。好莱坞电影公司有时也会向国家新闻出版广电总局提交电影的预告片或剧本（塞普利与巴尔内斯，2013）。

规避对国外电影的发行配额制，有一个普遍但具有挑战性的方式，即好莱坞与中国电影公司或发行商联合制作。这样做不算违反配额制。好莱坞也会分得更多的票房收入（好莱坞在配额电影中的票房分账比例为20%，对比之下，好莱坞在合拍影片中的

---

① 根据中商产业研究院的数据，2017年全国电影总票房为559.11亿元，与这个预测数据相似。参见http://finance.eastmoney.com/news/1355, 20180110820566856.html——译者注

票房分账比例可达40%左右）。合拍片必须要经过中国电影合作制片公司的批准，后者是中国电影集团的下属公司（塞普利与巴伯扎，2012）。此外，还有合作伙伴关系，像二十一世纪福克斯公司持有中国博纳影业集团20%的股权，同时为中国市场（普通话或粤语，抑或二者兼具）与全球市场制作电影。福克斯国际制作公司还在中国生产方言电影。中国电影集团与《蝙蝠侠》系列《黑暗骑士》（*Dark Knight*）的制作商托马斯·塔尔（Thomas Tull）的美国传奇东方影业展开合作，一起创作中国电影。此外，美国大片有时甚至为中国制作专门版本以及独具特色的预告片。2012年，澳大利亚的威秀影业亚洲公司（Village Roadshow Pictures Asia）制作了它的第一部中文电影（普通话和粤语）《西游降魔篇》（*Journey to the West: Conquer the Dragons*），计划单独为中国市场生产其他中文电影（弗洛克鲁斯，2013）。 173

2012年开业的青岛电影工作室[1]，每年能够生产200部电影，象征着中国电影产业的蓬勃发展。2013年上半年，在中国电影集团的影响下，国产电影的票房表现比国外电影好很多（李，2013）。其中部分原因是中国电影在制作上的及时转变，从高预算的大规模历史古装剧转变为反映中国当代生活的、规模较小的中低预算电影（徐，2013）。这一转变可能适应了中国中小城市电影市场的扩张和新型综合影城的持续发展。对中国电影票房做出贡献的，还有独立电影制片人、越来越多的支持艺术电影的公司（例如，当代MOMA百老汇电影中心），以及全力支持国产电影的中央电视台电影频道（杰斐，2013）。这些仍必须得到权力机构的批准。可是，这个产业往往面临周期性的来自权力机构的压力（瓦茨，2013），针对的目标包括独立电影制片人、电影院校与电影论坛。

对于能够在西方获得成功，中国电影人的雄心壮志日益高涨，尽管迄今为止，全球最成功的中国电影依旧是经典的《卧虎藏龙》（塞普利，2013年），这部影片在2000年的北美票房为1.28亿美元。在后来的努力中，每部想取得同样成功的影片（包括《英雄》）几乎都不那么成功，这意味着对中国电影就像印度电影而言，想要对世界上最富有的媒介市场（除了中印两国自己的市场外）进行持续渗透仍然前路渺茫。

对中国而言，想在影视娱乐方面获得强大的国际影响力，最重要且最直接的路径可能是电视。由于拥有巨大的国内市场，中国已经成为电视剧产量最高的国家（2013年

---

① 此处应是笔误，万达集团总额500亿元的青岛东方影都的建设计划，正式启动时间是2013年9月22日。——译者注

为15,000集）。从2015年开始，由于国内市场几近饱和，监管机构规定电视节目生产商最多只能同时在两个上星频道播放同一节目，而此前是四个。在2014年的上海电视节上，与会者展开热烈讨论，研究生产商如何推动电视出口。讨论认为，古装剧、美食纪录片、约会节目、中国现代生活纪录片以及婆媳关系电视剧这类节目在海外市场有着强烈需求。东南亚是主要市场，西亚和非洲也被认为是能够快速增长的地区（新华社，2014）。

印 度

几十年来，印度每年的电影产量都是世界第一。第一部完整的印度故事片发行于
174 1913年，而印度第一家电影院线则始于1902年。2011年，印度生产了近1,300部电影。在2005年至2009年间，印度年产电影的平均数量为1178部，雄踞全球榜首，紧随其后的是尼日利亚（1,093部），美国（555部），日本（409部），中国（380部），法国（228部），俄罗斯（227部），德国（179部），西班牙（164部），意大利（124部），韩国（118部）和英国（117部），其他国家每年生产的电影都不超过100部（联合国教科文组织，2012）。

与中国的电影市场相比，印度的规模不大，海外销售主要面向移居海外的印度人群。尽管有像《贫民窟的百万富翁》（*Slumdog Millionaire*）这样的合拍片，也是宝莱坞娱乐业的经典影片，尤其是"马萨拉"（Masala）[1]类型电影，在场面、色彩、戏剧和舞蹈方面都很出色，但它在人物和情节发展上却乏善可陈。这些特点使印度电影很难在侨民聚居地以外的地区发行。同样，中国电影国际化的前景也受限于高度特殊性的文化表征。印度侨民主要集中于包括英国在内的几个重要媒介市场，但只有2,500万人左右，远低于中国的5,000万人。在2000年之前的很多年中，印度电影的增长受到很大限制，因为根据相关规定，电影制作没有资格获得银行信贷或私募资金，结果这个领域倒是吸引了高利贷者，其中一些还与帮派和政客有关。

迄今为止，印度电影既没有向好莱坞展现出与中国电影一样的潜在威胁，也没有令人兴奋的盈利前景。在2011年，中国和印度的银幕数量相当（10,000到11,000），但就语言和制作中心而言，印度电影市场的分化程度要大得多，而且观众习惯于低票价。一些联合制作的最佳机会都出现在电视领域（2009年联合制作节目价值55亿美元），最知

① 马萨拉是印度的一种混合调料，"马萨拉电影"就是混合各种元素的电影，也是"宝莱坞电影"的别称。——译者注

名的是新闻集团的星空电视网。在印度，很多大受欢迎的真人秀电视节目的版权都购自好莱坞：由美国传媒巨头维亚康姆与印度本土电视台Network 18联合制作的《大老板》（*Big boss*），拥有1.14亿印度观众和1亿海外观众；由星空电视制作的《印度厨艺大师》（*Master Chef Indian*）和《完美新娘》（*Perfect Bride*）；在索尼频道播出的《谁想成为百万富翁》（*Who Wants to be a Millionaire*）、《印度偶像》（*Indian Idol*）和《换位母亲》（*Maa Exchange*）。印度信实娱乐公司（Reliance Entertainment）持有美国梦工厂的50%股权。

中印两国都投资兴建了综合性多厅影院。2009年，这些仅占印度总量2%的银幕，为宝莱坞电影和好莱坞电影分别贡献了三分之一和二分之一的收入。2012年，印度电影市场（票房）的总价值为14亿美元，中国则为27亿美元，但是，中国的增长前景更为诱人（预计到2016年，中国电影票房为50亿美元，印度为30亿美元）。 175

印度电影最重要的制作中心是孟买，它是“宝莱坞”的大本营。然而，在孟买获准拍摄的外国影片与国产电影一样多。尽管国产影片约占印度电影票房总收入的95%，但在印度的外国胶片电影中，有近四分之三是好莱坞影片（在244部外国影片中有184部），在录像片市场，这个数字接近90%（在1,758部电影中有1,593部）。2011年，印度政府批准放映的本土电影包括1,255部胶片电影、862部录像片和45部数字电影。此外，它批准放映的外国电影包括244部胶片电影、1,758部录像片和24部数字电影。因此，在录像片领域中，自外国进口的数量，主要是好莱坞影片，远超印度本土影片的制作数量。

在印度电影中，多数使用印地语（Hindi，206部，在印度北方最受欢迎）、泰卢固语（Telugu，192部）与泰米尔语（Tamil，185部）。其他电影制作语言，包括孟加拉语（“托莱坞”，大本营所在地的用语，122部），奥里雅语（Oriya，38部），马拉雅拉姆语（Malayalam，195部），马拉地语（Marathi，107部），卡纳达语（Kannada，138部）与英语（6部）。只有很少的电影（147部）被译为其他方言。外国电影配音较多，有时甚至有多种方言配音。大部分电影的获批，是在孟买（462部，其中外国片227部）、金奈（202部，其中外国片16部）、海得拉巴（164部，全部为印度片）、班加罗尔（159部，全部为印度片）与加尔各答（118部，全部是印度片）（印度政府公报，2011）。

❖ 小 结

传播抵抗帝国的主题，与帝国本身一样古老。最典型的方式是通过成立本土媒介，或者，联合移居者或帝国媒介，从殖民地内部挑战帝国统治，以及在后殖民时代的背景下，对来自强大的“前殖民帝国”的媒介产品继续占领本国市场提出挑战。在本章中，我列举了印度在独立运动中使用媒介的案例，进而分析了其对西方国际媒介体系的抵抗。在通讯社领域，我讨论了南斯拉夫通讯社的作用，几十年来，南通社代表不结盟运动的声音，对西方通讯社的市场主导地位构成了局部挑战。南通社的影响力形塑了世界信息与传播新秩序的讨论轮廓，并使之成为不结盟运动国家通讯社联盟的天然协调者。我还考察了国际文传电讯社，作为俄罗斯的金融与政治新闻通讯社，它对汤森路透社和彭博社的市场影响力起到了制衡作用。然后，我探究了对好莱坞市场统治地位构成挑战的电影制作中心的力量，例如，中国电影和印度电影（包括宝莱坞），这些力量可以帮助巩固国家媒介文化，以富有想象力的新方式构建国家身份，反过来可能还会为日
176 后孕育新的抵抗形式提供资源。

我没有特别关注社交媒体作为抵抗工具的作用。社交媒体的功能对帝国主义者与对革命者的意义一样重大。社交媒体自身并非社会运动。权力当局能够也正在将社交媒体用在监视社会、散布虚假消息和组织反革命力量等方面。社交媒体通常由与政府有共谋关系的大型营利性公司运营。政府有权关闭这些公司。在2009年针对伊朗选举的抗议活动中，在2010年至2011年的阿拉伯国家的反抗运动期间，社交媒体的作用令人激动，但事件的最终结果却一无所成。社会组织在利用社交媒体时越来越需要战术
177 性技巧，但最终的成功取决于很多其他的重要变量。

第十一章
结 论

❖ 媒介与帝国研究的新方向

我主要致力于重新介绍与评估“媒介帝国主义”这个概念。我承认因使用旧方法研究媒介帝国主义而招致很多批评——尽管我并不完全认同这些批评——正如我承认在理解国际的、跨国的与跨文化的媒介传播方面，出现了新的且富有洞察力的研究方法。我认可自20世纪70年代以来，在国际关系以及媒介与传播的构成方面，整个世界发生了重大变化。当我在20世纪70年代刚开始关于媒介帝国主义的写作时，“全球化”这个词还没多少人知道，而个人电脑对大多数人来说仍遥不可及。尽管如此，我仍然认为，当时对媒体帝国主义的研究并没有得到应有的关注。

就此，我提出以下几个方面的原因。世界信息与传播新秩序虽然鼓励政府限制外国所有权、实施进口配额与加强国家新闻通讯社，但不出所料的是，这些举措未能在改变全球传播不平等方面取得重大进展。原本在社会变革中处于源头中心地位的联合国和联合国机构，在面对那些最繁荣的国家支持的双边和区域安排时，黯然失色。苏联解体和中国转型似乎让原本那些反资本主义和亲社会主义的批评意见都没有了市场。“左倾”学者重提“公共领域”与“话语”这些表面看来不那么有挑衅性的言语。在通信以及其他领域，放松管制、私有化、商业化、集中化与商品化的新自由主义浪潮，在

某些情况下确实兑现了承诺，帮助很多国家尤其是"金砖国家"及其人民，实质性地促
178 进了经济发展。当然，这些过程远非一帆风顺或持久，对某些人来说，这些无疑具有欺骗性，因为，极其严重的社会不平等、环境恶化、物种消失、资源枯竭以及气候变化，所有这些非常令人担忧的趋势都出现了，而经济增长的强度加速了这一趋势。而在通信领域，科技创新的速度或转型升级令人惊诧，数字革命看起来依然方兴未艾。

20世纪70年代，世界仍然处于去殖民化进程中，因此，终结帝国的愿望有可能实现，这一愿望在苏联解体前和解体过程中屡被重申，与此同时，因冷战而加剧的世界各地冲突也有望结束。不过，到20世纪90年代，虽然19世纪风格的帝国已经明显消失，但是，取而代之的新型帝国或重新被发现的帝国形式依然保留原有风格的很多遗风，以及很多因帝国统治而造成的颇具争议的问题，例如，不平等、人为划界造成的国家间冲突、种族与部落冲突，等等。透过这些迷雾可以更加清晰地看到全球资本主义体系的"自由贸易"轮廓，主要是通过像世界贸易组织这样的国际机构来制定规则，从而代表大公司的利益并对较为强大的经济体利益照顾有加。那些反对被纳入这个体系的"抵抗者"——特别是拥有石油、天然气或稀缺原材料的国家——就会受到西方精英和主流媒体的妖魔化和诋毁，随之而来的通常是以各种不实之词为借口进行的军事威胁或打击，造成政权更迭。主流媒体作为国家与企业（或企业式国家）的宣传工具的重要性，即使在所谓的民主国家，也不容忽视。在西方国家与阿富汗、伊拉克、利比亚、叙利亚、伊朗这些国家的冲突中，媒体不加批判地支持西方国家的宣传情形一再上演，让早先关于媒体社会功能的学术话语与叙事严重蒙羞。

因此，我想重新审视帝国的问题，以及媒介与帝国的形成、维护和衰落之间的广泛关系。在此过程中我得出的结论是，从来没有一个单一的媒介帝国主义理论，也从来不只有一种形式的帝国主义，与帝国现象相关的媒介与传播，从支持到抵抗，以不同方式呈现出复杂的样貌。因此，在这个我们可以称之为媒介与帝国研究的领域内，有很多媒介帝国主义理论。有些理论专门关注媒介在资本积聚过程中作为机构代理者和受
179 益者的角色，而这个资本积聚过程与更广泛的帝国主义的进程密不可分。另一些理论则更关注帝国主义的形式、叙事、行为体、冲突与过程是以何种方式通过信息与娱乐媒介呈现和表演出来的。媒介帝国主义的原始概念肯定也有修改的空间，或许可以沿着"媒介化帝国主义"（mediatized imperialism）的方向走得更远。作为一种研究方法，它的重点在于物质世界中的人类行为在多大程度上被媒介所塑造，反过来，媒介在不

断地重新呈现与诠释人类行为以塑造物质世界。在我的研究路径背后存在一个重要动机，即渴望还原、确认传播对帝国主义的促动作用，在某种很小的意义上，弥补帝国征服过程中所具有的巨大而难以言喻的残酷性，以及主流媒体在知情与不知情下如何以赞扬、忽略、遗忘和贬低的方式与帝国合谋。我对媒介帝国主义在帝国列强的国内市场上演变成一种现象颇感兴趣，就像我对媒介帝国主义在殖民地市场上所起作用的兴趣一样，因为，国内人民是否一无所知对帝国权力的持久性至关重要。“二战”前后，尤其是“二战”刚刚结束后的几年间，美国继承了大不列颠的衣钵成为超级强国，我特别关注美国作为老牌帝国与新帝国的野心所在。在苏联解体之后以及中国加速发展之前，美国成为世界上唯一的超级大国。这是一个罕见的，也许是人类历史上独一无二的时机，美国原本有可能借此引入一种新模式，一种新的治理文化。遗憾的是，机会很快被浪费掉了。受到青睐的是一项外交政策，其基本逻辑是在美国领导之下，通过少数监管机构和军事联盟，由高度网络化的公司与富豪精英操控的全球控制战略。这种统治结构仍然与不同民族国家的相对实力等级相对应，同时，又演变成在某种程度上与民族国家不相干的全球化阶级结构相对应。

很多学者和分析人士认为，这样的逻辑是不可持续的，因为，世界的真实结构已经变得更加扁平，更加多元化。但是，在这本书中，我批驳了这个结论。我试图提请人们注意，美国在媒介与传播领域，就像在武器装备和军事开支方面一样，拥有大大超过世界上大多数国家的领先地位，而且，在大多数领域都是如此。我不知道这种状况是否会持续或者说会持续多久。在许多重要的方面，我们的时代都是史无前例的，特别是在监视和军事力量的先进程度上，尽管在竞争性的中心权力国家之间，现实与潜在的冲突空间巨大而持久，但是，一个集强制与霸权力量于一身的全球性机构，已经打破临界点要成为可能。很多资料都可以证实，当今世界的不平等程度前所未有，财富与权力 180
的集中程度前所未有，这完全不利于任何有意义的民主进程诉求。随着政治进程越来越远离大多数人的物质利益，我们将不可避免地看到，我们越来越依赖媒体创造叙事和培育意识形态，目的是使这种不平等与压迫的状态“正常化”和“自然化”，同时，我们也将目睹，愿意抵抗主导性力量的人们会打造出形成反宣传的媒体力量。至少，我不相信帝国时代已经远去。我预感，通信基础设施、信息通信产业、娱乐与数据——包括机器人、无人机和网络战中的武器化表现——及其象征性表达，对权力的施行及其对权力的抵抗，无论是在物质上，还是在意识形态上，都将一如既往地至关重要。 181

索　引

（注：均为英文原著页码）

参考文献

Agence France Presse (AFP) (2013) IAEA, Iran talks fail again as US hikes pressure, Channel News Asia, available at www.channelnewsasia.com/news/world/iaea- iran-talks-fail-again-as-us-hikes-p/676504.html (last accessed 18 May 2013).

Agence France Presse (AFP) (2010) Nigeria's Nollywood eclipsing Hollywood in Africa, Independent, available at www.independent.co.uk/arts-entertainment/films/nigerias-nollywood-eclipsing-hollywood-in-africa-1974087.html (last accessed 15 May 2013).

Alford, M. (2011) Why not a propaganda model for Hollywood? In P. Hammond (ed.), Screens of Terror. London: Arima.

Al Jazeera (2009) The Iranian political system, Al Jazeera, available at www.aljazeera.com/news/middleeast/2009/06/200961111422655588.html (last accessed 21 April 2013).

Almiron, N. (2010) Journalism in Crisis: Corporate Media and Financialization. New York: Hampton Press.

Amnesty International (2012) Libya: Rule of Law or Rule of Militias? London: Amnesty International.

Anon (2011) This is Nollywood, available at www.thisisnollywood.com/

Appadurai, A. (1992) Modernity at Large: Cultural Dimension of Globalization (Public Worlds). Minnesota: University of Minnesota Press.

Arkin, W. (2002, 10 March) Secret plan outlines the unthinkable, Los Angeles Times, available at http: //articles.latimes.com/2002/mar/10/opinion/op-arkin (last accessed 24 January 2014).

Arsenault, A. and Castells, M. (2008) The structure and dynamics of global multi- media business networks, International Journal of Communication, 2: 707-48.

Associated Press (2013, 3 Sept) The Russian president says he hasn' t excluded possibility of backing a U.N. resolution on punitive military strikes, Amnesty International (2011), The Battle for Libya: Killings, Disappearances and Torture. London: Amnesty International.

Associated Press (2011, 21 Feb) Elections in Libya' s Misrata show a splintered nation, CTV News, available at www.ctvnews.ca/elections-in-libya-s-misrata- show-a-splintered-nation-1.771455 (last accessed 24 January 2014).

Associated Press (2005, 30 May) Wolfowitz comments revive doubts over Iraq' s WMD, USA Today, www.usatoday.com/news/world/iraq/2003-05-30-wolfowitz- iraq_x.htm (last accessed 12 July 2012).

Associated Press (2005, 8 Sept) Powell calls pre-Iraq U.N. speech a "blot" on his record, USA Today, available at www.usatoday.com/news/washington/2005-09-08- powell-Iraq_x.htm (last accessed 12 July 2012).

Associated Press (2003, 12 March) Iran can' t build nuke without tripping alarm bells, US says. The Times of Israel, available at www.timesofisrael.com/iran-cant- build-nuke-without-tripping-alarm bells-us-says/ (last accessed 18 May 2013).

Avramovic′, M. (ed.) (1993) Tanjug Pola Veka. Belgrade: Novinska Agencija Tanjug.

Bai, M. (2012, 22 Feb) Scott Ritter' s other war, New York Times, p. MM38.

Bacchi, U. (2013, 9 Sept) Syria: Assad not responsible for Ghouta gas attack, says freed hostage Pierre Piccinin, International Business Times, available at www. ibtimes.co.uk/syria-chemical-attack-assad-rebels-blame-hostage-504735 (last accessed 24 January 2014).

Bailyn, B. (ed.) (1965) Pamphlets of the American Revolution, 1750-1776. Cambridge, MA: Harvard University Press.

Bajoria, J. and Pan, E. (2010, 5 Nov) The U.S.-India nuclear deal, Council for Foreign Relations, available at www.cfr.org/india/us-india-nuclear-deal/p9663 (last accessed 7 May 2013).

Baker, R. (2012, 4 April) How war reporting in Syria makes a larger conflict inevitable, Who What Why, available at whowhatwhy.com/2012/04/02/how- war-reporting-in-syria-makes-a-larger-conflict-inevitable/ (last accessed 25 January 2013).

Baker, R. (2011, 15 June) More questions about the Libyan sex atrocity reporting. Who what why Factchecks the media, Who What Why, available at whowhatwhy.com/2011/06/15/whowhatwhyfactchecks–the–media–more–questions–about–the–libyan–sex–atrocity–reporting (last accessed 3 January 2013).

Balaghi, S. (2013) A brief history of 20th–Century Iran, Greyonline, available at www.nyu.edu/greyart/exhibits/iran/briefhistory/ (last accessed 21 April 2013).

Bamford, J. (2005) A Pretext for War: 9/11, Iraq and the Abuse of America' s Intelligence Agencies. New York: Anchor.

Barstow, D. (2008, 20 April) Behind TV analysts, Pentagon' s hidden hand, New York Times, available at www.nytimes.com/2008/04/20/us/20generals.html?pagewanted=all

Bayly, C.A. (2000) Empire and Information: Intelligence Gathering and Social Communication in India, 1780–1870. London: Cambridge University Press.

BBC (2006, 10 March) Secret sale of UK plutonium to Israel, Newsnight.

Bennett, L., Lawrence, R. and Livingstone, S. (2008) When the Press Fails: Political Power and the News Media from Iraq to Katrina. Chicago: University of Chicago Press.

Bergman, R. (2012, 29 Jan) Will Israel attack Iran?, New York Times, availab–le at www.nytimes.com/2012/01/29/magazine/will–israel–attack–iran.html?pagewanted=all&_r=0 (last accessed 26 April 2013).

Bisturek, R. (2013, 14 Sept) Turkey indicts six jihadists for alleged attempts to acquire chemicals with intent to produce sarin, Information Clearing House, available at www.informationclearinghouse.info/article36228.htm (last accessed 24 January 2014).

Blitzer (2012, 11 July) The situation room (transcripts), CNN, available at transcripts.cnn.com/TRANSCRIPTS/1207/11/sitroom.01.html (last accessed 3 May 2012).

Bloodhound (2007a, 17 Sept) Special Report: ABC–Debate scandal, unanswe–red and unasked questions, Bloodhound, available at http: //mediabloodhound.typepad.com/weblog/2007/09/special–report–.html (last accessed 10 April 2013).

Bloodhound (2007b, 26 Sept) Special Report: NPR goes easy on ABC News spokes–man in debat affair, Bloodhound, available at http: //mediabloodhound.typepad.com/weblog/2007/09/special–repor–1.html (last accessed 10 April 2013).

Blum, W. (2012a, 3 Oct) Syria: The story thus far, The Anti–Empire Report, available at http: //killinghope.org/bblum6/aer109.html (last accessed 25 January 2013).

Blum, W. (2012b, 7 April) Putting Syria into some perspective, World Socialist Web Site, available at www.informationclearinghouse.info/article31017.htm (last accessed 25 January 2013).

Blum, W. (2004) Killing Hope: U.S. Military and CIA Interventions since World War II, revised edition. Monroe, ME: Common Courage Press.

Borger, J. (2012, 22 March) Nuclear watchdog chief accused of pro-westernbias over Iran, The Guardian, available at www.theguardian.com/world/2012/mar/22/nuclear-watchdog-iran-iaea (last accessed 24 January 2014).

Borger, J. (2010, 30 Nov) Nuclear Wikileaks: cables show cosy US relationship with IAEA chief, The Guardian, available at www.theguardian.com/world/2012/ mar/22/nuclear-watchdog-iran-iaea (last accessed 24 January 2014).

Bowles, W. (2013, 30 Aug) US-Israeli false flag gas attack unravels: commit a war crime to cover up a war crime?, Information Clearing House, available at www. informationclearinghouse.info/article36028.htm (last accessed 24 January 2014).

Bowles, W. (2012, 17 Feb) Syria and the media: "Activists say …", Informati-on Clearing House, available at www.informationclearinghouse.info/article30562.htm (last accessed 25 January 2013).

Boyd-Barrett, C. and Boyd-Barrett, O. (2010) 24/7 news as counter-hegemonic soft power in Latin America. In S. Cushion and J. Lewis (eds), The Rise of 24-Hour News Television. New York: Peter Lang.

Boyd-Barrett, O. (2014) Interfax: Breaking Into Global News. Lancaster: Carnegie Publishing House.

Boyd-Barrett, O. (ed.) (2010b) News Agencies in the Turbulent Era of the Internet. Barcelona: Generalitat de Catalunya: Col.leccio Lexikon.

Boyd-Barrett, O. (2007) Positioning the news audience as idiot. In S. Maltby and R. Keeble (eds), Communicating War: Memory, Military and Media. Bury St. Edmunds: Arima. pp. 90-102.

Boyd-Barrett, O. (2006) Cyberspace, globalization and empire, Global Media and Communication, 2 (1): 21-42.

Boyd-Barrett, O. (2004) Judith Miller, the New York Times, and the propaganda model, Journalism Studies, 5(4).

Boyd-Barrett, O. (2003) Doubt foreclosed: U.S. mainstream media and the attacks of 9-11. In N.

Chitty, R. Rush and M. Semati (eds), Studies in Terrorism. Penang: Journal of International Communication/Southbound Press, pp.35-54.

Boyd-Barrett, O. (1998a) The globalization of news. In O. Boyd-Barrett and T. Rantanen (eds), The Globalization of News. London: Sage.

Boyd-Barrett, O. (1998b) Media imperialism reformulated. In D.K. Thussu (ed.), Electronic Empires. London: Edward Arnold.

Boyd-Barrett, O. (1980) The International News Agencies. London: Constable.

Boyd-Barrett, O. (1977a) Media imperialism: towards an international framework for the analysis of media systems. In M.Gurevitch, J.Curran and J. Woollacott (eds), Mass Communication and Society. London: Edward Arnold, pp.116-35.

Boyd-Barrett, O. (1977b) Mass communication in cross-cultural contexts. In Mass Communication and Society (Unit 5 of DE353). Milton Keynes: Open University Press.

Boyd-Barrett, O., Herrera, D. and Bauman, J. (2010) Hollywood and the CIA. London: Routledge.

Boyd-Barrett, O. and Thussu, D. (1992) Contra-flow in Global News: International and Regional News Exchange Mechanisms. Luton: John Libbey.

Boyd-Barrett, O. and Xie, S. (2008) (2008) Al-Jazeera, Phoenix Satellite Television and the return of the state: case studies in market liberalization, public sphere and media imperialism. International Journal of Communication, 2: 206-224

Bramhall, S. (2012, 14 Feb) The covert US war against Syria, Salon.com, http: //open.salon.com/blog/stuartbramhall/2012/02/14/the_covert_us_war_against_syria

Brautigam, D. (2009) The Dragon's Gift: The Real Story of China in Africa. New York: Oxford University Press.

Broad, W.J., Markoff, J. and Sanger, D. (2011, 15 Jan) Israel tests on worm called crucial in Iran nuclear delay, New York Times, available at www.nytimes. com/2011/01/16/world/middleeast/16stuxnet.html?pagewanted=all (last accessed 24 January 2014).

Brown, S. (1937) Press in Ireland: A Survey and a Guide. Dublin: Brown and Nolan.

Brzezinski, Z. (1997) The Grand Chessboard: American Primacy and its Geostrategic Imperatives. New York: Basic Books.

Bunker, R.J. (2011) Grand strategic overview: epochal change and new realities for the United States,

Small Wars and Insurgencies, 22: 5.

Butt, Y. (2012, 12 Dec) Flawed graph weakens case against Iran nuclear pr-ogram, Christian Science Monitor, available at www.csmonitor.com/Commentary/Opinion/2012/1205/Flawed-graph-weakens-case-against-Iran-nuclear-program- video (last accessed 18 April 2013).

Butt, Y. and Dalnoki-Veress, F. (2012, 28 Nov) DIY graphic design, Bulletin of the Atomic Scientists, available at www.thebulletin.org/web-edition/op-eds/diy-graphic-design (last accessed 18 April 2012).

Byrce, J. (1901) Studies in History and Jurisprudence. New York: Oxford University Press.

Byrne, A. (2012, 5 Jan) A mistaken case of Syrian regime change, Asian Times, available at www.atimes.com/atimes/Middle_East/NA05Ak03.html (last accessed 25 January 2013).

Cain, R. (2012) Chinese revenues for US films has doubled in five months, Chinafilmbiz, available at http: //chinafilmbiz.wordpress.com/2012/05/04/chinese-box-office-for-u-s-films-has-doubled-in-five-months/ (last accessed 22 August 2012).

Cartalucci, T. (2013, 27 Aug) Reuters: US to strike Syria before UN evidenc-e collected and the real meaning of "limited strikes", Landdestroyer, av-ailable at http: //landdestroyer.blogspot.com/2013/08/reuters-us-to-strike-syria-before-un.html (last accessed 24 January 2014).

Cartalucci, T. (2012a, 25 July) BBC covers up war crimes, misleads over Syrian security operations, Land Destroyer Report, available at http: //landdestroyer. blogspot.com/2012/07/bbc-rides-with-al-qaeda-in-aleppo-syria.html (last accessed 25 January 2013).

Cartalucci, T. (2012b, 29 May) West's Houla Syria narrative crumbles, expels Syrian diplomats anyway. Information Clearing House, available at www.information- clearinghouse.info/article31449.htm (last accessed 25 January 2013).

Cartalucci, T. (2012c, 19 March) Syrian rebels are foreign-backed terrorists: l-atest terrorist attack in Damascus illustrates illegitimacy of both Syria's rebels and the UN/Nato backing them, Landdestroyer, available at http: //landdestroyer.blogs-pot.com/2012/03/syrian-rebels-are-foreign-backed.html

Cartalucci, T. (2011) CIA Coup-College recycled revolutionary "props", Infowars.com, available at www.infowars.com/cia-coup-college-recycled-revolution- ary-props/ (last accessed 24 January 2014).

Castells, M. (2000) The Rise of the Network Society (The Information Age: Economy, Society and Culture, Volume 1), 2nd edition. New York: Wiley.

Centre for Iranian Studies (2006) Understanding Iran' s Assembly of Experts, Centre for Iranian Studies, Durham University, available at www.dur.ac.uk/resources/iranian.studies/Policy%20Brief%201.pdf (last accessed 21 April 2013).

Chamberlain, J. (2013, 3 June) Nuclear states defy treaty, up stockpiles, wat-chdog warns, Common Dreams, available at www.commondreams.org/headline/2013/06/03-1 (last accessed 12 September 2013).

Chan, J. -Y.-H. and Fung, A. (2011) Structural hybridization in film and television production, Visual Anthropology, 24 (1-2).

Channel 4 (2011) How Murdoch ran Britain, Dispatches.

Chomsky, N. (1998a) Deterring Democracy. New York: Vintage.

Chomsky, N. (1998b) What Uncle Sam Really Wants. London: Pluto.

Chulov, M. and Pidd, H. (2011, 15 Feb) Defector admits to WMD lies that triggered Iraq war, The Guardian, available at www.guardian.co.uk/world/2011/feb/15/ defector-admits-wmd-lies-iraq-war (last accessed (17 Dec 2012).

Cieply, M. (2013a, 6 Nov) China wants its movies to be big in the US too, New York Times, available at www.nytimes.com/2013/11/07/business/media/china-wants-its-movies-to-be-big-in-the-us-too.html (last accessed 14 November 2013).

Cieply, M. (2013b, 21 April) Heroes proving mortal in China, New York Times, p. A1.

Cieply, M. and Barboza, D. (2012, 29 April) In China, foreign films meet a- powerful gatekeeper, New York Times, available at www.nytimes.com/2012/04/30/business/media/china-film-group-acts-as-a-powerful-gatekeeper.html?_r=0 (last accessed 14 November 2013).

Cieply, M. and Barnes, B. (2013, 14 Jan) To get movies into China, Hollywo-od gives censors a preview, New York Times, available at www.nytimes. com/2013/01/15/business/media/in-hollywood-movies-for-china-bureaucrats- want-a-say.html

Clark, C. and Jimenez, M. (2012, 13 April) Leaders rethink the war on drugs at Summit of the Americas, The Globe and Mail, available at www.theglobeandmail.com/news/politics/leaders-rethink-the-war-on-drugs-at-summit-of-the-americas/article2402426 (last accessed 18 July

2012).

Clark, W. (2007, 3 Oct) Executive order NRDP, ForaTV, available at www.youtube.com/watch?feature=player_detailpage&v=6DzG-AFZR0s

Cockburn, A. and St. Clair, J. (1999) Whiteout: The CIA, Drugs and the Press. New York: Verso.

Cockburn, P. (2013, 3 Jan) Cockburn continues exposure of lies about Syria, Larouche.pac, available at http: //larouchepac.com/node/25028 (last accessed 25 January 2013).

Cogan, J. (2010, 30 Aug) Evidence that Afghan leaders are on CIA payroll, World Socialist Web Site, available at www.wsws.org/articles/2010/aug2010/ciaa-a30.shtml (last accessed 27 July 2012).

Cohen, J. and Solomon, N. (1994, 7 July) 30-year anniversary: Tonkin Gulf lie launched Vietnam War, FAIR.org, available at http: //fair.org/media-beat- column/30-year-anniversary-tonkin-gulf-lie-launched-vietnam-war (last accessed 6 December 2013).

Common Dreams Staff (2012, 18 April) Israel' s Deputy Prime Minister admits Ahmadinejad never said Israel should be "Wiped off the face of the map," Common Dreams, available at www.commondreams.org/headline/2012/04/ 18-2 (last accessed 1 May 2013).

Cook, T. (1998) Governing with the News: The News Media as a Political Institution. Chicago: The University of Chicago Press.

Cordesman, A. (2000, 7 Feb) Iran and nuclear weapons: a working draft, Centre for Strategic and International Studies.

Crain, M (2009, November) Telling Their Own Story: The Transformation of the Non-Aligned News Agencies Pool, 1975-2005. Paper presented at the annual meeting of the NCA 95th Annual Convention, Chicago Hilton & Towers, Chicago, Retrieved from http: //www.allacademic.com/meta/p366025_ index.html

Cromwell, D. (2012, 18 July Libyan elections - burying the Amnesty Report, MediaLens.org, available at www.medialens.org/index.php?option= com_content&view=arti-cle&id= 690: libyan-elections-burying-the-amnesty-report&-catid=25: alerts-2012&Itemid=9 (last accessed 24 January 2014).

Croteau, D. and Hoynes, W. (2005) The Business of Media: Corporate Media and the Public Interest. Thousand Oaks, CA: Sage.

Curtin, M. and Shah, H. (2010) Reorienting Global Communication: Indian and Chinese Media Beyond

Borders. Chicago: University of Illinois Press.

Curtis, A. (2006) The Power of Nightmares, BBC.

Curtis, A. (2002) A Century of the Self, BBC.

Cushion, S. and Lewis, J. (eds) (2010) The Rise of 24-Hour News Television: Global Perspectives. New York: Peter Lang.

Davies, N. (2012, 29 Oct) Armed rebels and Middle-Eastern power plays: how the U.S. is helping to kill peace in Syria, AlterNet, available at www.alternet.org/ world/armed-rebels-and-middle-eastern-power-plays-how-us-helping-kill-peace-syria (last accessed 25 January 2013).

Democracy Now (2013, 5 Sept) Iran-Contra Redux? Prince Bandar heads secret Saudi-CIA effort to aid Syrian rebels, topple Assad, Democracy Now, available at www.democracynow.org/2013/9/6/iran_contra_redux_prince_bandar_heads (last accessed 24 January 2014).

Dighe, R. (n.d.) Business support for Prohibition and its repeal. Rockarch.org, avail- able at http: //www.rockarch.org/publications/resrep/dighe.pdf (last accessed 17 June, 2014).

Dimaggio, A. (2009) When Media goes to War: Hegemonic Discourse, Public Opinion, and the Limits of Dissent. New York: Monthly Review Press.

Ditz, J. (2013a, 28 Aug) Iran has more or less same stockpile it had in May, Antiwar.com, available at http: //news.antiwar.com/2013/08/28/new-iaea-data-iran-still- not-close-to-israels-red-line (last accessed 12 September 2013).

Ditz, J. (2013b, 28 Aug) US: Assad to blame for chemical attack even if he didn' t do it insists Commander in Chief responsible for anything that happens, Antiwar.com, available at http: //news.antiwar.com/2013/08/28/us-assad-to-blame-for- chemical-attack-even-if-he-didnt-do-it (last accessed 24 January 2014).

Ditz, J. (2013c, 19 Aug) Diplomats: Iran may be stepping up civilian use, Antiwar.com, available at http: //news.antiwar.com/2013/08/19/irans-civilian-use-of- uranium-frustrates-hawks (last accessed 12 September 2013).

Ditz, J. (2013d, 18 June) Russian FM: Iran prepared to stop 20% uranium enrich- ment, Antiwar.com, available at http: //news.antiwar.com/2013/06/18/russian-fm-iran-prepared-to-stop-20-percent-uranium-enrichment (last accessed 12 September 2013).

Ditz, J. (2013e, 3 June) IAEA chief frets searching Iran site finding nothing, Antiwar.com, available at http: //news.antiwar.com/2013/06/03/iaea-chief-frets-searching- iran-site-finding-nothing (last accessed 12 September 2013).

Ditz, J. (2010, 8 Feb) AP article fuels Iran war hysteria, Antiwar.com, available at http: //news.antiwar.com/2010/02/08/ap-article-fuels-iran-war-hysteria/ (last accessed 23 April 2013).

Ditz, J. (2009, 15 Nov) CIA funneling hundreds of millions of dollars to Pakistani spy agency: roughly a third of secretive spy group' s budget comes from CIA, Antiwar.com, available at http: //news.antiwar.com/2009/11/15/cia-funneling-hundreds-of- millions-of-dollars-to-pakistani-spy-agency/ (last accessed 27 July 2012).

Diuk, N. (2004, 4 Dec) In Ukraine, homegrown freedom, Washington Post, p. A23.

Dixon, H. (2011, 4 Oct) Guantanamo' s detox man, Reuters.com, available at http: //blogs.reuters.com/hugo-dixon/tag/guantanamo-bay (last accessed 16 July2012).

Dombey, N. (2009, 22 Dec) This is no smoking gun, nor Iranian bomb: nothing in the published "Intelligence Documents" shows Iran is close to having nuclear weapons, The Guardian, available at www.theguardian.com/commentisfree/ 2009/dec/22/no-iran-nuclear-bomb-trigger (last accessed 24 January 2014).

Dozier, K. and Apuzzo, M. (2013, 28 Aug) AP sources: intelligence on weapons no "slam dunk," AP, available at http: //bigstory.ap.org/article/ap-sources-intelligence- weapons-no-slam-dunk (last accessed 24 January 2014).

Draitser, E. (2013, 3 Sept) Debunking Obama' s chemical weapons case against the Syrian government, Global Research, available at www.globalresearch.ca/so-called-intel-ligence-debunking-the-u-s-government-assessment-of-the-syrian-governments-use-of-chemical-weapons-on-august-21-2013/5347359 (last accessed 24 January 2014).

Dubai Press Club (2012) Arab Media Outlook: Forecasts and Analysis of Traditional and Digital Media in the Arab World 4th edition. Dubai: Dubai Press Club.

Dynon, N. (2013, 19 June) Soft power: A U.S.-China battleground, The Diplomat, available at http: //thediplomat.com/china-power/soft-power-a-u-s-china-battle- ground/ (last accessed 6 November 2013).

Edwards, D. (2013, 13 June) "Limited but persuasive" evidence: Syria, sarin, Libya, lies, MediaLens.org, available http: //medialens.org/index.php/alerts/alert-archive/ alerts-2013/735-

limited-but-persuasive-evidence-syria-sarin-libya-lies.html (last accessed 24 January 2014).

Edwards, D. (2012) Won't get fooled again? Hyping Syria's WMD "threat," Global Research, available at www.globalresearch.ca/wont-get-fooled-again-hyping-syrias-wmd-threat/5315387 (last accessed 25 January 2013).

Eisenstein, E. L. (1979) The Printing Press as an Agent of Change: Communications and Cultural Transformations in Early-Modern Europe. Cambridge: Cambridge University Press.

Emery, E. (1984) The Press and America: An Interpretive History of the Mass Media. Upper Saddle River, NJ: Prentice-Hall.

Entertainment Software Association (2013) Essential factors about the computer and video game industry, Entertainment Software Association, available at www. theesa.com/ (last accessed 21 November 2013).

Entman, R.M. (2003) Projections of Power: Framing News, Public Opinion, and US Foreign Policy. Chicago: University of Chicago Press.

Ervand, A. (2008) A History of Modern Iran. Cambridge: Cambridge University Press.

Escobar, P. (2012, 4 Aug) Syrian blood etches a new line in the sand, Voltairenet.org, available at www.voltairenet.org/article175260.html (last accessed 25 January 2013).

FAIR (2013a, 15 May) Iraq then, Syria now?, New York Times, sarin and skepticism, FAIR.org, available at http: //fair.org/take-action/action-alerts/iraq-then-syr-ia-now (last accessed 24 January 2014).

FAIR (2013b, 6 May) Syria skepticism: chemical claims should be investigated, not used as pretext for war, FAIR.org, available at http: //fair.org/take-action/ media-advisories/syria-skepticism (last accessed 24 January 2014).

FAIR (2012, 6 Jan) NYT misleads readers on Iran crisis: paper disappears some inaccurate reporting, FAIR.org, available at http: //fair.org/take-action/action- alerts/nyt-misleads-readers-on-iran-crisis/ (last accessed 26 April 2013).

FAIR (2011a, 29 Mar) Public TV's Libya limits, FAIR.org, available at http: //fair. org/take-action/action-alerts/public-tvs-libya-limits, (last accessed 3 January 2013).

FAIR (2011b, 23 May) Libya and the La Fenton, B. (2003, 16 Sept) Macmillan backed Syria assassination plot, The Guardian, available at www.guardian.co. uk/politics/2003/sep/27/uk.syria1 (last accessed 24 January 2014).

FAIR (2002, 1 Oct) What a difference four years makes: why U.N. inspectors left Iraq – then and now, FAIR.org, available at http: //fair.org/extra-online-articles/ what-a-difference-four-years-makes (last accessed 31 December 2012).

Ferguson, C.D. and Potter, W.C. (2006, 12 Sept) Lining up to enrich uranium, International Herald Tribune, available at www. Iht.com/articles/2006/09/12/ opinion/edfurguson.php (last accessed 12 April 2013).

Fifth Estate (1992, Dec) To Sell a War (TV). Toronto: Canadian Broadcasting Corporation.

Filkins, D. (2010, 1 March) Despite doubt, Karzai brother retains power, New York Times, available at www.nytimes.com/2010/03/31/world/asia/ 31karzai.html?ref=dexterfilkins&gwh=195708F2C58CC728CFC0EAF0944CB3B (last accessed 27 July 2012).

Filkins, D. and Marchetti (2010, 25 Aug) Karzai aide in corruption inquiry is tied to CIA, New York Times, available at www.nytimes.com/2010/ 08/26/world/asia/26kabul.html?ref=dexterfilkins (last accessed 27 July 2012).

Fish, I. and Dokoupil, T. (2010, 3 Sept) All the propaganda that's fit to print, The Daily Planet, available at www.thedailyplanet.com/index.php? option=com_content&view=article&id=3555: all-the-propaganda-thats-fit-to-print&catid=52: industry-links&Itemid=282 (last accessed 24 January 2014).

Fisk, R. (2013, 28 April) Syria and sarin gas: US claims have a very familiar ring: reports of the Assad regime's use of chemical weapons are part of a retold drama riddled with plot, The Independent, available at www.independent.co. uk/news/world/middle-east/syria-and-sarin-gas-us-claims-have-a-very-familiar-ring-8591214. html (last accessed24 January 2014).

Florcruz, M. (2013, 4 April) Hollywood eyes China audiences in latest movie trailers, Salon.com, available at www.salon.com/2013/04/04/hollywood_eyes_ chinese_audiences_in_latest_movie_trailers_partner (last accessed 24 January 2014).

Frank, T. (2001) One Market Under God: Extreme Capitalism, Market Populism and the End of Democracy. New York: Anchor.

Fritz, B. (2012, 2 Jan) Imports top local films as China box office grows 28% in 2012, Los Angeles Times, available at http: //articles.latimes.com/ 2013/jan/02/entertainment/la-et-ct-china-box-office-20130102 (last accessed 14 November 2013).

Fritz, B., Horn, J. and Pierson, D. (2012, 28 Aug) In China, Hollywood blockbusters face off on same days, Los Angeles Times, available at http: //articles.latimes.com/2012/aug/28/entertainment/la-et-ct-china-movies-20120828 (last accessed 14 November 2013).

Frontline (2004) The Ghosts of Rwanda (TV). Washington: Public Broadcasting Service.

Gaist, T. (2013, 8 May) US shrugs off Syrian opposition's chemical weapons use, presses for war, World Socialist Web Site, available at www.wsws.org/en/articles/2013/05/08/ syri-m08.html (last accessed 24 January 2014).

Galeano, E. and Gibbs, D.N. (2004) Pretexts and US foreign policy: the war on ter- rorism in historical perspective, New Political Scientist, 26: 3, Sept, available at http: //dgibbs.faculty.arizona.edu/sites/dgibbs.faculty.arizona.edu/files/pretexts_0. pdf (last accessed 12 July 2012).

Galeano, J. (2003) Las Venas Abiertas de América Latina, 2nd edition, Madrid: Siglo.

GAO (2008, Oct) United States Government Accountability Office, PLAN COLOMBIA: Drug Reduction Goals Were Not Fully Met, But Security Has Improved: US Agencies Need More Detailed Plans for Reducing Assistance, GAO, available at www.gao.gov/new.items/d0971.pdf (p. 17) (last accessed 24 January 2014).

Fifth Estate (1992, Dec) To Sell a War (TV). Toronto: Canadian Broadcasting Corporation.

Filkins, D. (2010, 1 March) Despite doubt, Karzai brother retains power, New York Times, available at www.nytimes.com/2010/03/31/world/asia/31karzai. html?ref=dexterfilkins&gwh=195708F2C58CC728CFC0EAF0944CB3B (last accessed 27 July 2012).

Filkins, D. and Marchetti (2010, 25 Aug) Karzai aide in corruption inquiry is tied to CIA, New York Times, available at www.nytimes.com/2010/08/26/world/ asia/26kabul.html?ref=dexterfilkins (last accessed 27 July 2012).

Fish, I. and Dokoupil, T. (2010, 3 Sept) All the propaganda that's fit to print, The Daily Planet, available at www.thedailyplanet.com/index.php? option=com_content&view=article&id=3555: all-the-propaganda-thats-fit-to-print&catid=52: industry- links&Itemid=282 (last accessed 24 January 2014).

Fisk, R. (2013, 28 April) Syria and sarin gas: US claims have a very familiar ring: reports of the Assad regime's use of chemical weapons are part of a retold drama riddled with plot, The Independent, available at www.independent.co.uk/news/world/middle-east/syria-and-sarin-gas-us-claims-have-a-very-familiar-ring-8591214. html (last accessed24 January 2014).

Florcruz, M. (2013, 4 April) Hollywood eyes China audiences in latest movie trailers, Salon.com, available at www.salon.com/2013/04/04/hollywood_eyes_ chinese_audiences_in_latest_movie_trailers_partner (last accessed 24 January 2014).

Frank, T. (2001) One Market Under God: Extreme Capitalism, Market Populism and the End of Democracy. New York: Anchor.

Fritz, B. (2012, 2 Jan) Imports top local films as China box office grows 28% in 2012, Los Angeles Times, available at http: //articles.latimes.com/2013/ jan/02/entertainment/ la-et-ct-china-box-office-20130102 (last accessed 14 November 2013).

Fritz, B., Horn, J. and Pierson, D. (2012, 28 Aug) In China, Hollywood blockbusters face off on same days, Los Angeles Times, available at http: //articles.latimes. com/2012/aug/28/entertainment/la-et-ct-china-movies-20120828 (last accessed 14 November 2013).

Frontline (2004) The Ghosts of Rwanda (TV). Washington: Public Broadcasting Service.

Gaist, T. (2013, 8 May) US shrugs off Syrian opposition's chemical weapons use, presses for war, World Socialist Web Site, available at www.wsws.org/en/articles/2013/05/08/ syri-m08.html (last accessed 24 January 2014).

Galeano, E. and Gibbs, D.N. (2004) Pretexts and US foreign policy: the war on ter- rorism in historical perspective, New Political Scientist, 26: 3, Sept, available at http: //dgibbs.faculty.arizona.edu/sites/dgibbs.faculty.arizona.edu/files/pretexts_0. pdf (last accessed 12 July 2012).

Galeano, J. (2003) Las Venas Abiertas de América Latina, 2nd edition, Madrid: Siglo.

GAO (2008, Oct) United States Government Accountability Office, PLAN COLOMBIA: Drug Reduction Goals Were Not Fully Met, But Security Has Improved: US Agencies Need More Detailed Plans for Reducing Assistance, GAO, available at www.gao.gov/new.items/d0971.pdf (p. 17) (last accessed 24 January 2014).

Gaudiosi, J. (2012, 18 July) New reports forecast global video game industry will reach $82 billion by 2017, Forbes.com, available at www.forbes.com/sites/ johngaudiosi/2012/07/18/new-reports-forecasts-global-video-game-industry- will-reach-82-billion-by-2017/ (last accessed 21 November 2013).

Gavlak, D. and Ababneh, Y. (2013, 29 Aug) Syrians in Ghouta claim Saudi–supplied rebels behind chemical attack, Mint Press, available at www.mintpressnews.com/ witnesses–of–gas–attack–say–saudis–supplied–rebels–with–chemical–weapons/168135 (last accessed 24 January 2014).

Ghosh, B. (2009, 28 Oct) A brief history of CIA assets, Time, available at www.time. com/time/specials/packages/article/0, 28804, 1933053_1933052_1933042, 00. html (last accessed 17 December 2012).

Gibbs, D.N. (2004) Pretexts and US foreign policy: the War on Terrorism in histor– ical perspective, New Political Scientist, 26: 3, Sept, available at http: //dgibbs.fac– ulty.arizona.edu/sites/dgibbs.faculty.arizona.edu/files/pretexts_0.pdf, (last accessed July 12, 2012).

Giraldi, P. (2013, 7 May) CIA pays the Potentate, The American Conservative, available at www.theamericanconservative.com/articles/cia–pays–the–potentate (last accessed 23 May 2013).

Glaser, J. (2013, 13 Feb) UN report: Iran is diverting uranium for peaceful purposes, Antiwar.com, available at http: //news.antiwar.com/2013/02/20/un–report–iran–is–di– verting–uranium–for–peaceful–purposes/ (last accessed 18 May 2013).

Glaser, J. (2012a, 12 Dec) Gitmo judge bans any mention of defendants' detention, torture, Antiwar.com (last accessed 16 December 2012).

Glaser, J. (2012b, 1 Aug) The power of propaganda on Iran, and how it works, Antiwar.com, http: //antiwar.com/blog/2012/08/01/the–power–of–war–propaganda– on–iran–and–how–it–works

Glaser, J. (2012c, 25 April) Foreign oil companies vie for Libyan oil as a new gov– ernment takes shape, Antiwar.org, available at http: //news.antiwar.com/2012/ 04/25/foreign–oil–corporations–vie–for–libya–as–new–government–takes–shape (last accessed 4 January 2013).

Global Commission on Drug Policy (2011) War on drugs, available at www. globalcommissionondrugs.org/wp–content/themes/gcdp_v1/pdf/Global_ Commission_Report_English.pdf (last accessed 24 January 2014).

Goff, S. (2003) The blurring of the lines: US overt and covert assistance in Colombia. In International Action Center, War in Colombia: Made in the USA, New York.

Gonzalez, J. (2002) Harvest of Empire: A History of Latinos in America. New York: Penguin.

Gordon, M., Schmitt, E. and Arango, T. (2012, 1 Dec) Flow of arms to Syria through Iraq persists, to U.S. dismay, New York Times, available at www.nytimes.com/2012/12/02/world/middleeast/

us–is–stumbling–in–effort–to–cut–syria–arms–flow.html?pagewanted=all (last accessed 27 April 2013).

Government of India, Central Board of Film Certification (2012) Annual Report 2011, available at http: //cbfcindia.gov.in/CbfcWeb/fckeditor/ editor/images/Uploadedfiles/file/Publications/ANNUAL_2011.pdf

Gowans, S. (2012, 2 Oct) What' s left? Syria' s uprising in context, available at http: // gowans.wordpress.com/2012/02/10/syrias–uprising–in–context/

Greenwald, G. (2012a, 29 Nov) AP' s dangerous Iran hoax demands an accounting and explanation, The Guardian, available at www.guardian.co.uk/commentis–free/2012/nov/29/ap–iran–nuclear–program–graph–explanation (last accessed 18 April 2013).

Greenwald, G. (2012b, 28 Nov) AP believed it found evidence of Iran' s work on nuclear weapons, The Guardian, available at www.guardian.co.uk/commentis–free/2012/nov/28/ap–iran–nuclear–bomb (last accessed 18 April 2013).

Greenwald, G. (2012c, 9 Nov) CNN claims Iran shot at a US drone, revealing mind– set, The Guardian, available at www.guardian.co.uk/commontisfree/ 2012/nov/08/ cnn–iran–drones–gulf (last accessed 27 April 2013).

Greenwald, G. (2012d, 20 July) The US and Israel blame Iran for the suicide attack in Bulgaria, but offer no evidence for the accusation, Salon.com, available at www.salon.com/2012/07/20/journalism_v_propaganda/ (last accessed 27 April 2013).

Greenwald, G. (2012e, 29 Feb) Gen. McCaffrey privately briefs NBC execs on war with Iran, Salon.com, available at www.salon.com/2012/02/28/ gen_mccaffrey_privately_briefs_nbc_execs_on_war_with_iran/ (last accessed 2 April 2013).

Greenwald, G. (2011, 26 Sept) What media coverage omits about U.S. hikers released by Iran, Salon.com, available at www.salon.com/2011/09/26/iran_105/ (last accessed 25 April 2013).

Greenwald, G. (2010, 31 March) "Reporting" on Iran should seem familiar, Salon.com, available at www.salon.com/2010/03/31/iran_55/ (last accessed 23 April 2013).

Gregory, A. (2012, 25 Feb) Insinuation as war propaganda, The Beacon, available at http: //blog.independent.org/2012/02/23/insinuation–as–war–propaganda/ (last accessed 25 April 2013).

Grey, B. (2012, 31 Jan) The New York Times and the drive to war against Iran, World Socialist Web

Site, available at www.wsws.org/en/articles/2012/01/pers- j31.html (last accessed 26 April 2013).

Griffin, D.R. (2009) Osama Bin Laden: Dead or Alive? Northampton: Oliver Branch.

Griffin, D.R. (2008) New Pearl Harbor Revisited: 9/11, the Cover-up and the Exposé. Northampton: Oliver Branch.

Griffin, D.R. (2004) The New Pearl Harbor: Disturbing Questions about the Bush Administration and 9-11. Northampton: Olive Branch.

Grigg, W.N. (2011) The War Party's atrocity porn, Lew Rockwell, available at www.lewrockwell.com/grigg/grigg-w/97.html (last accessed 1 January 2013).

Habermas, J. (1991) The Structural Transformation of the Public Sphere. Cambridge, MA: MIT Press. Available at http: //articles.latimes.com/ 2011/jul/14/entertainment/la-et-word-20110714 (last accessed 14 November 2013).

Halliday, J. and Cumings, B. (1988) Korea: The Unknown War. London: Viking.

Hallin, D. (1989) The Uncensored War: The Media and Vietnam. Berkeley: The University of California Press.

Hardt, M. and Negri, A. (2001) Empire. Boston: Harvard University Press.

Hayes, T. (1990, 3 Sept) The oilfield lying below the Iraq-Kuwait dispute, New York Times, available at www.nytimes.com/1990/09/03/world/confrontation-in-the-gulf-the-oilfield-lying-below-the-iraq-kuwait-dispute.html (last accessed 24 January 2014).

Hazelton, J. (2011, Nov) Hollywood's cultural revolution, CNBC Business, availa- ble at www.cnbcmagazine.com/story/hollywoods-cultural-revolution/1493/1/ (last accessed 22 August 2012).

Herman, E. and Bodhead, F. (1984) Demonstration Elections. Kuala Lumpur: South End.

Herman, E. and Chomsky, N. (2002 [1988]) Manufacturing Consent: The Political Economy of the Mass Media. New York: Pantheon.

Herman, E. and McChesney, R. (1998) The Global Media: The Missionaries of Global Capitalism. London: Cassell.

Herman, E. and Peterson, D. (2010, 22 Jan) The Oliver Kamm school of falsifica- tion: imperial truth-enforcement, British branch. MRzine, available at http: // mrzine.monthlyreview.org/2010/hp220110.html (last accessed 23April 2013).

Herman E. and Peterson, D. (2009, 28 July) Iran: riding the "Green Wave" at the campaign for peace and democracy and beyond, Media Lens, available at www. medialens.org/index.php/alerts/alert-archive/2009/575-iran-riding-the-qgreen- waveq-at-the-campaign-for-peace-and-democracy-and-beyond-part-1.html (last accessed 21 April 2013).

Hersh, S. (2008, 7 July) Preparing the battlefield: the Bush administration steps up its secret moves against Iran, The New Yorker, available at www.newyorker.com/ reporting/2008/07/07/080707fa_fact_hersh (last accessed 21 April 2013).

Hibbs, M. (2012, 10 Dec) Intel inside: has the IAEA' s information become politi- cized?, Foreign Policy, available at www.foreignpolicy.com/ articles/2012/12/10/ intel_inside (available at 18 April 2013).

Hirschmann, E. (2008) Robert Knight: Reforming Editor in Victorian India. London: Oxford University Press.

Hoffmeyr, I. (2013) Gandhi' s Printing Press. Cambridge, MA: Harvard University Press.

Horn, J. (2011, 14 July) Red China: will it play in Peoria and Shanghai?, Los Angeles Times, available at www.latimes.com/business/la-fi-china-movies-sg, 0, 6826195. storygallery (last accessed 24 January 2014).

Horton, S. (2011a, 23 July) AP Iran scare piece proves itself wrong, Antiwar.com, available at http: //antiwar.com/blog/2011/07/23/ap-iran-scare-piece-proves-itself- wrong/ (last accessed 18 April 2013).

Horton, S. (2011b, 23 July) NYT scare piece just lies, innuendo, Antiwar.com, availa- ble at http: //antiwar.com/blog/2011/07/23/nyt-iran-scare-piece-just-lies-innuendo/ (last accessed 25 April 2013).

Hosenball, M. (2009, 16 Sept) Intelligence agencies say no new nukes in Iran, Newsweek, available at www.newsweek.com/id/215529 (last accessed 21 April 2013).

IbisWorld Industry Report Q Press8711-GL (2012) Global movie production and distribution, clients, ibisworld.com, available at www.ibisworld.com/industry/ global/global-movie-production-distribution.html (last accessed 24 January 2014).

IDATE (2010) TV 2010: Market Facts and Trends. Montpellier, Fr.: IDATE. IFPI (2012) Recording Industry in Numbers. London: IFPI.

Innis, H. (2007, first published 1950) Empire and Communication. Toronto: Dundurn.

Innocent, M. (2012, 31 July) 20 years and counting, The Nation Institute, available at nationalinterest. org/profile/malou-innocent (last accessed 31 July 2012).

Interfax (2009) Your Interfax: Information Bulletin for Subscribers. Twentieth Anniversary Edition. Moscow: Interfax.

International Television Expert Group (2010) Global TV 2010 - Markets, Trends, Facts and Figures (2008-2013) ITEG, available at www.international-television. org/tv_market_data/world-tv-market-2010.html (last accessed 10 December 2012). Iwabuchi, K. (2013) Korean Wave and inter-Asian referencing. In Y. Kim (ed.), The Korean Wave: Korean Media Go Global. London: Routledge, pp. 43-57.

Jacobs, A. (2012, 16 Aug) Pursuing soft power, China puts stamp on Africa' s news, New York Times, available at www.nytimes.com/2012/08/17/world/ africa/chinas-news-media-make-inroads-in-africa.html?pagewanted=all&_r =0 (last accessed 24 January 2014).

Jaffe, G. (2012, 9 Dec) China' s indie filmmakers and the way of the dragon seal, Los Angeles Times, available at http: //articles.latimes.com/ 2012/dec/09/entertainment/ la-ca-mn-china-indie-films-20121209 (last accessed 14 November 2013).

Jahn, G. (2013, 17 April) APNewsBreak: diplomats: Iran ups nuke technology, Journalgazette.net, available at www.journalgazette.net/article/20130417/ API/1304170666 (last accessed 18 April 2013).

Jahn, G. (2012a, 30 Nov) Supposed Iranian nuke graph off: UN still worried, Huffington Post, available at www.huffingtonpost.com/huff-wires/20121130/ iran-nuclear/?utm_hp_ref=world&ir=world (last accessed 18 April 2013).

Jahn, G. (2012b, 28 Nov) AP Exclusive: graph suggests Iran working on bomb, Salon. com, available at www.salon.com/2012/ 11/27/ap_exclusive_graph_suggests_iran_ working_on_bomb/ (last accessed 18 April 2013).

Jahn, G. (2011, 22 July) AP Exclusive: Iran prez said pushing for nukes, Yahoo.com, available at http: //news.yahoo.com/ap-exclusive-iran-prez-said-pushing-nukes- 120313424.html (last accessed 18 April 2013).

Jayasekera (2013, 10 May) Top Indian official threatens Pakistan with nuclear anni- hilation, World SocialistWeb Site, available at www.wsws.org/en/articles/2013/05/10/ shay-m10.html (last accessed 10 May 2013).

Jenkins, S.(2012, 12 April) The 'War on Terror' is corrupting all it touches, The Guardian, available at www.theguardian.com/commentisfree/2012/ apr/12/war-on- terror-corrupting (last accessed 24 January 2014)

Jensen, C.(2001) Review of the printing revolution in early modern Europe. LORE: Rhetoric, Writing, Culture. San Diego State University, available at http: //www-rohan. sdsu.edu/dept/drwswebb/lore/1_3/jensen_eisen.htm (last accessed 17 June 2014).

Jin, D.(2013) Hybridization of Korean popular culture. In Y. Kim (ed.), The Korean Wave: Korean Media Go Global. London: Routledge, pp. 148-164.

Johnson, C.(2004) Blowback: The Costs and Consequences of American Empire, 2nd edition. New York: Holt Paperbacks.

Johnson, L.(2001, 17 Jan) Sanctions hurt children more than Saddam, CommonDreams.com, available at www.commondreams.org/views01/0117-06. htm (last accessed 21 July 2012).

Joye, S.(2010) Journalism for global change: reflections on the alternative news agency Inter Press Service. In O. Boyd Barrett (ed.) News Agencies in the Turbulent Era of the Internet. Barcelona: Generalitat de Catalunya: Col.leccio Lexikon.Jowett, G. and O' Donnell, V.(2011) Propaganda and Persuasion. 5th Edition. Thousand , CA: Sage.

Jung, E.(2013) K-pop female idols in the West. In Y. Kim (ed.), The Korean Wave: Korean Media Go Global. London: Routledge, pp. 106-119.

Kahin, G.(1986) Intervention: How America Became Involved in Vietnam. New York: Knopf.

Kamm, O.(2009, 14 Dec) Explosive deceit: the exposure of Iran' s programme to test an essential component of a nuclear weapon confirm a pattern of duplicity by a bellicose regime, The Times.

Kamra, S.(2009) The "Vox Populi" or the infernal propaganda machine, and judi- cial force in colonial India, Cultural Critique, 72: 164-202.

Kang, J., Hayes, P., Bin, L., Suzuki, T. and Tanter, R.(2005, 1 Jan) South Korea' s nuclear surprise, Bulletin of the Atomic Scientists, available at http: //goliath.ecnext.com/coms2/gi_0199-3549782/South-Korea-s-nuclear-surprise.html

Karsh, E.(2002) The Iran-Iraq War 1980-1988. London: Osprey.

Kasper, D.(Writer) (1992) The Panama Deception, Rhino Home Video, DVD. Kaufman, A.(2012,

16 Dec) "Life of Pi" is second Hollywood film to gross more inChina than U.S., Los Angeles Times, available at http: //articles.latimes.com/2012/dec/16/entertainment/la-et-ct-life-of-pi-china-box-office-20121216 (last accessed 24 January 2014).

Keck, K. (2013, 7 Jan) Destined to fail: China's soft power push, The Diplomat, available at http: //thediplomat.com/2013/01/07/destined-to-fail-chinas-soft- power-offensive/ (last accessed 6 November 2013).

Keeble, R. (2011, 28 April) If at first you don't succeed - four decades of US-UK attempts to topple Gaddafi, www.MediaLens.org, available at www.medialens.org/ index.php?option=com_content&view=article&id=620: if-at-first-you-dont-succeed- four-decades-of-us-uk-attempts-to-topple-gadaffi&catid=24: alerts-2011&Itemid=68 (last accessed 3 January 2013)

Kelley, R. (2012, 23 May) The IAEA and Parchin: do the claims add up?, Stockholm International Peace Research Institute, available at http: //www.sipri.org/media/ expert-comments/the-iaea-and-parchin-do-the-claims-add-up (last accessed 6 May 2013).

Kellner, D. (2011) Media Spectacle and Insurrection. London: Bloomsbury Academic.

Kellner, D. (2003) From 9/11 to Terror War: The Dangers of the Bush Legacy. Boulder, CO: Rowman and Littlefield.

Kellner, D. (1992) The Persian Gulf TV War. Boulder, CO: Westview.

Keohane, R. and Nye, J. (1977) Power and Interdependence: World Politics in Transition, TBS (The Book Service).

Kiel, P. (2007, 11 Dec) Administration prevents former Gitmo prosecutor from testifying before Congress, TPMmuckraker, available at http: //tpmmuckraker. talkingpoints-memo.com/2007/12/admin_prevents_former_gitmo_pr.php (last accessed 16 July 2012).

Kim, S. (2013) For the eyes of North Koreans? In Y. Kim (ed.), The Korean Wave: Korean Media Go Global. London: Routledge, pp. 93-105.

Kim, Y. (ed.) (2013a) The Korean Wave: Korean Media Go Global. London: Routledge.

Kim, Y. (2013b) Korean Wave pop culture in the global Internet age. In Y. Kim (ed.), The Korean Wave: Korean Media Go Global. London: Routledge. pp. 75-92

King, E. (2014) Obama, the Media, and Framing the U.S. Exit from Iraq and Afghanistan. Farnham: Ashgate.

King, K.(2013) China' s Aid and Soft Power in Africa. Rochester, NY: BOYE6. Kinzer, S.(2007) Overthrow: America' s Century of Regime Change from Hawaii to Iraq. New York: Times Books.

Kirgis, F.(2003) North Korea' s withdrawal from the Nuclear Non-Proliferation Treaty, ASIL Insights, available at www.asil.org/insigh96.cfm (last accessed 3 May 2013). Kirkpatrick, D. (2012, 26 Dec) First fighting Islamists, now the free market, New York Times, p. A10.

Klapper, J.(1960) The Effects of Mass Communication. New York: Free Press. Klein, N.(2008) Shock Doctrine. New York: Picador.

Kraidy, M.(2005) Hybridity: The Cultural Logic Of Globalization. Philadelphia: Temple University Press.

Kreiger, D.(2005, 4 March) Saving the nuclear nonproliferation agreement, waging peace, Nuclear Age Peace Foundation, available at www.wagingpeace.org/arti- cles/2005/03/00_krieger saving-nuclear-agreement.htm (last accessed 3 May 2013). Krugman, P.(2007, 29 Oct) Fearing fear itself, New York Times, available at www. nytimes.com/2007/10/29/opinion/29krugman.html?_r=0 (last accessed 27 April 2013). Kuttner, R.(2007, 19 May) A conversation with Zbigniew Brzezinski, The American Prospect, available at http: //prospect.org/article/ conversation-zbigniew-brzezinski (last accessed 17 April 2013).

Lakshmi, K.(1993) Communications Across the Borders: The U.S., the Non- Aligned, and the New Information Order. New Delhi: Radiant Publishers.

Landey, J.(2008, 20 March) Bush erroneously says Iran announced desire for nuclear weapons, McClatchy Newspapers, available at www.mcclatchydc. com/2008/03/20/31114/bush-erroneously-says-iran-announced.html (last accessed 17 April 2013).

Landreth, J.(2012a, 25 April) Did Hollywood dirty its hands in China? Reaction to SEC inquiry, Los Angeles Times, available at http: //latimesblogs.latimes.com/ entertainmentnewsbuzz/2012/04/sec-inquiry-reaction-from-beijing-international- film-festival.html (last accessed 14 November 2013).

Landreth, J.(2012b, 21 April) Beijing' s film festival opens amid China' s movie indus- try boom, Los Angeles Times, available at http: //articles.latimes.com/ 2012/apr/21/business/la-fi-ct-beijing-film-fest-20120421 (last accessed 14 November 2013).

Langner, R.(2011, Feb) Ralph Langner: Cracking Stuxnet, a 21st-century cyber weapon, TED Ideas

Worth Spreading, available at www.ted.com/ talks/ralph_langer_ cracking_stuxnet_a_21st_century_cyberweapon.html (last accessed 12 April 2013).

Lantier, M. (2013, 26 Aug) John Kerry' s "Colin Powell moment," World Socialist Web Site, available at http: //www.wsws.org/en/articles/2013/08/27/pers-a27.html (last accessed 30 July 2014).

Laskai, L. (2013, 19 Aug) Soft power or ancient wisdom?, The Diplomat, available at http: //thediplomat.com/china-power/soft-power-or-ancient-wisdom/ (last accessed 6 November 2013).

Lee, H. (2013) Cultural policy and the Korean Wave. In Y. Kim (ed.), The Korean Wave: Korean Media Go Global. London: Routledge, pp. 185-198.

Lendman, S. (2013, 25 Feb) IAEA report confirms Iran' s peaceful nuclear program, available at http: //sjlendman.blogspot.hk/2013/02/iaea-report-confirms-irans- peaceful.html (last accessed 18 May 2013).

Lendman, S. (2012, 28 Oct) Trafficking anti-Iranian propaganda, Daily Censored, available at www.dailycensored.com/trafficking-anti-iranian-propaganda/ (last accessed 27 April 2013).

Leverett, F. and Leverett, H. (2013) Consequences of Western Intransigence in Nuclear Diplomacy with Iran, available at www.aljazeera.com/indepth/opin- ion/2013/05/2013589151459212.html (last accessed 2013).

Li, G. (2013, 22 Aug) China' s movie market booms with local content, Reuters.com, avail- able at www.reuters.com/article/2013/08/22/film-china-idUSL4N0G720520130822 (last accessed 14 November 2013).

Lobe, J. (2013, 15 May) Nuclear Iran can be contained and deterred, says report, Antiwar.com, available at http: //original.antiwar.com/lobe/2013/ 05/14/nuclear-iran-can-be-contained-and-deterred-says-report/ (last accessed 18 May 2013).

Lobe, J. (2008, 30 May) Murdoch goes after Condi, urges blockage against Iran, Infowars.com, available at www.infowars.com/murdoch-goes-after-condi-urges- blockade-against-iran/ (last accessed 17 April 2013).

Lunden, J. (2012, 11 June) PwC: entertainment & media spend was $1.6 trillion in 2011; will rise to $2.1T By 2016 With Digital Leading Growth, Techcrunch.com available at http: //techcrunch.com/2012/06/11/pwc-entertainment-media-spend-was-1-6-trillion-in-2011-will-rise-to-2-

1t-by-2016-with-digital-leading-growth/

Mackey, R.(2012, 17 April) Israeli minister agrees Ahmadinejad never said Israel "must be wiped off the map," New York Times, available at http://thelede.blogs.nytimes.com/2012/04/17/israeli-minister-agrees-ahmadinejad-never-said-israel- must-be-wiped-off-the-map/

Makinen, J.(2014) China's movie box office surges 27% to $3.6 billion in 2013, Los Angeles Times, available at www.latimes.com/business/la-fi-ct-china-box- office-20140102, 0, 5648771. story#ixzz2pGIF1PFN (last accessed 1 January 2014). Marcus, J.(2012, 27 Feb) Analysis: how Israel might strike at Iran, BBC News: Middle East, available at www.bbc.co.uk/news/world-middle-east-17115643

Marsden, C. (2004, March 18) Britain: coroner rejects inquest into death of Dr. David Kelly. World Socialist Web Site, available at http://www.wsws.org/en/articles/2004/03/kell-m18.html (last accessed 17 June 2014).

Martin, M.(2013, 16 May) Activision's market share climbed to almost 20% in 2012, Los Angeles Times, available at www.gamesindustry.biz/articles/2013-05- 16-activisions-market-share-climbed-to-almost-20-percent-in-2012 (last accessed 21 November 2013).

Martin, P.(2011, 30 March) American media silent on CIA ties to Libya rebel com- mander, World Socialist Web Site, available at http://wsws.org/en/ articles/2011/03/ hift-m30.html (last accessed 3 Janary 2013).

Martin Moreno, F.(2007) Mexico Negro. Mexico City: Santillana Ediciones Generales.

Maschke, G.(2009, 28 Dec) Typography casts additional doubt on authenticity of alleged Iranian "nuclear trigger" document, available at www.georgemaschke. net/2009/12/28/typographical-inconsistencies-cast-doubt-on-iranian-nuclear- trigger-document/ (last accessed 23 April 2013).

Mattelart, A.(2010) The Globalization of Surveillance: The Origin of the Securitarian Order. Cambridge: Polity.

Mattelart, A.(1979) Multinational Corporations and the Control of Culture: The Ideological Apparatuses of Imperialism. East Sussex: Harvester

McChesney, R.(2004) The Problem of the Media: U.S. Communication Politics in the 21st Century. New York: Monthly Review Press.

McChesney, R. and Schiller, D. (2003) The political economy of international com- munications: foundations for the emerging global debate about media ownership and regulation, Programme Area: Technology and Society, United Nations Research Institute for Social Development, Paper No. 11.

McCoy, A. (2009) Policing America' s Empire. Madison: University of Wisconsin Press.

McCoy, A. (2003) The Politics of Heroin, CIA Complicity and the Global Drug Trade. Chicago, IL: Chicago Review Press.

McDonnell, J. and Dilanian, K. (2011, 4 Sept) CIA once handed key Libya rebel figure to Kadafi, documents show, Los Angeles Times, available at http: //articles. latimes.com/2011/sep/04/world/la-fg-libya-islamists-20110904 (last accessed 24 January 2014).

McGovern, R. (2013, 28 Aug) The broader stakes of Syrian crisis, Information Clearing House, available at www.informationclearinghouse.info/article36008. htm (last accessed 24 January 2014).

McGovern, R. (2010, 3 Dec) New York Times beats drums for war, Real News, available at www. therea lnews. com/t2/index.php?option=com_con- tent&task=view&id=31&Itemid=74&jumival=5945 (last accessed 25 April 2013). McKinsey and Company (2013) Global Media Report, 2013, available at www.mckinsey.com/…/PDFs/Global_Media_Report_2013.ashx (last accessed 8 January 2014).

McLuhan, M. (1967) The Medium is the Message: An Inventory of Effects withQuentin Fiore, produced by Jerome Agel, first edition. New York: Random House. McLuhan, M. (1964) Understanding Media: The Extensions of Man, first edition.New York: McGraw-Hill.

McLuhan, M. (1962) The Gutenberg Galaxy: The Making of Typographic Man, first edition. Toronto: University of Toronto Press. Media Lens (2012a, 7 March) Bombing Osirak, burying UN Resolution 487 - an exchange with the BBC' s Jonathan Marcus, MediaLens.org, available at www. medialens.org/index.php?option=com_content&view=article&id=671: bombing-osirak-burying-un-resolution-487-an-exchange-with-the-bbcs-jonathan-marcus&catid=25: alerts-2012&Itemid=69 (last accessed 26 April 2013).

Media Lens (2012b, 1 March) Iran - next in line for western "intervention"?, MediaLens.org, available at www.medialens.org/index.php/alerts/alert- archive/2012/668-iran-next-in-line-forwestern–intervention.html (last accessed 26 April 2013).

MediaLens (2012c, 14 Feb) UN "travesty": resolutions of mass destruction, Part 1, MediaLens.org, available at http: //newint.org/features/web–exclusive/2012/02/20/ un–resolutions–of–mass–destruction–part–one/ (last accessed 25 January 2013).

Media Lens (2012d, 18 Jan) Selective outrage–Iran and Libya, Media Lens, available at www.medialens.org/index.php?option=com_content&view=arti– cle&id=661: selective–outrage–iran–and–libya&catid=25: alerts–2012&Itemid=69 (last accessed 26 April 2013).

MediaLens (2011a, 31 Oct) Targeting Syria–the "bad news" for the Guardian, MediaLens.org, available at www.medialens.org/index.php/alerts/alert– archive/2011/648–targeting–syria–the–bad–news–for–the–guardian.html (last accessed 25 January 2013).

MediaLens (2011b, 22 June) Three little words: Wikileaks, Libya, oil, MediaLens. org, available at www.MediaLens.org (last accessed 3 January 2012).

MediaLens (2011c, April) Targeting Syria–the "bad news" for the Guardian, MediaLens.org, available at www.medialens.org/index.php?option= com_content& view=article&id=648: targeting–syria–the bad–news–for–the–guardian&catid– 24: alerts–2011&Itemid=68 (last accessed 24 January 2014).

MediaLens (2011d, 23 March) Wars of first resort, available at www.MediaLens. Org

Media Lens (2010, 14 Jan) Media alert: nuclear deceit–The Times and Iran, Medialens. com, available at www.medialens.org/index.php/alerts/alert–archive/2010/39– nuclear–deceit–the–times–and–iran.html (last accessed 24 January 2014).

Media Lens (2008, 25 June) Selling the fireball–George Bush and Iran, MediaLens. com, available at www.medialens.org/index.php/alerts/alert–archive/2008/544–selling–the–fireball–george–bush–and–iran.html (last accessed 17 April 2013).

Media Lens (2007, 22 Feb) Iran in Iraq. Dissident Voice, available at http: //www. dissidentvoice.org/Feb07/MediaLens22.htm

MediaLens (2002) Iraq and arms inspectors–the big lie, MediaLens, available at www. medialens.org/index.php?option=com_content&view=article&id=219: iraq–and– arms–inspectors–the–big–lie–part–1&catid=16: alerts–2002&Itemid=43 (last accessed 31 December 2012).

Media Matters (2012, 18 April) Broadcast news networks misrepresent intelligence on Iranian nuclear issues, Media Matters.org, available at http: //mediamatters. org/blog/2012/04/18/report-broadcast-news-networks-misrepresent-int/184478 (last accessed 27 April 2013).

Melman, Y. and Raviv, D. (2012) Spies Against Armageddon: Inside Israel' s Secret Wars. Beirut: Levant Books.

Mercereau, J. (2005) The Changing Landscape of the Irish Press, available at www. slideshare.net/jeannfm/british-newpapers-in-Ireland

Meyssan, T. (2012, 9 Aug) Perfecting the method of "color revolutions": Western leaders slip back into childhood, Global Research, available at www.global- research.ca/index.php?context=viewArticle&code=MEY20120807&arti- cleId=32261 (last accessed 9 August 2012).

Millien, R. (2010, 16 Dec) The US$173.4B Global Intellectual Property Marketplace?, available at http: //dcipattorney.com/2010/12/the-us173-4b-global-intellectual- property-marketplace/ (last accessed 20 August 2012).

Mitchell, G. (2007, 4 Dec) Debunking Iran' s nuclear program: another "intelli- gence failure" - on the part of the press? Editor and publisher, available at www.editorandpublisher.com/PrintArticle/Debunking-Iran-s-Nuclear- Program-Another-Intelligence-Failure-On-the-Part-of-the-Press- (last accessed 24 January 2014).

Moise, E.E. (1996) Tonkin Gulf and the Escalation of the Vietnam War. Chapel Hill: University of North Carolina Press. Moon of Alabama (2013, 3 Jan) Engineering consent for an attack on Syria: lies, damned lies and UN statistics, Counter Information, available at http: //alterinfonews.blogspot.com/2013/01/engineering-consent-for-attack-on-syria.html (last accessed 25 January 2013).

Moreno, M.F. (2007) Mexico Negro. Mexico City: Alfaguara.

Morgenthau, H. (1965) Politics Among Nations. 3rd Edition New York: Knopf.

Morris, B. (2008, 18 July) Using bombs to stave off war, New York Times, available at www.nytimes.com/2008/07/18/opinion/18morris.html?pagewanted=all&_r =0 (last accessed 17 April 2013).

Mosco, V. (2009) The Political Economy of Communication. Thousand Oaks, CA: Sage.

Moss, T. (2013, 4 June) Soft power? China has plenty, available at http: //thediplo- mat.com/2013/06/04/soft-power-china-has-plenty/?all=true (last accessed 6 November 2013).

Moyers, B. (1987) The Secret Government: The Constitution in Crisis (a PBS documentary).

MPAA (2013) Theatrical Market Statistics 2012, Motion Pictures Association of America, available at www.mpaa.org/Resources/3037b7a4-58a2-4109-8012- 58fca3abdf1b.pdf (last accessed 14 November 2013).

Myllylahti, M. (2011) The New Zealand Media Ownership Report 2011. Zealand Media Ownership Report, JMAD, available at https: //dev.aut.ac.nz/ data/assets/ pdf_file/0009/234468/JMAD-Interim-Report-2011.pdf

Naiman, R. (2012, 20 April) The US and Iran are talking: why is the New York Times peddling Islamophobia?, Huffington Post, available at www.huffington-post.com/robert-naiman/the-us-and-iran-are-talki_b_1438080.html (last accessed 27 April 2013).

Nalapat, M.D. (2012, 14 June) Syria: NATO plans new Sykes-Picot, Middle East chaos, Information Clearing House, available at www.informationclearinghouse. info/article31586.htm (last accessed 25 January 2013).

Narwani, S. (2013, 28 April) Chemical weapons charade in Syria, World Socialist Web Site, available at www.wsws.org/en/articles/2013/12/16/pers-d16.html (last accessed 24 January 2014).

Narwani, S. and Mortada, R. (2013, 24 Sept) Questions plague UN Syria report; who was behind the East Ghouta chemical weapons attack?, Global Media Research, available at www. globalresearch.ca/questions-plague-un-syria-report-who-was-behind-the-east-ghouta-chemical-weapons-attack/ 5351337 (last accessed 14 October 2013).

Natarajan, S. (1962) A History of the Press in India. Delhi: Asia Publishing House. National Science Board (2012) Science and Engineering Indicators 2012. Washington, DC: National Science Board. Chapter 6: Industry, Technology, and the Global Marketplace.

Naurackas, J. (2013, 2 Sept) Which Syrian chemical attack account is more credible?, FAIR.org, available at www.fair.org/blog/2013/09/01/which-syrian-chemical- attack-account-is-more-credible (last accessed 24 January 2014).

Neate, R. (2011, 14 Nov) Libya seeks UK firms to develop oil sector and construc- tion industry, The Guardian, www.theguardian.com/business/2011/nov/15/ libya- oil-industry-british-firms (last accessed24 January 2014).

Nelson, S. (2013, 5 Sept) Rep. Alan Grayson: Syria intelligence manipulated, US News, available at www.usnews.com/news/blogs/washington-whispers/2013/ 09/05/ alan-grayson-syriaintelligence-manipulated (last accessed 24 January 2014).

Netmarketshare (2012) Market share statistics for internet technologies, netmar- ketshare.com, available at www.netmarketshare.com/ (last accessed 4 December 2012).

New York Times (2013, 30 April "Ghost money" and lots of it, New York Times, available at www.nytimes.com/2013/05/01/opinion/ghost-money-and-lots-of-it- in-afghanistan.html (last accessed 24 January 2014).

New York Times (2012, 9 Oct) Mexican drug trafficking (Mexico's drug war), New York Times, available at http: //topics.nytimes.com/top/news/ international/countrie-sandterritories/mexico/drug_trafficking/index.html (last accessed 17 December 2012). Noam, E. (2009) Media Ownership and Concentration in America. New York: Oxford University Press.

Noble, S. (Director) The Power Principle: I. Empire. Metanoia Films, available at metanoia-films.org/the-power-principle/ (last accessed 14 December 2012).

Noble, S. (Director) The Power Principle: II. Propaganda. Metanoia Films, available at metanoia-films.org/the-power-principle/ (last accessed 14 December 2012).

Nordenstreng, K. and Varis, T. (1974) Television traffic - a one-way street? A survey and analysis of the international flow of television programme material, Reports and Papers on Mass Communication, No. 70. Paris: UNESCO.

Norton-Taylor, R. (1999, 8 Jan) Arms inspectors "shared Iraq data with five states", the Guardian, reprinted in Media Lens, available at www.medialens.org/ index.php/alerts/alert-archive/2002/219-iraq-and-arms-inspectors-the-big-lie-part-1.html

Nye, J. (2013, 29 April) The power issue: what China and Russia don't get about soft power: foreign policy, The Diplomat, available at www.foreignpolicy.com/ articles/2013/04/29/what_china_and_Russia_don_t_get_about_soft_power/ (last accessed 6 November 2013).

Nye, J. (2005) Soft power: the means to success in world politics, Foreign Affairs, available at www.foreignaffairs.com/articles/59732/g-john-ikenberry/soft-power-the-means-to-success-in-world-politics (last accessed 24 January 2014).

Nye, J. (1991) Bound To Lead: The Changing Nature Of American Power. New York: Basic Books.

Nye, J. and Kim, Y. (2013) Soft power and the Korean Wave. In Y. Kim (ed.), The Korean Wave: Korean Media Go Global. London: Routledge, pp. 31-42.

O' Carroll, L. (2013) Seymour Hersh on death of Osama bin Laden: "It' s one big lie, not one word of it is true." Raw Story, available at www.redicecreations.com/ article.php?id=27045 (last accessed 7 December 2013).

Ó Cathail, M. (2012, 18 July) Crying wolf over hyped Iranian missile threat, Information Clearing House, available at www.informationclearinghouse.info/ article31918.htm (last accessed 27 April 2013).

Ó Colmáin, G. (2013, 25 Jan) France, Qatar, and the new world disorder, Dissidentvoice.org, available at http: //dissidentvoice.org/2013/01/france-qatar- and-the-new-world-disorder/ (last accessed 26 January 2013).

Ocean Tomo, LLC, available at www.oceantomo.com/productsandservices/ invest- ments/intangible-market-value (last accessed 15 November 2010).

Ono, K.A. and Kwon, J. (2013) Re-worlding culture? In Y. Kim (ed.), The Korean Wave: Korean Media Go Global. London: Routledge, pp. 199-214.

Oreskovic, A. and Carsten, P. (2013, 13 Nov) Sina record revenues fuelled by Weibo, Alibaba. Reuters.com, available at http: //mobile.reuters.com/ article/technology-News/ idUSBRE9AB19820131113?irpc=932 (last accessed 24 January 2014).

Orford, A. (2003) Reading Humanitarian Intervention: Human Rights and the Use of Force in International Law. Cambridge: Cambridge University Press.

Paley, D. (2012) Colombia and Mexico: drug war capitalism, Against the Current, July-August, also available at http: //dawnpaley.files.wordpress.com/2012/07/ dawn.pdf (last accessed 19 July 2012).

Panther, G. (2007, 14 July) More neocrazy media sycophancy, Anti-War.com, avail- able at www. antiwar.com/prather/?articleid=11284 (last accessed 11 April 2013). Parenti, M. (2009) Afghanistan, another untold story, Michael Parenti Political Archive, available at www. michaelparenti.org/afghanistan% 20story%untold.html (last accessed 12 July 2012).

Parenti, M. (1995) Against Empire, revised edition. San Francisco, CA: City Lights. Park, J. (2013) Negotiating identity and power in transnational cultural consump- tion. In Y. Kim (ed.), The Korean Wave: Korean Media Go Global. London: Routledge, pp. 120-134.

Parry, R. (2012) New York Times admits Lockerbie case flaws, Consortiumnews. com, available at http: //consortiumnews.com/2012/05/21/nyt-admitconcedes- lockerbie-case-flaws (last accessed 3 January 2013).

Parry, R. (2009, 30 Sept) US press corps fails again on Iran, Consortiumnews.com, available at www.consortiumnews.com/2009/093009.html (last accessed 23 April 2013).

Paterson, T. (2002, 18 Dec) Leaked report says German and US firms supplied arms to Saddam, The Independent (UK) published in Consortium News.com, available at www.commondreams.org/headlines02/1218-06.htm (last accessed 24 January 2014).

Payan, T. (2006) The Three U.S.-Mexic Border Wars. Westport, CT: Praeger Security International.

Perez, B. (2014, 4 Jan) Stable growth for China' s IT sector, South China Morning Post, Business, p.1.

Perkins, J. (2004) Confessions of an Economic Hit Man. New York: Plume.

Peterson, P. Foundation (2012, 12 April) The U.S. spent more on defense in 2011 than did the countries with the next 13 highest defense budgets combined, Peter G. Peterson Foundation, available at www.pgpf.org/Chart-Archive/0053_defense-comparison.aspx (last accessed 1 May 2013).

Peterson, S. (2011) Imminent Iran nuclear threat? A timeline of warnings since 1979, Christian Science Monitor, available at www.csmonitor.com/World/ Middle-East/2011/1108/Imminent-Iran-nuclear-threat-A-timeline-of-warnings- since-1979/Earliest-warnings-1979-84 (last accessed 12 April 2013).

Petras, J. (2008, 25 May) Provocations as pretexts for imperial war: from Pearl Harbor to 9/11, Global Research, available at www.thirdworldtraveller.com/ Petras_James/Imperial_War_Pretexts.html (last accessed12 July 2012).

Pilger, J. (2010) The War You Don' t See (DVD). London: Dartmouth Films.

Porter, G. (2014) Manufactured Crisis: The Untold Story of the Iran Nuclear Scare. Charlottsville, VA: Just World Books.

Porter, G. (2013, 30 July) Ex-envoy' s account clarifies Iran' s 2003 nuclear decision, Inter Press Service, www.ips.org (last accessed 12 September 2013).

Porter, G. (2012a, 13 Dec) Iranian bomb graph appears adapted from one on Internet, Inter Press Service, available at www.ipsnews.net/2012/12/iranian-bomb-graph-appears-adapted-from-one-on-internet/ (last accessed 18 April 2013).

Porter, G. (2012b, 30 Nov) Fake AP graph exposes Israeli fraud and IAEA credulity, LobeLog.com, available at www.lobelog.com/fake-ap-graph-exposes-israeli- fraud-and-iaea-credulity/ (last accessed 18 April 2013).

Porter, G. (2012c, 6 June) Bush blocked Iran disarmament deal, ConsortiumNews. com, available at http: //consortiumnews.com/2012/06/06/bush-blocked-iran-nuke-deal/ (last accessed 17 April 2013).

Porter, G. (2012d, 29 Feb) How the media got the Parchin story wrong, Lobelog. com, available at www.lobelog.com/how-the-media-got-the-parchin-access-story-wrong/ (last accessed 26 April 2013).

Porter, G. (2010, 5 Jan) New revelations tear holes in Iran nuclear trigger story, Inter Press Service, available at http: //ipsnorthamerica.net/ news.php?idnews=2769 (last accessed 12 September 2013).

Porter, G. (2009, 28 Dec) U.S. intelligence found Iran nuke document was forged, Inter Press Service, available at www.ipsnews.net/2009/12/politics-us-intelligence- found-iran-nuke-document-was-forged/ (last accessed 24 January 2014).

Postman, N. (1994) The Disappearance of Childhood, Vintage: Random House.

Prather, G. (2007, 24 July) Scott Horton interviews Dr. Gordon Prather, Antiwar. com Radio, available at www.youtube.com/watch?v=HHByLEWJ4es (last accessed 3 May 2013).

Project for the New American Century (2000) Rebuilding America's Defenses: Strategies, Forces and Resources for a New Century, Washington, DC: PNAC.

Qadir, R. (2011, 22 Feb) How the "NYT" swallowed the Stuxnet worm, Mondoweiss, available at http: //mondoweiss.net/2011/02/how-the-nyt-swallowed-the-stuxnet- worm.html (last accessed 25 April 2013).

Raimondo, J. (2011, 11 Oct) Iranian terror plot: fake, fake, fake, Antiwar.com, available at http: // original.antiwar.com/justin/2011/10/11/iranian-terror-plot- fake-fake-fake/ (last accessed 25 April 2013).

Raimondo, J. (2008, 22 Nov) Stop Hillary!, Antiwar.com, available at http: //original. antiwar.com/ justin/2008/11/21/stop-hillary/ (last accessed 19 April 2013).

Rantanen, T. (1990) Foreign News in Imperial Russia: The Relationship Between International and Russian News Agencies, 1856-1914. Helsinki: Annales Academiae Scientiarum Fennicae.

Real News Network (2013, 29 Nov) Why would Saudi Arabia support the 9/11 conspirators, why would the US govt. cover it up?, Paul Jay interview with Senator Bob Graham, The Real News, available at http: //therealnews.com/t2/ index.php?option=com_content&task=view&id=31&Itemid=74&jumi- val=11120 (last accessed 7 December 2013).

Reuter, P.H. (1988) Sealing the Borders: The Effects of Increased Military Participation in Drug Interdiction. Santa Monica, CA: RAND.

Reuters (2012, 8 Aug) U.S. still believes Iran not on verge of nuclear weapon, Reuters.com, available at www.reuters.com/article/2012/08/09/us-isra- el-iran-usa-idUSBRE8781GS20120809 (last accessed 10 May 2013).

Ricks, T. (2006) Fiasco: The American Military Adventure in Iraq. New York: Penguin.

Risen, J. (2012a, 3 June) Intrigue in Karzai family as an Afghan era closes, New York Times, available at www.nytimes.com/2012/06/04/world/asia/karzai-family- moves-to-protect-its-privilege.html?ref=jamesrisen (last accessed 27 July 2012).

Risen, J. (2012b, 14 April) Seeking nuclear insight in fog of the Ayatollah's utterances, New York Times, available at www.nytimes.com/2012/04/14/ world/middleeast/seeking-nuclear-insight-in-fog-of-the-ayatollahs-utterances.html?pagewanted=all (last accessed 27 April 2013).

Risen, J. (2010, 11 Dec) Propping up a drug lord, then arresting him, New York Times, available at www.nytimes.com/2010/12/12/world/asia/12drugs.html? _r=1&pagewanted=all (last accessed 27 July 2012).

Risen, J. (2008, 4 Oct) Reports link Karzai's brother to Afghanistan heroin trade, New York Times, available at www.nytimes.com/2008/10/05/world/asia/ 05afghan.html?pagewanted=all (last accessed 27 July 2012).

Ritter, S. (2009, 27 Sept) Keeping Iran honest, the Guardian, available at www.guardian.co.uk/commentisfree/cifamerica/2009/sep/25/iran-secret-nuclear-plant-inspections (last accessed 21 April 2013).

Ritter, S. (2008, 26 June) The nuclear expert who never was, Truthdig, available at www.truthdig.com/report/item/20080626_the_nuclear_expert_who_never_was (last accessed 24 January 2014).

Ritter, S. (2006) Target Iran. New York: Nation Books.

Ritter, S. and Pitt, W.R. (2002) War on Iraq. New York: Profile Books.

Robertson, R.(1992) Globalization: Social Theory and Global Culture (published in association with Theory, Culture & Society). Sage: London.

Rodericks, D.(2008, 2 Dec) Legalizing drugs: the money argument, Baltimore Sun, available at http://articles.baltimoresun.com/2008-12-02/news/ 0812010121_1_argument-war-on-drugs-two-things (last accessed 24 January 2014).

Rosen, D.(2012, 10 May) The new Hollywood, Filmmaker, available at www.filmmakermagazine.com/news/2012/05/the-new-hollywood/ (last accessed 22 August 2012).

Rosenberg, B.(2008) News media ownership in New Zealand, CAFCA publications, available at https://dev.aut.ac.nz/__data/assets/pdf_file/0009/234468-Interim-Report-2011.pdf

Rosenberg, M.(2013, 28 April) With bags of cash, C.I.A. seeks influence in Afghanistan, New York Times, available at http: //mobile.nytimes.com/2013/ 04/29/world/asia/cia-delivers-cash-to-afghan-leaders-office.html (last accessed 23 May 2013).

Rosenthal, J.(2012, 24 July) German intelligence: "al-Qaeda" all over Syria. Information Clearing House, available at www.informationclearinghouse.info/ article31974.htm (last accessed 25 January 2013).

Rozen, L.(2007, 14 Sept) Subject to debate: did ABC know about its expert's sourcing problem?, Mother Jones, available at www.reuters.com/article/2012/ 08/09/us-israel-iran-usa-idUSBRE8781GS20120809

RT (2013, 6 Sept) Footage of chemical attack in Syria is fraud, RT, available at http: //rt.com/op-edge/mother-chemical-attack-footage-fraud-509 (last accessed 24 January 2014).

Rühle, H.(2010, 7 May) Nuclear proliferation in Latin America: is Brazil developing the bomb?, Spiegel Online International, available at www.spiegel.de /international/world/nuclear-proliferation-in-latin-america-is-brazil-developing-the-bomb-a-693336.html (last accessed 24 January 2014).

Rydell, C.P.(1994) Controlling Cocaine: Supply Versus Demand Progress. Santa Monica, CA: RAND.

Sahimi, M.(2009, 18 March) A new Judith Miller for Iran hawks?, Antiwar.com, available at www.antiwar.com/orig/sahimi.php?articleid=14420 (last accessed 19 April 2013).

Said, E.(1994) Culture and Imperialism. New York: Vintage.

Said, E.(1979) Orientalism. New York: Vintage.

Salbuchi, A. (2012, 11 April) Libya: So It Was All About Oil After All. Moscow: RT.

Salt, J. (2012, 3 July) Straight talking: the Syrian cauldron, Information Clearing House, available at www.informationclearinghouse.info/article31766.htm, (available at 25 January 2013).

Sanders, R. (2012, 9 Jan) How to start a war: the American use of war pretext incidents, Global Research, available at globalresearch.ca/how-to-start-a-war-the-american-use-of-war-pretext-incidents/28554 (last accessed 6 December 2013).

Sanders, R. (2002) How to start a war: the American use of war pretext incidents 1848-1989, Mindfully.org, available at www.mindfully.org/Reform/2002/How- To-Start-A-WarMay02.htm (last accessed 13 September 2012).

Sanger, D. and Schmitt, E. (2013, 4 Sept) Allies' intelligence differs on details, but still points to Assad forces, New York Times, available at www.nytimes.com/2013/09/04/world/middleeast/allies-intelligence-on-syria-all-points-to-assad-forces.html?_r=0 (last accessed 24 January 2014).

Satter, D. (2014) The last gasp of empire: Russia's attempts to control the media in the former Soviet republics, Center for International Media Assistance, available at http: //cima.ned.org/publications/last-gasp-empire-russias-attempts-control-me-dia-former-soviet-republics#sthash.tAfX2PCF.dpuf (last accessed 18 January 2014).

Schiller, H. (1992, original 1969) Mass Communications and American Empire, second edition, updated (Critical Studies in Communication & in the Cultural Industries). Boulder, CO: Westview Press.

Schofield, M. (2014, 16 Jan) New analysis of rocket used in Syria chemical attack under- cuts U.S. claims, Star-Telegram, available at www.star-telegram.com/2014/01/15/5488779/new-analysis-of-rocket-used-in.html (last accessed 20 January 2014).

Scott, H. (2004) 200 years of U.S. imperialism: Haiti under siege, International Socialist Review, 35, May/June.

Scott, P.D. (2007) The Road to 9/11: Wealth, Empire and the Future of America. Berkeley: University of California Press.

Scott, P.D. and Marshall, J. (1998) Cocaine Politics: Drugs, Armies and the CIA in Central America. Berkeley: University of California Press.

Seibel, M. and Allam, H. (2013) To some, US case for Syrian gas attack, strike has too many holes, McClatchy, available at www.mcclatchydc.com/2013/09/02/ 201027/to-some-us-case-for-syrian-gas.html (last accessed 24 January 2014).

Seper, J. (1999, 3 May) KLA finances fight with heroin sales: terror group is linked to crime network, Washington Times, A1.

Shah, A. (2004, 24 April) The Bush doctrine of pre-emptive strikes; a global pax Americana. Global Issues, available at http: //www.globalissues.org/article/450/ the-bush-doctrine-of-pre-emptive-strikes-a-global-pax-americana (last accessed 11 June, 2014)

Shambaugh, D. (2013) China Goes Global: The Partial Power. New York: Oxford University Press.

Sharpe, G. (1983) Making Europe Unconquerable: The Potential of Civilian-based Deterrence and Defense, New York: HarperCollins.

Shirazi, N. (2013a, 10 May) Muck and Meir: prolific analyst botches facts to vindicate failed Iran sanctions policy, Campaign Against Sanctions and Military Intervention in Iran, available at www.campaigniran.org/casmii/ index.php?q=node/13234 (last accessed 11 May 2013).

Shirazi, N. (2013b, 19 April) Is anybody listening? U.S. Intel chief says Iran isn' t building nukes, Information Clearing House, available at www.informationclear- inghouse.info/article34672.htm (last accessed 21 April 2013).

Shirazi, N. (2012, 27 Nov) Graphoganda! Or how I learned to stop worrying and love George Jahn' s embarrassing nonsense, WideasleepinAmerica, available at www.wideasleepinamerica.com/2012/11/graphoganda-or-how-i-learned-to-stop. html (last accessed 18 April 2013).

Shoemaker, P. and Reese S. (1995) Mediating the Message: Theories of Influences on Mass Media Content. London: Longman Trade/Caroline House.

Siff, E.Y. (1999) Why the Senate Slept: The Gulf of Tonkin Resolution and the Beginning of America' s Vietnam War. Westport, CT: Praeger.

Silverstein, R. (2012, 29 Nov) The Mossad and the Iranian graph that never was, Tikun Olam, available at www.richardsilverstein.com/2012/11/29/the-mossad-and-the-iranian-graph-that-never-was/ (last accessed 18 April 2013).

Sinclair, J. (1999) Latin American Television: A Global View. New York: Oxford University Press.

Sinclair, J., Jacka, E. and Cunningham, S. (1996) New Patterns in Global Television: Peripheral

Vision. London: Oxford University Press.

Sinclair, J. and Straubhaar, J. (2013) Latin American Television Industries. London: British Film Institute/Palgrave.

Skelton, C. (2012, 13 July) The Syrian opposition: who' s doing the talking?, The Guardian, available at www.guardian.co.uk/commentisfree/2012/jul/12/syrian-opposition-doing-the-talking (last accessed 25 January 2013).

Slater, G. (2011) The value of expanding the Information Technology Agreement: an industry standpoint, World Trade Organization, available at www.wto.org/english/tratop_e/inftec…/speaker12slater.pdf (last accessed 20 August 2012).

Smith, R. (2011, 6 July) Pakistan' s nuclear-bomb maker says North Korea paid bribes for know-how, The Washington Post, available at http: //articles.washingtonpost.com/2011-07-06/world/35238319_1_abdul-qadeer-khan-plutonium-weapons-nuclear-weapons (last accessed 17 December 2012).

Snyder, M. (2013, 30 Aug) Who Benefits from a War between the United States and Syria? The Economic Collapse, available at http: //theeconomiccollapseblog.com/archives/who-benefits-from-a-war-between-the-united-states-and-syria (last accessed 24 January 2014).

Solomon, N. (2006, 25 September) Media tall tales for the next war. Media Beat, available at http: //www.coldtype.net/Assets.06/MediaBeat%2006/MB.33.06.pdf (last accessed 11 June 2014).

Sotloff, S. (2011, 24 Oct) Salafis applying a rigid form of Islam in more and more communities, Time Magazine, available at www.time.com/time/world/arti-cle/0, 8599, 2104578, 00html3ixzz1jvCpebRe (last accessed 4 January 2013).

Sparks, C. (2007) Globalization, Development and the Mass Media (Media Culture & Society). London: Sage.

Stankovic′, S (1967) Tito and "Non-Alignment." Radio Free Europe. Retrieved from http: //www.osaarchivum.org/files/holdings/300/8/3/text/133-5-9.shtml

Starr, B. (2012, 11 Nov) Iran fires at U.S. drone, CNN, available at http: //security.blogs.cnn.com/2012/11/08/first-on-cnn-iranian-jets-fire-on-u-s-drone/, (last accessed 3 May 2013).

Starr, S. (2012, Nov) Costs and consequences of the Fukushima Daiichi disaste, Physicians for Social Responsibility (PSR), available at www.psr.org/ environment-and-health/environmental-healthpolicy–institute/responses/ costs–and–consequences–of–fukushima.html (last accessed 9 May 2013).

Stein, J. (2010, 30 Sept) CIA hired Karzai brother before 9/11, Woodward says, The Washington Post, available at http: //voices.washingtonpost.com/spy–talk/2010/09/cia_hired_karzai_brother_befor.html (last accessed 27 July 2012).

Stinnett, R. (2001) Day of Deceit: The Truth about FDR and Pearl Harbor. New York: Free Press.

Stockholm International Peace Research Institute (SIPRI) (2012) SIPRI Yearbook 2012. New York: Oxford University Press.

Stone, O. and Kuznick, P. (2012) The Untold History of the United States. New York: Gallery Books.

Straubhaar, J. (2007) World Television: From Global to Local. Thousand Oaks, CA: Sage.

Straubhaar, J. (1991) Beyond media imperialism: asymmetrical interdependence and cultural proximity, Critical Studies in Mass Communication, 8: 39–59.

Sung, S. (2013) "Digitization and online cultures of the Korean Wave." In Y. Kim (ed.), The Korean Wave: Korean Media Go Global. London: Routledge. pp. 135–147.

Symonds, P. (2009, 6 Oct) New York Times recycles fabrications about Iran' s nuclear programs, World Socialist Web Site, available at https: //wsws.org/en/arti–cles/2009/10/iran–o06.html (last accessed 22 April 2013).

Szalvai (2009) Emerging Forms of Globalization Dialectics: Interlocalization as a New Praxis of Power and Culture in Commercial Media and Development, PhD Dissertation. Bowling Green State University, Ohio.

Telhami, S. and Kull, S. (2011, 9 Sept) The American Public on the 9/11 Decade: A Study of American Public Opinion. Program on International Policy Attitudes, University of Maryland, available at www.sadat.umd.edu/911Anniversary _Sep11_rpt.pdf (last accessed 1 May 2013).

Television Bureau of Advertising (2012) TV Basics. TVB.org, available at http: //www.tvb.org/media/file/TV_Basics.pdf (last accessed 11 June 2014).

Thomas P., Cloherty J., and Dubbins A. (2011, 29 March) Records show 56 safety violations at U.S. nuclear power plants in past 4 years, ABC World News, available at http: //abcnews.go.com/Politics/us–nuclear–power–plants–safe/story?id=13246490#.UWl4lbVTBT4 (last accessed 13 April 2013).

Thomas, P.N. (2010) Political Economy of Communications in India: The Good, the Bad and the Ugly. New Delhi: Sage.

Thrall, T. (2000) War in the Media Age. New York: Hampton.

Thussu, D. (2008) News as Entertainment: Rise of Global Infotainment. London: Sage.

Thussu, D. (2006) International Communication. London: Sage.

Timmerman, K.R. (1991) The Death Lobby: How the West Armed Iraq. New York: Houghton Mifflin.

Tinuoye, K. (2012, 27 Jan) Welcome to "Nollywood": Nigerian film industry entices Hollywood stars, The Grio, available at http: //thegrio.com/2012/ 01/27/welcome-to-nollywood-nigerian-film-industry-entices-hollywood-stars/ (last accessed 22 August 2012).

Tisdall, S. (2007, 21 May) Iran's secret plan for summer offensive to force US out of Iraq, the Guardian, available at www.guardian.co.uk/world/2007/ may/22/iraq. topstories3 (last accessed 21 April 2013).

Tomlinson, H. and Boyes, R. (2012, 20 Feb) Defiant Iran cuts off oil to Britain, The Times, available at www.google.com/search?q=Tomlinson+and+Boyes%2C +Defi+ant+Iran&aq=f&oq=Tomlinson+and+Boyes%2C+Defiant+Iran&aqs=chrome.0.57j0j62.10735j0&sourceid=chrome&ie=UTF-8 (last accessed 26 April 2013).

Tugend, A. (2003, May) Pundits for hire, American Journalism Review, available at http: //ajrarchive.org/article.asp?id=2995 (last accessed 12 April 2014).

Tunstall, J. (2007) The Media were American: U.S. Mass Media in Decline. London: Oxford University Press.

Tunstall, J. (1977) The Media are American. London: Constable.

Turse, N. (2013, 13 May) Nuclear terror in the Middle East, Huffington Post, available at www.huffingtonpost.com/nick-turse/iran-nuclear-attack-study_b_3265921.html (last accessed 18 May 2013).

Turse, N. (2010, 9 Feb) America's shadowy base-world, TomDispatch.com, available at www.tomdispatch.com/archive/175204/nick_turse_america%27s_shadowy_baseworld (last accessed16 July 2012).

UNESCO (2012) Cinema Statistics, UNESCO Institute for Statistics, available at www.uis.unesco.org/culture/Pages/movie-statistics.aspx

UNESCO Media Services (2009, 5 May) Nollywood Rivals Bollywood in Film/Video Production, available at www.unesco.org/new/en/media-services/single-view/news/nollywood_rivals_bollywood_in_filmvideo_production/ (last accessed 22 August 2012).

UNESCO (1980) Many Voices, One World. The McBride Report. Paris: UNESCO.

Ungerman, G. and Brohy, A. (Producers) (2003) Plan Colombia: Cashing in on the Drug War Failure. DVD, Free Will Productions

Ungerman, G. and Brohy, A. (Producers) (2001) Hidden Wars of Desert Storm, DVD, Free Will Productions.

United Kingdom Cabinet Office (1961a) (PDF) Atomic Activities in Israel, 17 July 1961. JIC/1103/61.

United Kingdom Cabinet Office (1961b) (PDF) Secret Atomic Activities in Israel, 27 March 1961. JIC/519/61.

United States Census Bureau (2013) Statistical Abstract of the United States: 2012. Washington: US Government.

United States Department of Defense (2010, April) Nuclear Posture Review Report. United States Department of Defense, available at www.defense.gov/npr/docs/2010%20nuclear%20posture%20review%20report.pdf (last accessed 7 May 2013).

United States Government Accountability Office (2008, Oct) PLAN COLOMBIA: Drug Reduction Goals Were Not Fully Met, but Security has Improved: US Agencies Need More Detailed Plans for Reducing Assistance, available at www.gao.gov/new.items/d0971.pdf (last accessed 19 July 2012).

United States Government Printing Office (2005) Comprehensive Report of the Special Adviser to the DCI on Iraq's WMD with Addendums (Duelfer Report). Washington, DC: USGPO.

United States International Trade Commission (1999) Recent Trends in US Services Trade, 1999 Annual Report. Washington: US Government.

Van Auken, B. (2013a, 30 Aug) Obama and media manufacture pretext for attack on Syria. World Socialist Web Site, available at www.wsws.org/en/articles/2013/08/30/ pers-a30.html

Van Auken, B. (2013b, 1 June) Syrian opposition fighters arrested with chemical weapons, World Socialist Web Site, available at www.wsws.org/en/articles/ 2013/06/01/syri-j01.html (last accessed 24 January 2014).

Van Auken, B. (2011, 9 April) New York Times demands escalation, World Socialist Web Site, available at www.wsws.org/en/articles/2011/04/time-a09.html (last accessed 9 January 2013).

Van Auken, B. (2009, 30 Sept) Cheats and deceivers, World Socialist Web Site, available at www.wsws.org/en/articles/2009/09/pers-s30.html (last accessed 21 April 2013).

Video Games Blogger (2013, 18 Oct) Top 10 bestselling video games worldwide in Week 42, 2013, Video Games Blogger, available at www.videogamesblogger.com/2013/10/18/top-10-bestselling-video-games-worldwide-in-week-42-2013.htm#ixzz2lJTBH8tB

Video Games Sales Wiki (2013) Video game industry, Video Games Sales, available at http: //vgsales.wikia.com/wiki/Video_game_industry

Villar, O. and Cottle, D. (2012) Cocaine, Death Squads, and the War on Terror: US Imperialism and Class Struggle in Colombia. New York: Monthly Review Press.

Vine, D. (2012) The Lily-Pad strategy: how the Pentagon is quietly transforming its overseas base empire and creating a dangerous new way of war, TomDispatch.com, available at www.tomdispatch.com/post/175568/tomgram%3A_david_vine%2C_u.s._empire_of_bases_grows/#more (last accessed 16 July 2012).

Vukasovich, C. (2012) The medium is the weapon: The enduring power of Balkan War (mis) coverage. Doctoral Dissertation, Bowling Green State University, Ohio.

Vukasovich, C. and Boyd-Barrett, O. (2012) Whatever happened to Tanjug? Re-loading memory for an understanding of the global news system, International Communication Gazette, 74: 693-710.

Walt, S. (2012, 11 March) Top ten media failures in the Iran war debate, Foreign Policy, available at http: //walt.foreignpolicy.com/posts/2012/ 03/11/top_ten_media_failures_in_the_iran_war_debate (last accessed 27 April 2013).

Wang, B. (2013, 17 Oct) Variety and movie industry analysts agree China' s movie box office heading to $5-$10 billion in 2017, Next Big Future, available at http: //nextbigfuture.com/2013/10/variety-and-movie-industry-analysts.html (last accessed 14 November 2013).

Washington Post (2012, 22 Aug) Highlights of the Nuclear Posture Review, The Washington Post, available at www.washingtonpost.com/wp-dyn/content/ graphic/2010/04/06/GR2010040604804.html (last accessed 24 January 2014). Watts, L. (2013, 30 Aug) China cracks down on independent film, Salon.com, avail-able at www.salon.com/2013/08/30/china_acts_to_chill_

interest_in_independent_films/(last accessed 14 November 2013).

Weaver, D.L., McCombs, M.E., and Shaw, D.L.(1997) Communication and Democracy: Exploring the Intellectual Frontiers in Agenda-setting Theory (Routledge Communication Series). New York: Routledge.

Webb, G.(1996) Dark Alliance: The CIA, the Contras, and the Crack Cocaine Explosion. New York: Seven Stories.

Webb, S.(2007, 19 June) Iran falling short of oil refining ambitions, Reuters.com, available at www.reuters.com/article/2007/06/19/us-iran-refinery-idUSL1490018620070619 (last accessed 13 April 2013).

Weber, M.(2012) The Protestant Ethic and the Spirit of Capitalism. Las Vegas, NV: CreateSpace Independent Publishing Platform.

Weiner, T.(1996)' 93 report by C.I.A. tied Haiti agent to slaying, New York Times, available at www.nytimes.com/1996/10/13/world/93-report-by-cia-tied-haiti-agent-to-slaying.html (last accessed 6 December 2013).

Weisbrot (2009, 26 June) Was Iran' s election stolen?, Washington Post, available at http: //newsweek.washingtonpost.com/postglobal/needtoknow/2009/06/was_ irans_election_stolen.html (last accessed 24 January 2014).

Weiss, M.(2009, 19 Sept) Israel spurns nuclear watchdog' s call to open atomic sites to inspection, Irish Times, available at www.irishtimes.com/newspaper/ world/2009/0919/1224254860406.html (last accessed 22 April 2013).

Will, G.F.(2009, 29 Oct) A reality check on drug use, Washington Post, A19.

Williams, R.(1958) Culture and Society. London: Chatto and Windus.

Wilson, R.(2005, March) Letters to the Editor, The Atlantic Magazine.

Wingfield-Hayes, R.(2013, 1 April) What happened to Japan' s electronics giants?, BBC, available at www.bbc.co.uk/news/world-asia-21992700

Winseck, D. and Pike, R.(2007) Communication and Empire: Media, Markets and Globalization 1860-1930. Durham, NC: Duke University Press.

Wise, L.(2013, 30 Aug) Chemical weapons experts weigh in on Syria intelligence report, McClatchy, available at www.mcclatchydc.com/2013/08/30/200931/ chemical-weapons-experts-weigh.html

Wittner, L. (2012, 23 April) The shame of nations, Counterpunch, available at www.counterpunch.org/2012/04/23/the-shame-of-nations/ (last accessed 16 July 2012).

Whitney, M. (2006, 17 January) The countdown to war with Iran. Online Journal, available at http: //www.onlinejournal.com/artman/publish/article_425, shtml (last accessed 11 June 2014).

Wofstal, J. (1992, March) Iran hosts IAEA mission: Syria signs safeguard pact, Arms Control Today, 22: 28.

Woodard, B. (2010) Obama's Wars. New York: Simon and Shuster.

World Nuclear Association (2013, March) Uranium enrichment, World Nuclear.org, available at www.world-nuclear.org/info/Nuclear-Fuel-Cycle/Conversion-Enrichment-and-Fabrication/Uranium-Enrichment/ (last accessed 6 May 2013).

Xin, X. (2012) How the Market is Changing China's News: The Case of Xinhua News Agency. New York: Lexington.

Xin, X. (2009) Xinhua news agency in Africa, Journal of African Media Studies, 1 (3): 363-77.

Xinhua (2014, June 14) Chinese TV producers covet overseas markets. China Daily, available at http: //www.chinadaily.com.cn/business/2014-06/14/content_ 17587648.htm (last accessed 14 June 2014).

Xu, W. (2013, 5 Oct) Low budget films pack a wallop, Shanghai News Daily, available at http: //shanghainewsdaily.com/low-budget-films-pack-a-wallop (last accessed 14 November 2013).

Yang, Y. (2013, 10 May) Big Panda v. Little Rabbit story, China Daily, available at http: //usa.chinadaily.com.cn/weekly/2013-05/10/content_16489144.htm (last accessed 14 November 2013).

Yu, S. (2014, 14 Jan) China's online giants Alibaba and Tencent go head to head, South China Morning Post, available at www.scmp.com/business/china-business/article/1408024/chinas-online-giants-alibaba-and-tencent-go-head-to-head (last accessed 18 January 2014).

Yuen, -Ying, C. (2010, June) A scholar's view: the state media have an iron grip and grand plans, Globalasia.org, available at www.globalasia.org/Issue/ ArticleDetail/329/a-scholars-view-the-state-media-have-an-iron-grip-and-grand-plans. html (last accessed 24 January 2014).

Zand, B. (2010, 6 Dec) Blinkered view of Iraq: diplomats were misled by Saddam's "cordial" manner, Spiegel Online International, available at www.spiegel.de/international/world/blinkered-view-of-iraq-diplomats-were-misled-by-saddam-s-cordial-manner-a-733153.html

Zeidler, S. and Grover, R.(2012, 29 June) China to launch Netflix-lie movie service, Reuters.com, available at http: //in.reuters.com/article/2012/06/28/ entertainment- us-hollywood-china-jiaflix-idINBRE85R19120120628

Zeitchik, S. and Landreth, J.(2012, 12 June) Hollywood gripped by pressure system from China, Los Angeles Times, available at http: //articles.latimes.com/2012/ jun/12/entertainment/la-et-china-censorship-20120612 (last accessed 14 November 2013).

Zinn, H.(2010) A People' s History of the United States. New York: Harper.

译后记兼略论媒介帝国主义[①]

自翻译出版《互联网政治学：国家、公民与新传播技术》一书，至今已过十年，不过，我依然清晰记得彼时走入言语之林之后的惶恐，这次在《媒介帝国主义》的翻译过程中体会到，此种感觉可能永远不会离去，因为，只要是语言之间的转换，就存在表达的许多可能。

但是，这并不从根本上影响思想的跨文化传播，比如，本书讨论的"媒介帝国主义"。

在博伊德-巴雷特看来，自冷战结束、全球化浪潮呼啸而来之后，"媒介帝国主义"逐渐成为了一个被忽略的议题。正如他在前言中所说，"至20世纪90年代初期我重返媒介研究之时，这个世界与这个领域都发生了很多变化，向包括全球化及其变种在内的新理论与新概念的转变，使得媒介帝国主义这类早期概念黯然失色"。

于是，他重新捡拾、认真检视、再次思考这个议题。

在博伊德-巴雷特认识和阐释媒介帝国主义的复杂图谱中，译毕之后，我的解读是理解媒介帝国主义有两把密钥：空间与时间。

媒介帝国主义在政治经济空间中，主要是一种跨国现象，存在于国际社会。北方国家对南方国家、西方国家对东方国家，发达国家对发展中国家，在政治经济意义上的国际空间中，前者对后者形成了帝国主义的权力压迫或者权力压力。后者不管是在国内传播还是在国际传播的实践中，全面落后于前者，长期经受着来自前者的系统性传播压力。

---

① 文中所引之标注均出自原著页码。

这种系统性传播压力至少体现在四个方面：第一，传播内容需要大量进口，既包括新闻产品，也包括娱乐产品；第二，本国的传播内容不如进口的传播内容受欢迎，有些国家甚至不得不在某些时段限制进口内容的播出；第三，本国媒体没有足够的能力在国际社会中有效表达自己的国家诉求；第四，本国媒体受制于专业能力和技术能力无法完成塑造自己国家形象的使命，本国的国家形象经常是经由发达国家的媒介所界定的。“西方政府及其公司是全球通信基础设施和全球传媒体系建构的主要参与者，少数几个大传媒公司在其中发挥着不成比例的影响。他们透过西方资本主义民主价值观的棱镜，为世界各地事件的新闻报道设置框架。”(第27页)

媒介帝国主义在政治物理空间中，首先来源于经典的“领土获取型帝国主义”，即侵略、吞并或统治。帝国在自他国获取或占领的领土上，或让来自母国的媒介进行全面灌输，或培植当地的媒介代理人；一般而言，两者兼施。这是一种政治物理上的跨国行为，是强国对弱国、大国对小国、宗主国对殖民地的媒介统治行为，被理解为媒介帝国主义的鲜明象征。

但是，“媒介帝国主义不应仅仅被理解为跨国现象，还应该被理解为是一种国内现象。”(第9页) 这是媒介帝国主义在博伊德－巴雷特看来在政治物理空间上的另一种体现。“媒介不平等的跨国特征，不应被视为具有内生性，或必然就比国内媒介帝国主义现象——这适用于世界上大多数国家——更重要，只要国内媒介市场显露出垄断、寡头或严重的所有权集中的迹象，就表明发生了国内媒介帝国主义。在一个全球化的世界里，媒介帝国主义是对意识的殖民化，不管是发生在一国之内还是跨越国界，均为媒介帝国主义。”(第142页)

这个认识在很大程度上突破了大家对媒介帝国主义的惯常认知，它将媒介帝国主义的跨国性延伸至一个国家内部，意在表示只要是压迫性的力量存在于媒介领域，国际间的媒介帝国主义形式及其行为就会在国内生长。这是在经典媒介帝国主义认识之外的新观念。

除了在空间意义上理解媒介帝国主义外，另一把钥匙是在时间的意义上理解媒介帝国主义，其历史性与历时性并存。

媒介帝国主义的“当下的许多案例，都可以追溯至欧洲和北美强国自17世纪以来建立起的帝国关系。这几个帝国掌握着与其国家数目不平衡的世界性的、国际性的或跨国媒介集团。”(第156页)具有悠久历史的帝国，在其生长、发展、扩张、统治等各个阶段都有媒介参与，探究不同的帝国缔造了不同的传播系统或不同的传播系统能够造就不同的帝国形态的学术成果，细致地探讨了媒介帝国主义的历史，博伊德-巴雷特在书中既选取了从帝国中心看向外围的学者，也选取了从外围回看帝国中心的学者，不同的视角丰富了媒介帝国主义的研究。

历时性正如博伊德-巴雷特所说，“至少，我不相信帝国时代已过去。”(第181页)媒介帝国主义不是一个过去时，它还是进行时与将来时。它不只存在于历史的故纸堆中，还存在于当下的世界以及未来的世界。“在21世纪第二个十年中，美国继续保持其世界超级大国的帝国地位，有三项重要指标：军事基地遍布全球；军费超比例开支；侵略和干涉他国事务的借口。”(第22页)这些借口自1989年苏联解体之后，停用了防御共产主义扩张的理由，更换成了缉毒战争、人道主义干涉、反恐战争(包含有关“大规模杀伤性武器”的借口)以及促进民主，而“主流媒体几乎全部地、不加批判地适应为这些理由背书的价值观”。

媒介帝国主义的政治经济空间的逻辑提醒我们，国家间的系统性的传播压力并非只是存在于电报发明之后带来的报纸的膨胀与通讯社的圈地，迄今而言，依然顽强地存在于国际社会，在国际象征空间中的争吵、争议与争辩从未停止过，目前，依然没有看到停止的迹象。

博伊德-巴雷特声明：本书所更为关注的媒体的角色，不是帝国主义让媒体做代理人，而是媒体自觉为帝国主义做代理人，不管是经典的领土获取型帝国主义，还是“自由贸易式”帝国主义，抑或是“新自由主义”帝国主义，其标志性特点都是强行干预独立主权国家的事务……当媒体的叙事框架是以积极的视角或在善意的光环笼罩云下报道帝国主义活动之时，当媒体将帝国的声音、辩护和话语置于受害者、异见者和另类者的声音之上时，当媒体忽略或边缘化那些批评帝国权力的事实和观点之时，媒体就成为了帝国主义代理人。(第13页)换言之，媒体如果是被迫性的执行，非常容易理解，也非常容易被人识别；媒体如果是主动性的合谋，则很有欺骗性和掩饰力，很不容易被人辨识。

当然，媒介并非总是帮凶，也并非总是软柿子。“传播抵抗帝国的主题，与帝国本身一样古老。最典型的方式是通过成立本土媒介，或者，联合移居者或帝国媒介，从殖民地内部挑战帝国统治，以及在后殖民时代的背景下，对来自强大的‘前殖民帝国’的媒介产品继续占领本国市场提出挑战。”(第177页)印度独立中的媒介抵抗、发出不结盟运动声音的南通社、挑战好莱坞的中国电影和印度电影等力量，都反映出了传播与媒介的另一面。这在书中，作者都给出了翔实的例证。

理解媒介帝国主义，除了空间逻辑与时间逻辑以及媒体的被迫与顺从之外，还有一个特别重要的主体逻辑被格外关注，即“在媒介帝国主义研究的广阔领域中，遵循着一条特定轨道，即关注的是世界范围内的美国政治经济力量，以及美国媒体在其中的作用。”（第52页）这是当下的现实，也是在全球背景下分析媒介与权力之间的关系时绕不过去的现实。事实上，在国际传播的理论与实践讨论中，很多学术文献都聚焦于此，有些学者也即成名于此。

博伊德－巴雷特自问自答：当我们说“媒介帝国主义”时，它意味着什么？……首先，帝国主义进程在多重意义上通过媒介来执行、推进、转化，或者被媒介破坏与抵抗。其次，媒介自身、媒介生产与传播的意义、政治经济进程，使其成为帝国在建设与维护中的必需品，它们承担着之前的帝国主义的残余。最后，没有考虑到边界或没有更具包容性报道框架的媒介行为被认为是在维护帝国主义。（第1页）因此，在“媒介”与“帝国主义”的庞大而复杂的关系中，“我得出的结论是，从来没有一个单一的媒介帝国主义理论，也从来不只有一种形式的帝国主义，与帝国现象相关的媒介与传播，从支持到抵抗，以不同方式呈现出复杂的样貌。因此，在这个我们可以称之为媒介与帝国研究的领域内，有很多媒介帝国主义理论。”（第179页）

《媒介帝国主义》一书，确实给我们提供了认识不同媒介帝国主义理论与实践的地形图。

这也是促使我愿意再坐下来翻译一本书的重要动力，我想更深入地理解在传播政治经济学中颇有影响与号召力的媒介帝国主义的学术架构与逻辑。

我最初的想法是想做一套有关西方左翼学者论述新闻传播学内容的译丛，当时已经选好了书目，但最终受制于各种因素选择了只译这一本。

最后，特别感谢张建中教授、王贵斌教授、侯红霞副教授以及我的研究生牛汉在翻译过程和文献整理过程中提供的意见、建议和帮助。